A1 - B2 필수 문법 **완벽** 정복

최신 현지
트렌드 반영

GO! 독학

러시아어

문법

최수진 지음 ' Kaplan Tamara 감수

Ⓢ 시원스쿨닷컴

GO!독학
러시아어
문법

개정 1쇄 발행 2024년 6월 7일

지은이 최수진
펴낸곳 (주)에스제이더블유인터내셔널
펴낸이 양홍걸 이시원

홈페이지 www.siwonschool.com
주소 서울시 영등포구 영신로 166 시원스쿨
교재 구입 문의 02)2014-8151
고객센터 02)6409-0878

ISBN 979-11-6150-857-3
Number 1-541111-25252500-06

GO! 독학 러시아어 문법

러시아어, 많이 어려우셨죠?

한국인들에게 마냥 멀게만 느껴졌던 러시아가 이제는 제법 자주 사람들의 입에 오르내리고 있습니다. 모스크바의 붉은 광장, 상트 페테르부르크의 에르미타주 박물관, 이르쿠츠크의 바이칼 호수, 가장 가까운 유럽 블라디보스토크..., 러시아에 관한 궁금증이 커져가면서 자연스레 러시아어에 대한 관심도 높아졌습니다.

그러나 안타깝게도, 생소한 알파벳부터 시작하여 동사 변화, 격 체계 등 얼핏 보면 낯설게만 느껴지는 러시아어. 아직까지는 '마냥 어렵다'는 인식이 강한 것이 사실입니다.

실제로 제 주변에도 러시아어를 배우다 포기한 사람들이 적지 않습니다. 그들은 러시아어 문법이 복잡하여 이해하기 어렵고, 암기할 내용이 너무나 많다고 한 목소리로 힘들어했습니다. 그런 이야기를 들을 때마다 저는 누구든지 독학으로도 쉽게 러시아어를 배울 수 있는 친절한 교재가 필요하다고 느꼈습니다. 특히 러시아어의 가장 중요한 핵심 기초인 문법! 한눈에 정리할 수 있는 문법 교재가 절실한 상황을 외면할 수 없었습니다.

이 책은 무엇보다도 전공자뿐만 아니라 러시아어를 처음 접하는 왕초보 학습자들도 보다 쉽게 러시아어에 접근하고 문법을 이해할 수 있도록 구성하였습니다. 책을 통해 학습하고 있지만 옆에서 직접 과외받듯, 각 문법의 상세한 설명을 따라가 보세요. 제가 공부할 때 뼈저리게 느꼈던 고충과 어려움을 되새기며 최대한 학습자들의 눈높이에 맞추어 집필했으므로, 차근차근 무리없이 따라갈 수 있을 것입니다. 문법 학습이란 개념 이해에서 그치는 것이 아니라 예문 활용과 문제 풀이를 통해 진정으로 습득되기에, 각 과에 다양한 예시 문장과 연습 문제 코너를 만들었습니다. 스스로 실력을 점검하며 잘 이해가 되지 않는 부분은 다시 한 번 설명을 참조하고, 음성 강의의 도움을 받으셔도 좋습니다. 또한 각 과의 도전 문장, 회화 사전 만들기 코너를 통해 앞에서 배운 내용을 작문과 회화로 응용해 보세요. 작문과 회화로 문법 지식을 실제로 활용하며 러시아어 실력이 쑥쑥 향상될 것입니다. 저자의 명쾌한 성격이 느껴지는 음성 강의에서는 학습자들이 공부하면서 가질 법한 의문점이나 질문에 대한 답을 제시해 드리며, 친절한 설명이 포함된 문제 풀이를 담았습니다.

저는 외국어를 '돋보기'에 비유하고 싶습니다. 한 나라의 언어를 알고 나면, 그 나라를 좀 더 깊이있게 들여다볼 수 있으며 때로는 예상하지 못했던 신기하고 재미있는 모습까지 볼 수 있습니다. 이 책이 돋보기가 되어 여러분이 러시아어를 보다 효과적으로 공부함으로써, 매력적인 나라 러시아를 진정으로 느끼고, 목표하는 바를 모두 이루며, 원하는 결실을 거두는 데 보탬이 되기를 바랍니다.

끝으로 이 책의 출간을 위해 도와주신 시원스쿨과 러시아어 검토를 맡아 주신 Kaplan Tamara 교수님께 진심으로 감사드리며, 러시아어를 공부하시는 모든 분들을 항상 응원하겠습니다.

러시아어, 이제 어렵지 않습니다!

저자 최수진

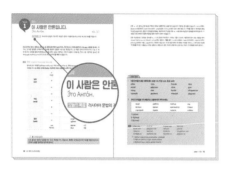

오늘 배울 문법과 학습 목표를 다지고, 각 Урок의 문법을 대표하는 문장으로 먼저 맛보기를 합니다. 각 Урок의 문법을 차근차근 익히고 나면, 오늘의 도전 문장!을 러시아어로 말할 수 있을 거예요.

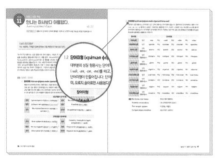

한눈에 들어오는 표와 친절한 설명으로 러시아어 문법에 좀 더 쉽게 접근합니다. 표 아래에 꼼꼼히 수록한 예문까지 모두 내 것으로 만들어요.

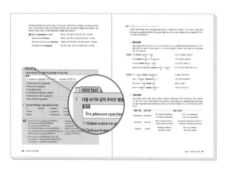

독학에 성공하기 위해서는 수시로 나의 실력을 점검해야 합니다. Mini Test로 혹시 미처 다 익히지 못한 부분은 없는지, 제대로 짚고 넘어가세요.

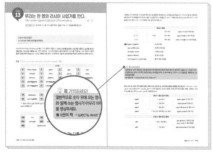

문법의 핵심이 되는 부분을 다시 한 번 확실히 제시합니다. 실수하기 쉬운 부분과 유의 사항까지 빠짐없이 제공하니 놓치지 마세요.

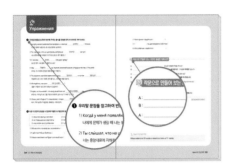

각 Урок에서 다룬 문법 실력을 종합적으로 점검할 수 있도록 연습 문제를 제공합니다. 얼마나 이해하고 잘 습득했는지 스스로 점검해 보세요. 문법 지식을 대화문으로 구성한 나만의 쏠쏠한 회화사전도 만들어 보고, 오늘의 도전 문장!도 확인해 보세요.

연습 문제와 회화사전 만들어 보기 코너의 정답을 확인해 보세요. 틀린 문제는 다시 한 번 문법 설명을 되짚으며 확실히 내 실력으로 만들어요.

공부하면서 가질 법한 의문점이나 질문에 대한 답을 제시해 드리며, 친절한 설명이 포함된 문제 풀이를 담았습니다. 네이버 오디오클립에서 시원스쿨 러시아어 또는 GO! 독학 러시아어 문법을 검색하세요.

차례

■ 머리말 ·· 4

■ 이 책의 구성과 특징 ·· 6

■ 이것만은 알고 가자! 러시아어 특징 ·················· 10

Урок 1	명사 ··· 14
Урок 2	의문사&대명사 ································· 20
Урок 3	형용사&접속사 ································· 28
Урок 4	동사 1 ··· 36
Урок 5	동사 2 ··· 44
Урок 6	전치격 ··· 50
Урок 7	여격 ··· 60
Урок 8	조격 ··· 68
Урок 9	생격 ··· 76
Урок 10	대격 ··· 86
Урок 11	형용사 심화 학습 ···························· 96
Урок 12	동사 3 동사의 상 ···························· 106
Урок 13	수사 1 ··· 114
Урок 14	수사 2 ··· 122

Урок 15	동사 4 동작동사	⋯⋯⋯⋯⋯⋯⋯⋯⋯⋯⋯	130
Урок 16	전치격 심화 학습	⋯⋯⋯⋯⋯⋯⋯⋯⋯	142
Урок 17	여격 심화 학습	⋯⋯⋯⋯⋯⋯⋯⋯⋯⋯	150
Урок 18	동사 5 재귀동사	⋯⋯⋯⋯⋯⋯⋯⋯⋯	158
Урок 19	조격 심화 학습	⋯⋯⋯⋯⋯⋯⋯⋯⋯⋯	166
Урок 20	생격 심화 학습	⋯⋯⋯⋯⋯⋯⋯⋯⋯⋯	174
Урок 21	대격 심화 학습	⋯⋯⋯⋯⋯⋯⋯⋯⋯⋯	182
Урок 22	명령문	⋯⋯⋯⋯⋯⋯⋯⋯⋯⋯⋯⋯⋯	190
Урок 23	관계대명사&접속사 심화 학습	⋯⋯⋯⋯	198
Урок 24	형동사	⋯⋯⋯⋯⋯⋯⋯⋯⋯⋯⋯⋯	206
Урок 25	부동사	⋯⋯⋯⋯⋯⋯⋯⋯⋯⋯⋯⋯	216

■ 정답 ⋯⋯⋯⋯⋯⋯⋯⋯⋯⋯⋯⋯⋯⋯⋯⋯⋯⋯ 222

音성 강의 제공

네이버 오디오클립에서 시원스쿨 러시아어 또는 GO! 독학 러시아어 문법을 검색하세요.

러시아어 특징

1 러시아어 발음 규칙

1) 모음

① 강세(ударéние)가 있는 경우

러시아어의 모든 단어에는 강세가 있습니다. 러시아어를 제대로 발음하려면 강세 위치 및 이와 관련된 발음 규칙을 반드시 기억해야 합니다. 간혹 철자는 같으나 강세의 위치에 따라 의미가 나뉘는 경우도 있습니다. 모음은 강세를 가지고 있을 때 음가를 그대로 나타내며, 강세가 없는 다른 모음들에 비해 상대적으로 길고 강하게 발음됩니다.

А	рукá 손, 팔	Я	я́хта 요트
О	кóмната 방	Ё	тётя 고모, 이모
У	сýмка 가방	Ю	ию́нь 6월
Э	поэ́т 시인	Е	дерéвня 시골, 농촌
Ы	ры́ба 생선	И	кварти́ра 아파트

② 강세가 없는 경우 (모음 약화)

강세가 없는 모음은 본래의 음가를 발휘하지 못하고 약화됩니다. 이 경우에 강세를 가진 모음에 비해 짧고 덜 분명하게 발음되고, 일부 모음은 아예 다른 모음의 소리로 바뀌기도 합니다.

* 모음 o와 a의 약화: 강세를 갖지 않는 모음 o와 a는 [ɑ] 또는 [ə]로 발음됩니다. 특히 해당 모음이 단어의 맨 첫 글자이거나 강세 기준 앞에 위치하는 경우는 [a]의 소리가 납니다.

О	вода́ 물	Москва́ 모스크바	молокó 우유
А	гара́ж 차고	ма́ма 엄마	сала́т 샐러드

* 모음 e(э)와 я의 약화: 강세를 갖지 않는 모음 e(э)와 я는 대부분 [ji] 로 발음이 되고, 일부 어미에서는 [jə] 로 바뀌기도 합니다.

Е	сестра́ 여자 형제	теа́тр 극장	мóре 바다
Я	язы́к 언어	яйцó 계란	Корéя 한국

2) 자음

유성음	б	в	г	д	з	ж
무성음	п	ф	к	т	с	ш

① 어말 무성음화

러시아어의 자음에는 [유성음-무성음] 쌍을 이루고 있는 자음이 12개(6쌍)가 있습니다. 이들은 일정한 규칙에 따라 서로에게 영향을 주고, 발음이 바뀌게 됩니다. 첫 번째 규칙은 '어말 무성음화' 규칙으로, 단어의 맨 끝에 유성음이 오면, 그 유성 자음과 쌍을 이루는 무성 자음으로 발음됩니다.

б ⇒ [п]	хле**б** 빵 [п]	в ⇒ [ф]	переры́**в** 쉬는 시간 [ф]
г ⇒ [к]	дру**г** 친구 [к]	д ⇒ [т]	го́ро**д** 도시 [т]
з ⇒ [с]	гла**з** 눈(眼) [с]	ж ⇒ [ш]	му**ж** 남편 [ш]

② 유성음-무성음 역행 동화

유성음, 무성음 중 다른 형태의 두 개의 자음이 붙어 있는 경우, 뒤에 있는 자음이 앞에 있는 자음에 영향을 주어 자신과 같은 형태로 바꾸는 규칙입니다. 다시 말해, '유성음 + 무성음'일 때는 '무성음 + 무성음'으로 바뀌어 '무성음화', '무성음 + 유성음'이면 '유성음 + 유성음'으로 바뀌므로 '유성음화' 현상이 일어납니다.

무성음화	за́**в**тра 내일 [ф]	во́**д**ка 보드카 [т]	ло́**ж**ка 숟가락 [ш]
유성음화	фу**т**бо́л 축구 [д]	во**к**за́л 기차역 [г]	с**д**а́ча 잔돈 [з]

예외적으로 자음 в는 자기 스스로는 무성음화되지만, 무성음 뒤에 위치하였을 경우 앞에 있는 무성 자음을 유성음화시키지 않습니다.

무성음화	**в**сегда́ 항상 [ф]	авто́бу**с** 버스 [ф]	**в**кус 맛 [ф]
유성음화	Мос**к**ва́ 모스크바 [к]	**с**вини́на 돼지고기 [с]	**т**вой 너의 [т]

2 러시아어 문장 규칙

1) Это

러시아어 문장에는 'Это'라는 단어가 자주 등장합니다. 왜 그럴까요? 바로 이 단어가 다양한 의미를 가지고 있기 때문입니다. 기본적으로 'Это'는 사람, 사물 등을 가리키는 지시대명사로서, 단수형과 복수형까지도 모두 사용할 수 있습니다. '이 사람, 이 사람들, 이것, 이것들' 외에도 'Это' 하나만으로 앞에 나온 문장을 한번에 표현하거나 간혹 장소나 위치를 나타내기도 합니다. 특히 'Это'는 문장의 주어로 활용되는 경우가 많습니다.

예	Это Máша.	이 사람은 마샤입니다.
	Это корéйцы.	이 사람들은 한국인들입니다.
	Это молокó.	이것은 우유입니다.
	Это журнáлы.	이것들은 잡지들입니다.

2) be 동사 현재형 부재

여러분들은 러시아어가 마냥 어려운 언어라고 생각하시나요? 만약 그렇다면 바로 지금 배우는 러시아어 특징을 알고 나서는 분명 생각이 바뀌실 겁니다. 러시아어에는 영어의 be 동사(현재형)에 해당되는 동사가 없기 때문에 문장 만들기가, 특히 단문을 구성하기 아주 쉽습니다. 물론 과거형과 미래형은 존재합니다. 앞서 나온 예문들을 살펴보면 알 수 있듯이, 문장 속에서 술어로 보이는 단어를 찾을 수 없습니다. 다시 말해, 별다른 문법 없이 어휘 몇 개만으로도 얼마든지 문장을 만들 수가 있습니다.

예	Я корея́нка.	저는 한국인입니다.
	Он у́мный студéнт.	그는 똑똑한 학생입니다.
	Где Ви́ка?	비카는 어디에 있습니까?

3) 부사의 술어 역할

부사는 어떠한 경우에도 문법적으로 변화가 일어나지 않는 품사입니다. 독특하게도 러시아어에서 부사는 '~하게' 외에 '~하다'라고도 해석되며, 서술어적인 의미를 가지고 있습니다. 참고로 대부분의 부사는 '-о'라는 어미로 끝납니다.

예	Здесь óчень хóлодно.	여기는 매우 춥네요.
	Это дóрого.	이것은 비싸네요.
	Ужé пóздно.	이미 늦었어요.

4) 부정문

러시아어로 부정문을 만드는 방법은 매우 간단합니다. 부정하고자 하는 내용 바로 앞에 'не'라는 단어를 넣어주면 됩니다. 주어, 동사, 목적어 등 어떤 문장 성분 앞에 써도 무방합니다.

예 Она́ не врач.   그녀는 의사가 아니에요.

       Я не зна́ю тебя́.   나는 너를 모른다.

       Дом не большо́й.   집은 크지 않다.

5) 의문문

일반적으로 의문문은 '누가, 언제, 어디서, 무엇을, 어떻게, 왜' 등의 의문사가 함께 쓰는 의문문과 의문사가 없는 의문문으로 구분됩니다. 의문사를 포함하여 이를 활용하는 의문문은 본문의 'урок 2 의문사 & 대명사'에서 다룰 예정이고, 의문사가 없는 의문문의 특징만 간단히 살펴보겠습니다. 영어와 달리 러시아어는 특별히 다른 어휘나 표현 없이 평서문의 어순 그대로 의문문을 만듭니다. 문장 부호만 마침표가 아닌 물음표로 바뀌고, 직접 말로 표현할 땐 서로 다른 억양을 통해 의문문과 평서문을 구분하게 됩니다. 의문사가 없는 의문문의 답변으로 긍정은 'да(네)', 부정은 'нет(아니요)'이라는 표현을 사용합니다.

예 Э́то маши́на? Да, э́то маши́на.   이것은 자동차입니까? 네, 자동차입니다.

       Вы лю́бите меня́? Да, я люблю́ вас.   당신은 나를 사랑하나요? 네, 저는 당신을 사랑해요.

       Ты студе́нтка? Нет, я не студе́нтка.   너는 학생이니? 아니, 나는 학생이 아니야.

       Там жа́рко? Нет, здесь не жа́рко.   거기는 덥나요? 아니요, 여기는 덥지 않아요.

이 사람은 안톤입니다.

Э́то Анто́н.

🔊 1강

오늘의 목표 러시아어 문법의 기본적인 특징인 성(性) 개념과 명사의 단수형, 복수형 어미를 익힙니다.

러시아어는 명사, 대명사, 형용사 등 몇몇 품사에서 남성 여성, 중성 총 세 가지로 문법적인 성(род) 구분을 합니다. 여기서 '성'이란 일정한 규칙에 따라 단어를 문법적 성별로 나눈다는 개념입니다. 성 구분은 단어의 마지막 하나 또는 두 개의 철자인 어미를 통해 이루어집니다. 품사마다 성을 구분하는 어미가 다른데, 1과에서는 먼저 가장 기본적인 품사인 명사(существи́тельное)의 단수와 복수의 어미를 배워 보겠습니다.

1 단수 (еди́нственное число́)

명사의 단수 어미를 남성(мужско́й род), 여성(же́нский род), 중성(сре́дний род) 세 가지 성(род)에 따라 살펴보겠습니다. 성 구분은 단어의 뜻과는 무관하게 오로지 문법적인 규칙이라는 점을 꼭 기억하면서 어미를 외워야 합니다.

남성 **(он)**	-# (자음)	студе́нт заво́д	학생 공장
	-й	музе́й геро́й	박물관 영웅
	-ь	слова́рь учи́тель	사전 선생님
여성 **(она́)**	-а	кни́га ба́бушка	책 할머니
	-я	семья́ ку́хня	가족 부엌
	-ь	морко́вь пло́щадь	당근 광장
중성 **(оно́)**	-о	окно́ молоко́	창문 우유
	-е	мо́ре зда́ние	바다 건물
	-мя (특수형)	вре́мя и́мя	시간 이름

💡 **꼭 기억하세요!**

-ь로 끝나는 명사는 남성일 수도 있고, 여성일 수도 있습니다. 특별한 규칙은 없으므로 어휘를 익힐 때 반드시 단어의 성별을 함께 암기하도록 합니다.

간혹 -а, -я로 끝나는 명사들 중 어휘의 의미상 생물학적인 성을 따라 남성으로 구분되는 명사들이 있습니다. па́па(아빠), де́душка(할아버지), мужчи́на(남자), дя́дя(삼촌), ю́ноша(청년) 등이 이에 속합니다. 주의할 점은 이 명사들의 문법적 성은 남성이지만, 문법 격 변화를 할 때에는 예외적으로 여성형 어미(-а, -я)에 맞춰 여성형 격 변화를 따르게 됩니다. 이 내용은 다른 과에서 다양한 예문을 통해 자세히 다루어 보겠습니다.

또한 여성형으로 구분되는 명사들(-а, -я) 중 남성과 여성 둘 다 쓰이는 것들이 있는데, 이를 총성 명사 또는 공통성 명사(существи́тельное о́бщего ро́да)라고 합니다. 예를 들어, колле́га(동료), глава́(우두머리), сирота́(고아), у́мница(영리한 사람), судья́(판사, 재판관) 등입니다. 이 명사들 자체의 격 변화는 여성형 어미(-а, -я)에 맞춰 여성형 격 변화를 하지만, 이들을 수식하는 형용사나 대명사의 경우 주어의 성에 따라 남성 또는 여성의 격 변화를 따르게 됩니다.

mini test

1 다음 단어들의 성을 구분하세요. (남성: **он**, 여성: **она́**, 중성: **оно́**)

ю́бка	стол	Росси́я	тётя
метро́	де́вушка	па́па	дом
го́род	и́мя	Кита́й	общежи́тие
трамва́й	дере́вня	Алексе́й	де́душка

2 주어진 단어들을 각각 해당되는 성별에 따라 적어 보세요.

лицо́	рабо́та	пла́тье	сад
ю́ноша	вре́мя	компью́тер	Со́фья
сцена́рий	Коре́я	пальто́	соба́ка

1) 남성(он) :

2) 여성(она́) :

3) 중성(оно́) :

정답 **1** ю́бка: она́   стол: он   Росси́я: она́   тётя: она́
    метро́: оно́   де́вушка: она́   па́па: он   дом: он
    го́род: он   и́мя: оно́   Кита́й: он   общежи́тие: оно́
    трамва́й: он   дере́вня: она́   Алексе́й: он   де́душка: он

2 1) 남성(он): сад, ю́ноша, компью́тер, сцена́рий
    2) 여성(она́): рабо́та, Со́фья, Коре́я, соба́ка
    3) 중성(оно́): лицо́, пла́тье, вре́мя, пальто́

2 복수 (мнóжественное числó)

명사의 복수형은 단수형 어미에 따라 만들어집니다. 남성과 여성의 복수형 어미는 -ы / -и이고, 중성은 -а / -я입니다. 각 성 (род)의 단수형 어미가 어떤 복수형 어미로 바뀌는지 아래의 표를 참고하여 익혀 보겠습니다. 간혹 복수형으로 바뀌면서 강세 위치의 변화가 일어나는 경우가 있으므로, 복수형 강세 위치에도 주의를 기울여야 합니다.

	단수형	복수형 어미		복수형
남성 (он)	студéнт	자음 → +ы	ы	студéнты
	музéй	-й → и	и	музéи
	словáрь	-ь → и		словарú
여성 (онá)	кóмната	-а → ы	ы	кóмнаты
	кýхня	-я → и	и	кýхни
	плóщадь	-ь → и		плóщади
중성 (онó)	письмó	-о → а	а	пúсьма
	мóре	-е → я	я	моря́

러시아어 문법에서 아주 중요한 철자 규칙인 정자법 규칙을 배워 보겠습니다. 이 규칙에 따르면 자음 г, к, х, ж, ш, щ, ч 다음에는 ы가 절대 올 수 없고 반드시 и만 써야 합니다. 정자법 규칙은 지금 배우고 있는 복수형뿐만 아니라 러시아어 문법 내용 전반에 영향을 미치는 규칙이므로 반드시 기억하고 있어야 합니다. 그럼 이제 정자법 규칙을 적용한 복수형 예시를 살펴보겠습니다.

> г, к, х, ж, ш, щ, ч + и (ы 대신 и)

예 кнúга → кнúги   парк → пáрки   дéвушка → дéвушки

гарáж → гаражú   врач → врачú   студéнтка → студéнтки

※ 복수 특수형

이번에는 일반적인 복수형 변화 규칙을 따르지 않는 특수한 복수형들을 배워 보겠습니다. 특수형은 그야말로 암기해야 하는 사항입니다. 복수형 어미 규칙과 헷갈리지 않도록, 먼저 앞에서 배운 복수 일반 규칙을 충분히 숙지한 다음에 복수 특수형을 학습하기 바랍니다.

① 남성 명사의 복수형 어미가 –а 또는 –я인 경우 (강세는 항상 –а 또는 –я에 있음.)

예 гóрод → городá   лес → лесá   дом → домá

пóезд → поездá   профéссор → профессорá   учúтель → учителя́

② 남성 명사의 복수형 어미가 –ья인 경우 (일부 철자가 바뀌거나 추가될 수 있음.)

예 брат → брáтья   стул → стýлья   сын → сыновья́

лист → лúстья   друг → друзья́   муж → мужья́

③ **특수한 중성 명사 어미인 –мя의 복수형 어미는 –менá**

> **예** врéмя → временá   и́мя → именá

④ **여성 명사 мать, дочь의 복수형**

> **예** мать → мáтери   дочь → дóчери

⑤ **단수형과 복수형이 전혀 다른 경우**

> **예** человéк → лю́ди   ребёнок → дéти

⑥ **항상 복수형으로만 쓰이는 명사**

> **예** часы́ 시계   очки́ 안경   дéньги 돈
>
> родúтели 부모님   духú 향수   брю́ки 바지

⑦ **불변 명사 (복수형 변화뿐만 아니라 어떠한 격 변화도 하지 않음.)**

> **예** метрó 지하철   кóфе 커피   кафé 카페
>
> пальтó 외투   пианúно 피아노   таксú 택시

---

mini test

1 다음 단어들을 복수형으로 바꿔 보세요.

маши́на	дом	письмó	дерéвня	рýчка
ребёнок	учи́тель	гéний	дочь	друг
семья́	заня́тие	дверь	гóрод	мóре
урок	брат	дéдушка	странá	слóво

2 다음 중 명사의 단수형-복수형이 올바르게 연결되지 <u>않은</u> 것을 모두 골라 바르게 고치세요.

① ночь – нóчи   ② сын – сыновья́   ③ мать – мáти

④ дом – дóмы   ⑤ этáж – этажú

- -

정답 **1** маши́ны   домá   пи́сьма   дерéвни   рýчки
　　　　дéти   учителя́   гéнии   дóчери   друзья́
　　　　сéмьи   заня́тия   двéри   городá   моря́
　　　　урóки   брáтья   дéдушки   стрáны   словá

　　2 ③ мать – мáтери / ④ дом – домá

❶ 보기와 같이 주어진 단어의 성을 구분하고 단·복수형을 적어 보세요.

| стол → он / столы́ ‖ ма́мы → она́ / ма́ма |

1) вре́мя → _____

2) бра́тья → _____

3) язы́к → _____

4) столи́ца → _____

5) де́вочка → _____

6) места́ → _____

7) статья́ → _____

8) поезда́ → _____

9) зада́ния → _____

10) учи́тельница → _____

11) имена́   → _____

12) врачи́   → _____

13) кафете́рий   → _____

14) окно́   → _____

15) преподава́тель   → _____

❷ 다음 괄호 속의 단어들 중 <u>다른</u> 형태의 특징을 띠고 있는 하나를 고르세요.

1) (сестра́, пло́щадь, тётя, вре́мя, ба́бушка)

2) (моря́, семья́, пи́сьма, ко́льца, имена́)

3) (музе́й, па́па, слова́рь, дочь, го́род)

4) (подру́ги, ко́мнаты, па́рки, ма́тери, ка́рты)

5) (лист, лицо́, су́мка, дере́вня, зда́ния)

6) (вода́, дома́, учителя́, де́ти, друзья́)

정답 확인은 222페이지

2

의문사 & 대명사

수업은 언제입니까?
Когда́ уро́к?

🔊 2강

오늘의 목표 기본적인 의문사와 다양한 대명사의 개념, 용법과 어미를 익힙니다.

오늘의 도전 문장 🖉
이 연필과 이 공책은 내 것이다.

대명사(местоиме́ние)는 말 그대로 명사를 대신하는 기능을 하며 사람이나 사물, 장소, 방향 등 특정 대상을 직접 가리키는 역할도 합니다. 대명사도 여러 가지 종류가 있는데, 이번 과에서는 소유대명사, 지시대명사, 인칭대명사를 배우고 의문사도 함께 배워 보겠습니다. 명사를 대신하고 직접 가리키는 역할을 하는 대명사도 명사처럼 성(род)을 구분하여 수식받는 명사와 일치시켜 사용합니다. 항상 명사가 중심이 된다는 점을 기억해야 합니다. 그럼 먼저 의문사에 대해 알아보겠습니다.

1 의문사 (вопроси́тельное сло́во)

의문사는 의문문을 만들어 주는 역할로서 의문의 초점이 되는 품사를 의미합니다. 기본적인 의문사 '누가', '언제', '어디서', '무엇(을)', '어떻게', '왜'를 러시아어로 어떻게 표현하는지 살펴볼까요? 참고로 이 중 '누가', '무엇'에 해당되는 кто, что의 품사는 문법상 엄격히 구분한다면 '의문대명사'인데, 이는 다른 의문사와 달리 6격 격 변화를 합니다. 이에 대해서는 각 격 변화에 대한 내용을 다룰 때 더 자세히 배울 예정이고, 이번 과에서는 6격의 가장 기본형인 주격 형태만 익혀 보겠습니다.

누가(누구)	언제	어디서	무엇(을)	어떻게	왜
кто	когда́	где	что	как	почему́

예	Кто э́то?	이 사람은 누구입니까?

예 Кто э́то?   이 사람은 누구입니까?

Что э́то?   이것은 무엇입니까?

Где Коре́я?   한국은 어디에 있습니까?

Когда́ уро́к?   수업이 언제입니까?

Как жизнь?   어떻게 지내니?

Почему́ вы изуча́ете ру́сский язы́к?   왜 당신은 러시아어를 공부합니까?

20 GO! 독학 러시아어 문법

1 다음 의문사 중 알맞은 것을 골라 빈칸을 채우세요.

① Как	② Что	③ Когда́	④ Почему́	⑤ Кто	⑥ Где

1) _____ теа́тр?   극장이 어디에 있습니까?

2) _____ вы так ду́маете?   왜 당신은 그렇게 생각합니까?

3) _____ экза́мен?   시험이 언제입니까?

4) _____ Анто́н?   안톤은 누구입니까?

5) _____ вас зову́т?   당신을 어떻게 부릅니까?(당신의 이름이 무엇입니까?)

6) _____ ты де́лаешь?   너는 무엇을 하고 있니?

정답 **1** 1) ⑥   2) ④   3) ③   4) ⑤   5) ①   6) ②

---

2 인칭대명사 (ли́чное местоиме́ние)

인칭대명사는 단수 1, 2, 3인칭, 복수 1, 2, 3인칭 이렇게 6가지 형태로 구분합니다. 러시아어 인칭대명사는 사람뿐만 아니라 사물을 가리키는 상황에서도 사용할 수 있습니다. 단수 3인칭은 남성, 여성, 중성 총 세 가지로 나뉘는데, 사람인지 사물인지에 관계없이, 명사의 성에 따라 구분하여 씁니다. 복수 2인칭인 вы는 '너희, 너희들' 외에도, 존칭 표현으로 '당신, 당신들'이라는 의미를 가지고 있습니다. 인칭대명사도 의문대명사처럼 6격 격 변화를 하는데, 2과에서는 주격 형태만 배워 보겠습니다.

	단수	복수
1인칭	я 나	мы 우리
2인칭	ты 너	вы 너희 / 당신
3인칭	он (그) / она́ (그녀) / оно́ (그것)	они́ 그들

예 Я студе́нт.   나는 학생입니다.

Ты коре́ец?   너는 한국인이니?

Мы друзья́.   우리는 친구(들)입니다.

Вы тури́сты?   너희는 관광객(들)이니?

Вы А́нна Ива́новна?   당신은 안나 이바노브나 씨입니까?

Где Са́ша? Он до́ма.   싸샤는 어디에 있니? 그는 집에 있어.

Что Све́та де́лает? Она́ рабо́тает.   스베따는 무엇을 하고 있니? 그녀는 일하고 있어.

Где общежи́тие? Оно́ там.   기숙사는 어디에 있니? 기숙사는 저기에 있어.

1 다음 빈칸에 들어갈 수 있는 인칭대명사를 <u>모두</u> 고르세요.

① Она́	② Ты	③ Он	④ Они́	⑤ Я	⑥ Мы

1) _____ шко́льница.   2) _____ бизнесме́ны.

3) _____ врач.   4) _____ америка́нец.

정답 **1** 1) ①, ②, ⑤ 2) ④, ⑥ 3) ①, ②, ③, ⑤ 4) ②, ③, ⑤

---

3 소유대명사 (притяжа́тельное местоиме́ние)

소유대명사는 '누구의 것'을 가리킬 때, 즉 소유를 나타낼 때 쓰이는 대명사입니다. 반드시 명사와 함께 사용하며, 수식받는 명사의 성, 수에 따라 소유대명사의 형태가 결정됩니다. 단, 3인칭 소유대명사는 뒤에 오는 명사의 성, 수와 무관하며 형태가 변하지 않습니다.

3.1 소유대명사의 단수

	남성		여성		중성	
나의 (1인칭 단수)	мой		моя́		моё	
너의 (2인칭 단수)	твой		твоя́		твоё	
우리의 (1인칭 복수)	наш	дом	на́ша	шко́ла	на́ше	письмо́
너희의 / 당신의 (2인칭 복수)	ваш		ва́ша		ва́ше	
그의 (3인칭 단수) 그녀의 (3인칭 단수) 그들의 (3인칭 복수)	его́ её их					

예 Э́то мой дом.   이것은 나의 집이다.

   Она́ твоя́ ба́бушка?   그녀가 너의 할머니?

   Э́то на́ше зада́ние.   이것은 우리의 과제다.

   Где ваш учи́тель?   당신의 선생님은 어디에 있나요?

   Э́то её пла́тье.   이것은 그녀의 원피스다.

   Э́то их дочь.   이 사람은 그들의 딸입니다.

   Где его́ ма́ма?   그의 엄마는 어디에 있니?

앞서 1과에서 пáпа(아빠), дéдушка(할아버지)와 같이 -a, -я로 끝나는 명사들 중 어휘의 의미상 생물학적 성별을 따라 남성 명사로 구분되는 것들이 있다고 배웠습니다. 이 명사들을 대명사가 수식할 때도, 남성 형태로 맞추어야 합니다. 예를 들면, 'мой пáпа(나의 아빠), твой дéдушка(너의 할아버지), наш дя́дя(우리의 삼촌)'과 같이 표현합니다.

3.2 소유대명사의 복수

소유대명사 복수형은 수식받는 명사의 성, 수와 상관없이 모두 -и로 끝납니다. 물론 3인칭 복수형은 단수형과도 동일합니다.

	복수					
나의 (1인칭 단수)	мой		мой		мой	
너의 (2인칭 단수)	твой		твой		твой	
우리의 (1인칭 복수)	нáши	столы́	нáши	кни́ги	нáши	пи́сьма
너희의 / 당신의 (2인칭 복수)	вáши		вáши		вáши	
그의 (3인칭 단수) 그녀의 (3인칭 단수) 그들의 (3인칭 복수)	егó её их					

예 Когдá твой экзáмены?　　　너의 시험(들)은 언제니?

　　Что дéлают вáши внýчки?　　당신의 손녀들은 무엇을 하나요?

　　Э́то мой кни́ги.　　　　　　이것은 나의 책들이다.

　　Где их дéти?　　　　　　　그들의 아이들은 어디에 있나요?

3.3 소유 의문대명사

'누구의'라는 뜻의 의문대명사로서, 소유 관계를 묻고자 하는 명사의 성, 수에 따라 구분하여 사용합니다.

	남성		여성		중성		복수	
누구의	чей	брат	чья	ру́чка	чьё	я́блоко	чьи	сыновья́

예 Чей э́то сын?   이 사람은 누구의 아들입니까?

      Чья э́то статья́?   이것은 누구의 기사입니까?

      Чьё э́то пальто́?   이것은 누구의 외투입니까?

      Чьи э́то очки́?   이것은 누구의 안경입니까?

✎ mini test

1 보기와 같이 주어진 단어들을 이용하여 문법에 맞게 바꿔 대화를 만드세요.

> **보기**
>
> (каранда́ш, мой) → Чей э́то каранда́ш?   Э́то мой каранда́ш.

1) (вну́ки, наш) → _____

2) (вино́, его́) → _____

3) (газе́та, мой) → _____

4) (чемода́н, твой) → _____

5) (де́ньги, её) → _____

6) (чай, ваш) → _____

- -

정답 **1** 1) Чьи э́то вну́ки?   Э́то на́ши вну́ки.   누구의 손자들입니까? 이 사람들은 우리의 손자들입니다.

     2) Чьё э́то вино́?   Э́то его́ вино́.   누구의 와인입니까? 이것은 그의 와인입니다.

     3) Чья э́то газе́та?   Э́то моя́ газе́та.   누구의 신문입니까? 이것은 내 신문입니다.

     4) Чей э́то чемода́н?   Э́то твой чемода́н.   누구의 캐리어입니까? 이것은 너의 캐리어이다.

     5) Чьи э́то де́ньги?   Э́то её де́ньги.   누구의 돈입니까? 이것은 그녀의 돈입니다.

     6) Чей э́то чай?   Э́то ваш чай.   누구의 차(茶)입니까? 이것은 당신의 차입니다.

④ 지시대명사 (указа́тельное местоиме́ние)

지시대명사는 특정 대상을 가리키거나 한정적으로 수식하는 경우 사용하며 수식받는 명사의 성, 수에 따라 지시대명사가 구분됩니다.

	남성		여성		중성		복수	
이	э́тот	стол	э́та	ча́шка	э́то	молоко́	э́ти	у́лицы

예 Э́тот телефо́н мой. 이 전화기는 내 것이다.

Э́та ко́мната больша́я. 이 방은 크다.

Э́то пла́тье твоё. 이 원피스는 너의 것이다.

Э́ти часы́ дороги́е. 이 시계는 비싸다.

Упражнения

❶ 다음 보기를 참고하여 주어진 질문에 문법에 맞게 답하세요.

> **보기**
>
> Где ва**ш** слова́р**ь**? → Мо**й** слова́рь? Он здесь.

1) Где на́ша мать? → _____

2) Где его́ жена́? → _____

3) Где моё мя́со? → _____

4) Где ваш профе́ссор? → _____

5) Где твой тетра́ди? → _____

6) Где на́ши студе́нты? → _____

7) Где ва́ше письмо́? → _____

8) Где её семья́? → _____

9) Где твоё кре́сло? → _____

10) Где их маши́ны? → _____

❷ 각 문장에서 문법상 <u>어색한</u> 부분을 골라 바르게 고쳐 보세요.

1) Он мой де́ти.   그들은 나의 아이들이다.

2) Э́та пи́во твоё.   이 맥주는 너의 것이다.

3) Когда́ твой дом?   너의 집은 어디에 있니?

4) Вади́м твоя́ дя́дя?   바짐은 너의 삼촌이니?

5) Чьи э́то ме́сто?   이것은 누구의 자리인가요?

6) Э́то маши́на ва́ша?   이 차는 당신 차인가요?

📖 작문으로 만들어 보는 나만의 쏠쏠한 회화사전

A : _____ 이것은 누구의 잡지인가요?

B : _____ 이것은 **나의** 잡지입니다.

A : _____ 이 사람은 누구의 딸인가요?

B : _____ 이 사람은 **그의** 딸입니다.

A : _____ 이것은 누구의 편지인가요?

B : _____ 이것은 **당신의** 편지입니다.

A : _____ 이 책들은 너의 책들이니?

B : _____ 응, 이것은 **내 책들**이야.

🔬 정답 확인은 222페이지

🔬 오늘의 도전 문장 확인!

Э́тот каранда́ш и э́та тетра́дь мой.

Урок 3 형용사 & 접속사

그는 친절하고 똑똑하다.
Он до́брый и у́мный.

🔊 3강

오늘의 목표 러시아어 형용사의 개념과 용법, 어미를 익히며 기본적인 접속사를 배웁니다.

오늘의 도전 문장 ✏️
내 아들은 키가 크고 착하고, 내 딸은 예쁘고 똑똑하다.

2과에서 배운 대명사 외에, 명사를 수식하는 역할의 품사를 생각해 보면 가장 먼저 여러분들의 머릿속에 '형용사'가 떠오를 것입니다. 이번 과에서는 러시아어 형용사의 개념과 역할에 대해 배워 보겠습니다. 또한 다양한 접속사 표현 중 등위 접속사의 기본적인 내용을 간략하게 살펴보겠습니다.

1 형용사 (прилага́тельное)

앞서 러시아어 명사를 문법적 성(род)에 따라 구분한다고 배웠습니다. 명사를 수식하는 형용사 또한 성(род)을 가지고 있고, 각각의 어미 형태를 수식되는 명사와 일치시켜야 합니다. 남성 어미는 -ый, -ой, -ий 이렇게 총 3가지인데 기본형은 -ый로서, 대부분의 형용사 남성 어미는 –ый로 끝납니다. 형용사 어미에 강세가 있는 경우는 반드시 -ой로, 정자법 규칙(г, к, х, ж, ш, щ, ч + и)에 해당되는 자음 뒤나 형용사 특수형 어미는 -ий를 따릅니다. 여성 어미의 기본형은 -ая이고 특수형 어미는 -яя입니다. 중성 어미의 기본형은 -ое, 특수형 어미와 일부 철자 규칙으로 인해 -ее를 따르게 됩니다. 아래의 표를 통해 형용사 어미를 종합적으로 정리해 보겠습니다.

1.1 형용사의 단수형

남성	-ый	но́в**ый** ста́р**ый**	друг	но́в**ый** друг 새로운 친구 ста́р**ый** друг 오래된 친구
	-ой	плох**о́й** больш**о́й**	теа́тр	плох**о́й** теа́тр 좋지 않은(나쁜) 극장 больш**о́й** теа́тр 큰 극장
	-ий	ма́леньк**ий** [특수형] си́**ний**	дом	ма́леньк**ий** дом 작은 집 си́**ний** дом 파란 집
여성	-ая	но́в**ая** ста́р**ая** плох**а́я** больш**а́я** ма́леньк**ая**	маши́на	но́в**ая** маши́на 새로운 차 ста́р**ая** маши́на 오래된 차 плох**а́я** маши́на 좋지 않은(나쁜) 차 больш**а́я** маши́на 큰 차 ма́леньк**ая** маши́на 작은 차
	-яя	[특수형] си́**няя**	ю́бка	си́**няя** ю́бка 파란 치마

| 중성 | -ое | но́в**ое**
ста́р**ое**
плох**о́е**
больш**о́е**
ма́леньк**ое** | окно́ | но́в**ое** окно́ 새로운 창문
ста́р**ое** окно́ 오래된 창문
плох**о́е** окно́ 좋지 않은(나쁜) 창문
больш**о́е** окно́ 큰 창문
ма́леньк**ое** окно́ 작은 창문 |
| | -ее | [특수형] си́н**ее** | мо́ре | си́н**ее** мо́ре 파란 바다 |

💡 **꼭 기억하세요!**

중성 어미 기본형은 -ое지만, 자음 ш, щ, ч, ж 바로 뒤에 강세가 오지 않는 경우에는 o를 쓸 수 없어 대신 e가 와
야 합니다. 이때 중성 어미는 -ее가 됩니다. 형용사의 강세 위치와 자음을 정확히 구분하여 학습하기 바랍니다.
예 большо́й (남성) – большо́е (중성)
  хоро́ший (남성) – хоро́шее (중성)

러시아어 형용사는 두 가지 용법이 있습니다. 명사를 꾸며 주는 용법과 문장에서 동사처럼 쓰이는 술어적 용법입니다.
명사를 직접적으로 수식할 경우 형용사는 명사 앞에 위치하고, 술어처럼 쓰일 경우에는 명사 뒤에 위치합니다. 용법과
상관없이 형용사의 문법적 형태는 함께 쓰는 명사의 성(род)과 같아야 합니다.

수식 용법 **예** Э́то краси́вый го́род.
            형   명

이것은 아름다운 도시이다.

            Она́ краси́вая де́вушка.
                  형   명

그녀는 아름다운 아가씨다.

            Э́то тру́дное сло́во.
                 형   명

이것은 어려운 단어다.

            Он коре́йский президе́нт.
                형   명

그는 한국(의) 대통령이다.

            Ки́ра ру́сская спортсме́нка.
                   형   명

키라는 러시아(의) 운동선수다.

술어 용법 Го́род большо́й.
              명   형

도시가 크다.

            Та́ня краси́вая.
             명   형

따냐는 예쁘다.

            Мо́ре си́нее.
             명   형

바다는 파랗다.

            Он молодо́й.
             명   형

그는 젊다.

            Зда́ние высо́кое.
              명   형

건물이 높다.

1.2 형용사의 복수형

형용사 복수형은 단수형과 달리 성 구분이 없습니다. 복수형 어미 -ые / -ие만 기억하면 됩니다. 기본형은 -ые이며, 정자법 규칙(г, к, х, ж, ш, щ, ч + и)에 해당되는 자음 뒤나 형용사 특수형 어미는 -ие를 따릅니다.

복수	-ые	но́в**ые** ста́р**ые**	маши́ны	но́вые маши́ны 새로운 자동차들 ста́рые маши́ны 오래된 자동차들
	-ие	плох**и́е** больш**и́е** ма́леньк**ие** [특수형] си́н**ие**	дома́	плохи́е дома́ 좋지 않은(나쁜) 집들 больши́е дома́ 큰 집들 ма́ленькие дома́ 작은 집들 си́ние дома́ 파란 집들

예 Они́ ру́сские журнали́сты?   그들은 러시아(의) 기자들인가요?
          형   명

Вы у́мные студе́нты.   너희는 똑똑한 학생들이다.
    형   명

Мои́ друзья́ краси́вые.   나의 친구들은 잘생겼다.
    명   형

Зда́ния о́чень ста́рые.   건물들이 매우 낡았다.
  명   형

1.3 의문형용사

의문형용사는 한국어로 '어떤'이라고 해석하며, 의문사인 동시에 형용사의 역할을 합니다. 그러므로 의문형용사도 남/여/중/복 형태로 나뉘며, 바로 뒤에 오는 명사의 성, 수와 일치시켜야 합니다.

	남성	여성	중성	복수
어떤	како́й	кака́я	како́е	каки́е

예 Како́й торт вку́сный?   어떤 케이크가 맛있나요?
        명   형

Кака́я пе́сня хоро́шая?   어떤 노래가 좋은가요?
      명   형

Како́е я́блоко кра́сное?   어떤 사과가 빨간가요?
      명   형

Каки́е очки́ хоро́шие?   어떤 안경이 좋은가요?
      명   형

1 주어진 형용사를 명사의 성·수에 맞게 고쳐 빈칸을 채워 문장을 완성해 보세요.

① Э́то _____ ко́мната. (ма́ленький) 이것은 작은 방이다.

② Мы _____ студе́нты. (но́вый) 우리는 새로운 학생들이다.

③ Зада́ние _____. (лёгкий) 문제가 쉽다.

④ Э́то _____ кни́га. (дешёвый) 이것은 저렴한 책이다.

⑤ Моё молоко́ _____. (све́жий) 내 우유는 신선하다.

⑥ Они́ _____ тури́сты. (ру́сский) 그들은 러시아(의) 관광객들이다.

2 보기와 같이 의문형용사를 이용하여 질문을 만들어 보세요.

보기

Э́то большо́й го́род. → Как**о́й** э́то го́ро**д**?

1) Э́то интере́сные фи́льмы. 이것들은 재미있는 영화들이다.

→ _____

2) Э́то краси́вая актри́са. 이 사람은 아름다운 여배우다.

→ _____

3) Э́то хоро́шие учителя́. 이 사람들은 훌륭한 선생님들이다.

→ _____

4) Э́то дорого́е кре́сло. 이것은 비싼 안락의자(소파)다.

→ _____

5) Э́то ста́рый университе́т. 이것은 오래된 대학교다.

→ _____

정답 **1** ① Э́то ма́ленькая ко́мната.

② Мы но́вые студе́нты.

③ Зада́ние лёгкое.

④ Э́то дешёвая кни́га.

⑤ Моё молоко́ све́жее.

⑥ Они́ ру́сские тури́сты.

2 1) Каки́е э́то фи́льмы? 어떤 영화들입니까?

2) Кака́я э́то актри́са? 어떤 여배우입니까?

3) Каки́е э́то учителя́? 어떤 선생님들입니까?

4) Како́е э́то кре́сло? 어떤 안락의자입니까?

5) Како́й э́то университе́т? 어떤 대학교입니까?

접속사 (сою́з)

단어나 어구, 문장 등을 연결하는 역할을 하는 품사가 접속사입니다. 접속사는 크게 등위접속사와 종속접속사로 나뉘는데, 이번 과에서는 등위접속사만 간단하게 배워 보겠습니다. 등위접속사란 동등한 수준에 있는 문장의 두 부분(단어, 어구, 문장)을 대등하게 잇는 역할을 하며, 주로 '그리고', '그러나', '그래서', '또는' 등의 접속사가 등위접속사에 속합니다. 그럼 이제부터 하나씩 살펴보겠습니다.

2.1 접속사 И

접속사 И는 기본적으로 두 개 이상의 동위 성분을 병렬 또는 나열할 때 사용하며, '~고', '~와(과)', '~ 그리고' 등으로 해석됩니다. 동시 또는 순차적인 동작을 나타내거나, 원인에 따른 결과를 표현할 수도 있습니다. 이 경우에는 '~고', '~ 하면서', '~하고 나서' 라는 뜻을 가집니다.

| 예 | Ма́ша **и** Са́ша шко́льники. | 마샤와 싸샤는 학생들이다. |

He до́брый **и** у́мный. — 그는 친절하고 똑똑하다.

Я чита́ю журна́л **и** рома́н. — 나는 잡지와 소설을 읽는다.

Мы за́втракаем **и** смо́трим телеви́зор. — 우리는 아침을 먹으면서 TV를 본다.

2.2 접속사 A

두 문장의 대립 구조를 나타내는 접속사 A는 비교 또는 대구 구문에서 주로 사용됩니다. 문맥에 따라 한국어로 '~고', '~나', '~지만' 등으로 해석이 됩니다. 이 외에도 화제를 전환할 때 쓸 수 있고, '한편', '그런데'라는 의미를 갖습니다. 또한 앞에 나오는 상황이나 문장과 대조, 대비되는 경우 및 화제 전환 시 접속사 A를 씁니다. 이때에는 위에 언급한 뜻 외에 '한편', '그런데' 등의 해석도 가능합니다.

예 Э́то моё молоко́, **а** э́то твоё молоко́. — 이것은 나의 우유고, 이것은 너의 우유다.

Ви́ктор тут, **а** Та́ня там. — 빅토르는 여기에 있고, 따냐는 저기에 있다.

На у́лице тепло́, **а** до́ма хо́лодно. — 밖에는 따뜻한데, 집은 춥다.

Сего́дня ты до́ма? **А** за́втра? — 너는 오늘 집에 있니? 그럼 내일은?

2.3 접속사 HO

'그러나', '하지만'이라고 해석되는 접속사 HO도 두 문장 간의 대립되는 양상을 보여 줍니다. 그러나 단순한 대립 형태가 아니라 앞과 뒤의 상황이 모순적인 경우에 사용됩니다. 좀 더 쉽게 설명하자면, 일반적으로 예상되는 결과나 기대와 어긋나는 내용, 당연히 그러할 것이라는 기대와 어긋나는 결과가 뒷문장에 따릅니다. 상반 관계를 나타내는 경우도 있습니다. 정리하자면, 접속사 HO는 '~나', '~지만', '~데', '그러나', '하지만' 등 여러 의미를 가지고 있습니다.

예 Маши́на ста́рая, **но** о́чень дорога́я. — 차는 낡았지만, 매우 비싸다.

Идёт дождь, **но** я гуля́ю. — 비가 오지만, 나는 산책하고 있다.

Я япо́нец, **но** не говорю́ по-япо́нски. — 나는 일본인이지만, 일본어로 말을 못한다.

2.4 접속사 И́ЛИ

접속사 и́ли는 문맥상 두 개 이상의 대상 중에서 선택하는 경우에 사용합니다. '또는', '혹은', '~이나', '아니면' 등으로 해석합니다.

예	Э́то ма́льчик и́ли де́вочка?	이 사람은 남자아이야 아니면 여자아이야?
	Что ты хо́чешь? Чай и́ли ко́фе?	너는 무엇을 원하니? 차 또는 커피?
	Сейча́с хо́лодно и́ли жа́рко?	지금 춥니 아니면 덥니?

---

mini test

1 주어진 접속사 중 문맥상 알맞은 것을 골라 빈칸을 채우세요.

① но	② и	③ а	④ и́ли

1) Там мой дом, _____ тут мой университе́т.   저기에는 나의 집이 있고, 여기에는 나의 대학교가 있다.

2) Э́то вку́сно, _____ я не хочу́.   이것은 맛있지만, 나는 원하지 않는다.

3) Твоя́ ко́мната больша́я _____ ма́ленькая?   너의 방은 크니 아니면 작니?

4) Он лю́бит сок _____ молоко́.   그는 주스와 우유를 좋아한다.

5) Телефо́н но́вый, _____ не рабо́тает.   전화기가 새것인데, 작동하지 않는다.

6) Па́па сле́ва, _____ ма́ма спра́ва.   아빠는 왼쪽에 있고, 엄마는 오른쪽에 있다.

정답 1 1) ③ а 2) ① но 3) ④ и́ли 4) ② и 5) ① но 6) ③ а

Упражнения

1 보기와 같이 주어진 단어들을 이용하여 대화를 만들어 보세요.

1) (хоро́ший, о́фис)   → _____

2) (интере́сный, о́пера)   → _____

3) (дорого́й, часы́)   → _____

4) (си́ний, пальто́)   → _____

5) (чёрный, ша́пка)   → _____

6) (све́жий, фру́кты)   → _____

7) (коре́йский, актёр)   → _____

8) (краси́вый, зда́ние)   → _____

9) (популя́рный, пе́сня)   → _____

10) (большо́й, слова́рь)   → _____

2 다음 문장에 주어진 형용사의 기본형(남성형)을 적으세요.

1) Э́то **горя́чая** вода́.   이것은 뜨거운 물이다.

   → _____

2) Я де́лаю **дома́шнее** зада́ние.   나는 숙제를 하고 있다.

   → _____

3) Ю́бка о́чень **коро́ткая**.   치마가 너무 짧다.

   → _____

4) Они́ **до́брые** лю́ди.   그들은 친절한 사람들이다.

   → _____

5) Это **золото́е** кольцо́.　　　　　　　이것은 금반지다.

　→ _____

6) Сего́дня пого́да **плоха́я**.　　　　　오늘 날씨가 나쁘다.

　→ _____

7) Ли́за **тала́нтливая** певи́ца.　　　리자는 재능 있는 가수다.

　→ _____

8) Здесь **широ́кие** у́лицы.　　　　　여기에는 넓은 도로들이 있다.

　→ _____

📓 작문으로 만들어 보는 나만의 쏠쏠한 회화사전

A : _____　　　이것은 어떤 집인가요?

B : _____　　　이것은 **새로운** 집입니다.

A : _____　　　이 사람은 어떤 여학생인가요?

B : _____　　　이 사람은 **똑똑한** 여학생입니다.

A : _____　　　이 사람들은 어떤 사람들인가요?

B : _____　　　그들은 **좋은** 사람들입니다.

A : _____　　　당신의 외투는 검정색인가요?

B : _____　　　아니요, 제 외투는 **파란색**입니다.

정답 확인은 223페이지

🔬 **오늘의 도전 문장 확인!**

Мой сын высо́кий и до́брый, а моя́ дочь краси́вая и у́мная.

너는 지금 무엇을 하고 있니?

Что ты дéлаешь сейчáс?

🔊 4강

오늘의 목표 러시아어 동사의 개념과 종류를 배워 보고, 동사 변화 형태를 익힙니다.

오늘의 도전 문장 ✏️

나는 쉬는 것을 좋아하고, 그는 일하는 것을 좋아한다.

러시아어 동사(глагóл)를 배우려면 기본적으로 '시제'와 '상'에 대한 개념을 알아야 합니다. 한국인에게 낯선 개념인 '동사의 상'에 관한 내용은 'урок 12 동사 3'에서 자세히 다루겠습니다. '시제'는 매우 간단하게 분류되는데 현재, 과거, 미래 총 3가지입니다. 이번 과에서는 동사의 현재 시제(настоя́щее врéмя)를 배워 보겠습니다. 현재 시제는 말 그대로 현재 상태의 동작, 행위를 나타냅니다.

동사(глагóл)에서 가장 핵심적인 특징은 '동사의 활용', 즉 주어에 따른 동사 인칭 변화라고 볼 수 있습니다. 모든 러시아어 동사는 주어의 인칭과 성, 수에 따라 바뀌므로, 동사 원형과 변화형을 함께 기억해야 하고, 이 변화형은 인칭대명사 주격형(я, ты, он, онá, онó, мы, вы, онú)에 따라 구분됩니다. 일반적으로 러시아어 동사는 동사 원형에 따라 1식 동사, 2식 동사, 특수형 등으로 나누어져 있습니다. 먼저 1식 동사의 특징과 인칭 변화형을 살펴보겠습니다.

① 1식 동사

1.1 1식 규칙 동사

1식 동사는 주로 동사 원형이 '-ать' 또는 '-ять'로 끝납니다. 동사 인칭 변화는 동사 원형에서 '-ть'를 떼고 주어에 맞는 변형 어미를 각각 붙이면 됩니다. 1식 동사가 어떻게 인칭 변화하는지 아래의 표를 참고하여 살펴보겠습니다.

	1식 동사 변형 어미	знать (알다)	дéлать (하다)	читáть (읽다)	гуля́ть (산책하다)
я	-ю	знá-**ю**	дéла-**ю**	читá-**ю**	гуля́-**ю**
ты	-ешь	знá-**ешь**	дéла-**ешь**	читá-**ешь**	гуля́-**ешь**
он / онá / онó	-ет	знá-**ет**	дéла-**ет**	читá-**ет**	гуля́-**ет**
мы	-ем	знá-**ем**	дéла-**ем**	читá-**ем**	гуля́-**ем**
вы	-ете	знá-**ете**	дéла-**ете**	читá-**ете**	гуля́-**ете**
онú	-ют	знá-**ют**	дéла-**ют**	читá-**ют**	гуля́-**ют**

예 **Я** знá**ю** вас.　　　　　나는 당신을 알고 있습니다.

Что **ты** дéла**ешь** сейчáс?　너는 지금 무엇을 하고 있니?

Он читá**ет** кни́гу.　　　그는 책을 읽습니다.

Мы гуля́**ем** в пáрке.　　우리는 공원에서 산책을 합니다.

1.2 1식 불규칙 동사 주의 사항

일부 1식 동사들은 인칭 변화 시 원형에 없던 다른 철자로 변경되는 경우도 있습니다. 또한 종종 강세가 이동하는 동사도 있으니 특별히 주의하기 바랍니다.

	1식 동사 변형 어미	писа́**ть** (쓰다)	рисова́**ть** (그림 그리다)	фотографи́ровать (사진 찍다)	танцева́**ть** (춤추다)
я	-ю(-у)	пиш-**у́**	рису́-**ю**	фотографи́ру-**ю**	танцу́-**ю**
ты	-ешь	пи́ш-**ешь**	рису́-**ешь**	фотографи́ру-**ешь**	танцу́-**ешь**
он / она́ / оно́	-ет	пи́ш-**ет**	рису́**ет**	фотографи́ру-**ет**	танцу́-**ет**
мы	-ем	пи́ш-**ем**	рису́-**ем**	фотографи́ру-**ем**	танцу́-**ем**
вы	-ете	пи́ш-**ете**	рису́-**ете**	фотографи́ру-**ете**	танцу́-**ете**
они́	-ют(-ут)	пи́ш-**ут**	рису́-**ют**	фотографи́ру-**ют**	танцу́-**ют**

예 Что **вы** пи́ш**ете**?　　　　　　　당신은 무엇을 쓰고 있습니까?

　　Худо́жник рису́**ет** меня́.　　　화가가 나를 그리고 있습니다.

　　Они́ фотографи́ру**ют** не́бо.　　그들은 하늘을 찍습니다.

　　Я танцу́**ю** на вечери́нке.　　　나는 파티에서 춤을 춥니다.

🗒 mini test

1 다음 주어진 동사를 주어에 맞도록 알맞게 변화시키세요.

1) Что вы (де́лать) сейча́с? 당신은 지금 무엇을 하고 계시나요?　　→ _____

2) Она́ (рабо́тать) до́ма. 그녀는 집에서 일을 한다.　　→ _____

3) Где ты (гуля́ть)? 너는 어디에서 산책을 하니?　　→ _____

4) Мы (изуча́ть) ру́сский язы́к. 우리는 러시아어를 배운다.　　→ _____

5) Я (писа́ть) письмо́. 나는 편지를 쓴다.　　→ _____

6) Они́ хорошо́ (рисова́ть) портре́ты. 그들은 초상화를 잘 그린다.　　→ _____

2 다음 문장에서 주어에 따라 변화된 동사의 원형을 적어 보세요.

1) Вы зна́ете меня́? 당신은 나를 아시나요?　　→ _____

2) Па́па чита́ет журна́л. 아빠는 잡지를 읽으신다.　　→ _____

3) Я слу́шаю ра́дио. 나는 라디오를 듣는다.　　→ _____

4) Они́ не понима́ют нас. 그들은 우리를 이해하지 못한다.　　→ _____

정답 **1** 1) Что **вы** де́ла**ете** сейча́с? 2) **Она́** рабо́та**ет** до́ма. 3) Где **ты** гуля́**ешь**?
　　4) **Мы** изуча́**ем** ру́сский язы́к. 5) **Я** пишу́ письмо́. 6) **Они́** хорошо́ рису́**ют** портре́ты.

　2 1) зн**ать** 2) чит**а́ть** 3) слу́ш**ать** 4) понима́**ть**

2.1 2식 규칙 동사

이번에는 2식 동사에 대해 배워 보겠습니다. 2식 동사는 주로 동사 원형이 '-ить' 또는 '-еть'로 끝납니다. 동사 인칭 변화는 동사 원형에서 '-и(е)ть'를 떼고 주어에 맞는 각각의 변형 어미를 붙이면 됩니다. 인칭 변화 방법과 동사 변형 어미가 1식 동사와는 차이점이 있으니 헷갈리지 않도록 잘 구분하여 익혀 둬야 합니다.

	2식 동사 변형 어미	говори́ть (말하다)	звони́ть (전화하다)	дари́ть (선물하다)	смотре́ть (보다)
я	-ю	говор-**ю́**	звон-**ю́**	дар-**ю́**	смотр-**ю́**
ты	-ишь	говор-**и́шь**	звон-**и́шь**	да́р-**ишь**	смо́тр-**ишь**
он / она́ / оно́	-ит	говор-**и́т**	звон-**и́т**	да́р-**ит**	смо́тр-**ит**
мы	-им	говор-**и́м**	звон-**и́м**	да́р-**им**	смо́тр-**им**
вы	-ите	говор-**и́те**	звон-**и́те**	да́р-**ите**	смо́тр-**ите**
они́	-ят	говор-**я́т**	звон-**я́т**	да́р-**ят**	смо́тр-**ят**

예 **Я** говорю́ по-ру́сски. 나는 러시아어로 말합니다.

Вы звони́те домо́й? 당신은 집으로 전화하나요?

Что **ты** ча́сто да́ришь ей? 너는 그녀에게 무엇을 자주 선물하니?

Ма́ма смо́трит телеви́зор. 엄마는 텔레비전을 봅니다.

2.2 2식 불규칙 동사

2식 동사들 중에서도 불규칙하게 변하는 동사들이 있습니다. 먼저 1식 동사 불규칙 동사 형태와 유사하게, 인칭 변화 시 원형에 없던 새로운 철자가 추가되는 경우가 있습니다. 이외에도 동사 원형 어미(-ить, -еть) 바로 앞 철자가 б, в, м, п, ф 중 하나인 경우, 1인칭 단수형(я)에 따른 변화에서만 자음 л이 추가됩니다.

우리는 이미 1과에서 '정자법 규칙'이라는 아주 중요한 철자 규칙을 배웠습니다. 자음 г, к, х, ж, ш, щ, ч 다음에는 ы가 절대 올 수 없고 반드시 и만 써야 합니다. 그런데 사실 이 규칙에는 몇 가지의 항목이 더 있습니다. 바로 이번 4과에서 다양한 동사 인칭 변화형을 배우면서 정자법 규칙의 모든 내용을 익히게 됩니다. 해당 자음(г, к, х, ж, ш, щ, ч) 다음에는 ю 대신 у가 오고, я 대신 а를 써야 합니다. 앞서 언급한 대로 이 규칙은 모든 러시아어 문법 내용에 적용되므로 적절하게 활용할 수 있도록 학습해 둡시다.

> г, к, х, ж, ш, щ, ч + ы 대신 **и** / ю 대신 **у** / я 대신 **а**

2식 동사 변형 어미		лю**би́ть** (사랑하다)	гото́**вить** (준비하다, 요리하다)	ви́**деть** (보이다)	учи́**ть** (공부하다)
я	-ю(-у)	любл-**ю́**	гото́вл-**ю**	ви́ж-**у**	уч-**у́**
ты	-ишь	люб-**ишь**	гото́в-**ишь**	ви́д-**ишь**	у́ч-**ишь**
он / она́ / оно́	-ит	люб-**ит**	гото́в-**ит**	ви́д-**ит**	у́ч-**ит**
мы	-им	люб-**им**	гото́в-**им**	ви́д-**им**	у́ч-**им**
вы	-ите	люб-**ите**	гото́в-**ите**	ви́д-**ите**	у́ч-**ите**
они́	-ят(-ат)	люб-**ят**	гото́в-**ят**	ви́д-**ят**	у́ч-**ат**

例 **Я** люблю́ вас. 나는 당신을 사랑합니다.

Муж гото́вит у́жин. 남편이 저녁을 준비합니다.

Ты ви́дишь меня́? 너는 내가 보이니?

Шко́льники у́чат ру́сские слова́. 학생들은 러시아어 단어를 공부합니다.

📋 **mini test**

1 다음 주어진 동사를 주어에 맞도록 알맞게 변화시키세요.

1) Что ты (смотре́ть)? 너는 무엇을 보고 있니? → _____

2) Вы (кури́ть)? 당신은 담배를 피우시나요? → _____

3) Я иногда́ (звони́ть) домо́й. 나는 가끔 집으로 전화한다. → _____

4) Ма́ша (люби́ть) меня́. 마샤는 나를 사랑한다. → _____

5) Они́ не (говори́ть) по-коре́йски. 그들은 한국어로 말하지 못한다. → _____

6) Мы (гото́вить) блины́. 우리는 블린을 요리한다. → _____

2 괄호 속의 동사 원형을 참고하여 변화형의 어색한 부분을 찾아 고쳐 보세요.

1) Студе́нты у́чят (учи́ть) ру́сские глаго́лы. → _____

2) Я любю́ (люби́ть) Сеу́л. → _____

3) Где вы сижи́те (сиде́ть)? → _____

4) Ты по́мнешь (по́мнить) э́то? → _____

5) Де́душка мно́го ку́рлит (кури́ть). → _____

- -

정답 **1** 1) Что **ты** смо́тришь? 2) **Вы** ку́рите? 3) **Я** иногда́ звоню́ домо́й.

4) **Ма́ша** лю́бит меня́. 5) **Они́** не говоря́т по-коре́йски. 6) **Мы** гото́вим блины́.

2 1) Студе́нты у́чат ру́сские глаго́лы. 2) Я люблю́ Сеу́л. 3) Где вы сиди́те?

4) Ты по́мнишь э́то? 5) Де́душка мно́го ку́рит.

3.1 원하다 хоте́ть (1, 2식 혼합형)

	단수	복수
1인칭	я хочу́	мы хоти́м
2인칭	ты хо́чешь	вы хоти́те
3인칭	он хо́чет	они́ хотя́т

хоте́ть 동사 변화형을 살펴보면 1식과 2식의 동사 변화형이 섞여 있습니다. 자음 교체와 강세 변화에 특히 주의하세요.

3.2 살다 жить

	단수	복수
1인칭	я живу́	мы живём
2인칭	ты живёшь	вы живёте
3인칭	он живёт	они́ живу́т

жить 동사의 원형만 본다면 2식 규칙 동사라고 착각할 수 있습니다. 인칭 변형 시 원형에 없던 자음 в가 추가되고, 1식 동사 변화 어미와 유사한 듯하지만 모음 ё로 바뀝니다.

3.3 주다 дава́ть (-авать 동사 형태)

	단수	복수
1인칭	я даю́	мы даём
2인칭	ты даёшь	вы даёте
3인칭	он даёт	они́ даю́т

дава́ть 동사 변화형에서는 원형에 있던 '-ва-'가 사라집니다. 1식 규칙 동사라고 생각하여 '-ва-' 형태를 그대로 남겨 둔 채 인칭 변화형을 만들어서는 안 됩니다. 이와 같은 -авать 동사 형태로는 встава́ть(일어나다), продава́ть(팔다), устава́ть(피곤해하다), преподава́ть(가르치다) 등이 있습니다.

3.4 할 수 있다 мочь

	단수	복수
1인칭	я мог**ý**	мы мó**жем**
2인칭	ты мó**жешь**	вы мó**жете**
3인칭	он мó**жет**	они́ мó**гут**

мочь 동사는 일반적인 동사 원형 어미 -ть와는 다른 형태입니다. 인칭 변화 시 2개의 자음(г, ж)이 추가되고 1식 동사 변형 어미와 유사하게 바뀝니다.

3.5 먹다 есть

	단수	복수
1인칭	я ем	мы еди́м
2인칭	ты ешь	вы еди́те
3인칭	он ест	они́ едя́т

다음 예문으로 특수형을 다시 한 번 짚어 보세요.

Что **вы** хоти́те?	너희는 무엇을 원하니? (хоте́ть, 2인칭 복수)
Где **ты** живёшь?	너는 어디에 사니? (жить, 2인칭 단수)
Кто даёт тебе́ письмó?	누가 너에게 편지를 주니? (дава́ть, 3인칭 단수)
Я могý говори́ть по-ру́сски.	나는 러시아어로 말할 수 있습니다. (мочь, 1인칭 단수)
Мы еди́м мя́со.	우리는 고기를 먹습니다. (есть, 1인칭 복수)

📋 **mini test**

1 괄호 안의 동사 원형을 참고하여 빈칸에 알맞은 변화형을 쓰세요.

1) Что они́ хо _____ (хоте́ть) де́лать?   그들은 무엇을 하기를 원하나요?

2) Когда́ ты обы́чно вст _____ (встава́ть)?   너는 보통 언제 일어나니?

3) Там Антóн жи _____ (жить).   저기에 안톤이 삽니다.

4) Ýтром я е _____ (есть) сала́т.   아침에 나는 샐러드를 먹습니다.

5) Что вы пре _____ (преподава́ть) в шкóле?   당신은 학교에서 무엇을 가르치나요?

6) Мы не мо _____ (мочь) рабóтать здесь.   우리는 여기에서 일할 수 없습니다.

- -

정답 **1** 1) Что они́ хотя́т де́лать?   2) Когда́ **ты** обы́чно встаёшь?
3) Там **Антóн** живёт.   4) Ýтром **я** ем сала́т.
5) Что **вы** преподаёте в шкóле?   6) **Мы** не мó**жем** рабóтать здесь.

Упражнения

① 보기와 같이 주어진 동사 원형을 보고 인칭 변화를 적용하여 대화를 완성해 보세요.

> **보기**
>
> Q : Что ты _____ ?   A : Я _____ балéт.   (смотрéть)
> → Q : Что ты **смóтришь**?   A : Я **смотрю́** балéт.

1) Q : Где вы _____ ?   A : Я _____ дóма.   (рабóтать)

2) Q : Что дéти _____ ?   A : Они́ _____ ромáн.   (читáть)

3) Q : Кто _____ по-япóнски ?   A : Свéта _____ по-япóнски.   (говори́ть)

4) Q : Где вы _____ ?   A : Мы _____ на у́лице.   (гуля́ть)

5) Q : Что мáма _____ ?   A : Онá _____ .   (дéлать, отдыхáть)

6) Q : Когдá ты _____ ?   A : Я пóздно _____ .   (встава́ть)

7) Q : Почему́ Ю́ра _____ ?   A : Потому́ что он _____ танцева́ть.
(танцева́ть, люби́ть)

8) Q : Что лю́ди _____ ?   A : Они́ _____ ру́сское рáдио.   (слу́шать)

② *이탤릭체*로 된 부분을 괄호 안의 단어로 주어를 바꾸어 새로운 문장으로 만들어 보세요.

1) *Мы* **хоти́м** зелёный чай.   (Кáтя)

→ _____

2) Почему́ *ты* **устаёшь** кáждый день?   (друзья́)

→ _____

3) *Пóвар* **готóвит** вку́сный суп.   (я)

→ _____

4) *Худóжники* **рису́ют** мóре.   (мы)

→ _____

5) *Я* óчень **люблю́** кóфе.   (ты)

→ _____

6) *Моя́ дочь* пло́хо **ви́дит**.　　　　　　(я)

→ _____

7) *Они́* ре́дко **да́рят** мне цветы́.　　　　(Оле́г)

→ _____

8) *Ты* **у́чишь** англи́йские слова́.　　　　(Вади́м и И́ра)

→ _____

📖 작문으로 만들어 보는 나만의 쏠쏠한 회화사전

A : _____　당신은 무엇을 하시나요?

B : _____　저는 **쉬고** 있습니다.

A : _____　당신은 무엇을 읽나요?

B : _____　저는 잡지를 **읽고** 있습니다.

A : _____　당신은 무엇을 보시나요?

B : _____　저는 영화를 **보고** 있습니다.

A : _____　당신은 무엇을 원하나요?

B : _____　저는 커피를 **원합니다.**

👉 정답 확인은 224페이지

🔬 오늘의 도전 문장 확인!

Я люблю́ отдыха́ть, а он лю́бит рабо́тать.

우유는 여기에 있었다.
Молокó бы́ло тут.

5강

오늘의 목표 러시아어 동사의 과거형과 미래형을 배워 봅니다.

오늘의 도전 문장 ✏️
어렸을 때 그녀는 항상 일찍 일어나서 아침을 먹었다.

앞서 4과에서 러시아어 동사의 현재 시제를 배웠으므로 이번에는 과거 시제와 미래 시제에 대해 다루어 보겠습니다. 각 동사별로 인칭 변화가 일어나는 현재 시제에 비해, 과거 시제나 미래 시제는 대체로 통일된 규칙에 따라 만들어집니다. 먼저 과거 상태에 일어난 동작과 행위를 나타내는 과거 시제를 배워 보겠습니다.

① 과거 시제 (проше́дшее вре́мя)

1.1 일반동사

동사의 현재 시제는 주어의 인칭과 단·복수에 따라 변화하지만, 과거 시제는 성과 수에 따라 구분하여 사용됩니다. 일반적인 러시아어 동사 원형은 '-ть'로 끝나는데, 과거형으로 바꾸려면 '-ть' 부분을 떼고 주어의 성과 수에 따라 '-л(남성), -ла(여성), -ло(중성), -ли(복수)'를 붙이면 됩니다. 'чита́ть(읽다)' 동사를 예로 들면, 주어가 남성(단수)일 때 과거형은 'чита́л', 여성(단수)이면 'чита́ла', 중성(단수)은 'чита́ло', 그리고 복수형은 'чита́ли'가 됩니다. '너희, 당신'이라는 뜻을 가지고 있는 인칭대명사 'вы'를 주어로 쓸 경우 동사 과거 시제 사용에 주의해야 합니다. '당신'이라는 표현이 의미상으로는 단수지만, 문법적인 구분에 따르면 'вы'는 '2인칭 복수형'에 해당되므로 동사 과거시제는 '-ли(복수)' 형태를 갖춰야 합니다.

		знать (알다)	гуля́ть (산책하다)	говори́ть (말하다)	смотре́ть (보다)
남성(он)	я, ты, он	зна́-**л**	гуля́-**л**	говори́-**л**	смотре́-**л**
여성(она́)	я, ты, она́	зна́-**ла**	гуля́-**ла**	говори́-**ла**	смотре́-**ла**
중성(оно́)	оно́	зна́-**ло**	гуля́-**ло**	говори́-**ло**	смотре́-**ло**
복수(они́)	мы, вы, они́	зна́-**ли**	гуля́-**ли**	говори́-**ли**	смотре́-**ли**

예
Я чита́**л** рома́н.	나는 소설을 읽었다. (주어가 남자)
Я изуча́**ла** ру́сский язы́к.	나는 러시아어를 공부했다. (주어가 여자)
Что ты де́ла**л** вчера́?	너는 어제 무엇을 했니? (주어가 남자)
Ты писа́**ла** письмо́?	너는 편지를 썼니? (주어가 여자)
Мы ещё не гуля́**ли**.	우리는 아직 산책하지 않았다.
Вы рабо́та**ли** здесь?	당신은 여기에서 일했었나요?
Они́ смотре́**ли** бале́т.	그들은 발레를 보았다.

1.2 быть 동사 과거형

영어의 'be 동사'와 같이 어떤 상태나 상황을 나타내거나 존재 그 자체를 표현하며 주로 '~(이)다, ~에 있다' 등으로 해석되는 동사가 러시아어 현재형에는 없습니다. 과거와 미래 시제에서는 be 동사와 같은 용법의 동사 형태가 존재합니다. 과거형은 'быть' 동사의 과거형으로 나타내고, 일반적으로 '~이었다', '~에 있었다'라는 뜻으로 씁니다.

	남성(он)	여성(онá)	중성(онó)	복수(они́)
быть	бы́-л	бы-лá	бы́-ло	бы́-ли

예 Ýтром Антóн бы**л** дóма.　아침에 안톤은 집에 있었다.

Где ты бы**лá** позавчерá?　너는 그저께 어디에 있었니?

Молокó бы́**ло** тут.　우유는 여기에 있었다.

Они́ бы́**ли** там?　그들이 거기에 있었니?

1.3 특수형 동사

간혹 동사 원형이 '-ть'로 끝나지 않거나, '-ть'로 끝나지만 일반적인 과거형 규칙을 따르지 않는 경우가 있습니다. 4과에서 배운 특수형 동사 중 есть(먹다), мочь(할 수 있다)가 대표적인 예입니다.

	남성(он)	여성(онá)	중성(онó)	복수(они́)
есть	é-л	é-ла	é-ло	é-ли
мочь	мо-г	мог-лá	мог-лó	мог-ли́

예 Онá é**ла** пельмéни.　그녀는 만두를 먹었다.

Мы не é**ли** мя́со.　우리는 고기를 먹지 않았다.

Рáньше я мо**г** говори́ть по-рýсски. 예전에 나는 러시아어로 말할 수 있었다.

1 다음 주어진 동사 원형을 주어에 맞추어 적절하게 과거 시제로 바꾸어 보세요.

1) Что Ма́ша (люби́ть) в де́тстве?　마샤는 어렸을 때 무엇을 좋아했니?

2) Па́па (дари́ть) мне тетра́дь.　아빠는 내게 공책을 선물했다.

3) Студе́нты (хоте́ть) отдыха́ть.　학생들은 쉬길 원했다.

4) Где (быть) твой телефо́н?　너의 전화기가 어디에 있었니?

5) Вы (звони́ть) домо́й?　당신은 집으로 전화했나요?

6) Когда́ де́ти (встава́ть)?　아이들은 언제 일어났니?

2 다음 인칭 변화된 동사의 현재형을 참고하여 과거형으로 변화시키세요.

1) Серге́й мо́жет рабо́тать.　세르게이는 일할 수 있다.

2) Где вы живёте?　당신은 어디에 사나요?

3) Что друзья́ даю́т тебе́?　친구들이 너에게 무엇을 주니?

4) Ба́бушка ча́сто ест суп.　할머니께서는 수프를 자주 드신다.

정답　**1** 1) Что Ма́ша **люби́ла** в де́тстве?　2) Па́па **дари́л** мне тетра́дь.　3) Студе́нты **хоте́ли** отдыха́ть.
4) Где **был** твой телефо́н?　5) Вы **звони́ли** домо́й?　6) Когда́ де́ти **встава́ли**?

2 1) мог　2) жи́ли　3) дава́ли　4) е́ла

---

2 미래 시제 (бу́дущее вре́мя)

2.1 일반동사

미래에 일어나는 행위나 동작을 나타내는 미래 시제에서도 'быть' 동사를 이용합니다. '~할 것이다'라고 해석하고, 'быть' 동사를 주어에 따라 인칭 변화한 후, 일반동사 원형을 이어서 쓰면 됩니다. 'быть' 동사의 인칭 변화형도 특수형에 해당되므로, 더욱 주의하며 학습해야 합니다.

	я	ты	он/она́/оно́	мы	вы	они́
быть	бу́ду	бу́дешь	бу́дет	бу́дем	бу́дете	бу́дут

예　Я **бу́ду** чита́ть журна́л.　나는 잡지를 읽을 것이다.

Что ты **бу́дешь** де́лать за́втра?　너는 내일 무엇을 할 거니?

Сын не **бу́дет** обе́дать.　아들은 점심을 먹지 않을 것이다.

Мы **бу́дем** смотре́ть но́вый фильм.　우리는 새로운 영화를 볼 것이다.

Вы **бу́дете** пить чай?　당신은 차를 마실 건가요?

Они́ не **бу́дут** сдава́ть экза́мен.　그들은 시험을 보지 않을 것이다.

2.2 быть 동사 미래형

이번에는 존재 여부를 나타내거나 일정한 상태를 나타내는 동사의 미래형을 살펴보겠습니다. 미래형도 과거형과 마찬가지로 'быть' 동사를 활용하여 표현됩니다. 주어에 따라 'быть' 동사를 인칭 변화시키면 되고, 보통 '~일 것이다', '~에 있을 것이다'로 해석됩니다.

예 В суббо́ту ты **бу́дешь** до́ма?   토요일에 너는 집에 있을 거니?

    Сего́дня **бу́дет** снег.   오늘 눈이 올 것이다(있을 것이다).

    В университе́те **бу́дут** интере́сные ле́кции. 대학교에 흥미로운 강의들이 있을 예정이다.

---

mini test

1 다음 보기와 같이 주어진 단어를 조합하여 미래 시제 문장을 만들어 보세요.

> **보기**
>
> (я, де́лать, э́то) → Я **бу́ду** де́лать э́то.

1) (шко́льники, изуча́ть, англи́йский язы́к) → _____

2) (ты, гото́вить, за́втрак) → _____

3) (Ди́ма, фотографи́ровать, не́бо) → _____

4) (вы, писа́ть, дневни́к) → _____

5) (я, пить, ко́фе) → _____

6) (мы, есть, торт) → _____

정답 **1** 1) Шко́льники **бу́дут** изуча́ть англи́йский язы́к.   학생들은 영어를 공부할 것이다.
    2) Ты **бу́дешь** гото́вить за́втрак.   너는 아침 식사를 준비할 것이다.
    3) Ди́ма **бу́дет** фотографи́ровать не́бо.   지마는 하늘을 (사진) 찍을 것이다.
    4) Вы **бу́дете** писа́ть дневни́к.   당신은 일기를 쓸 것이다.
    5) Я **бу́ду** пить ко́фе.   나는 커피를 마실 것이다.
    6) Мы **бу́дем** есть торт.   우리는 케이크를 먹을 것이다.

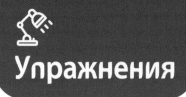

Упражнения

❶ 보기와 같이 주어진 동사 현재형을 참고하여 과거형과 미래형 문장을 만들어 보세요.

> **보기**
>
> Он де́лает дома́шние зада́ния.　　　 그는 숙제를 한다.
>
> → 과거 : Он де́лал дома́шние зада́ния. / 미래 : Он бу́дет де́лать дома́шние зада́ния.

1) Ты слу́шаешь ра́дио.　　　　　　　 너는 라디오를 듣는다.

　→ _____

2) Ма́ша лю́бит гуля́ть.　　　　　　　 마샤는 산책하는 것을 좋아한다.

　→ _____

3) Я ви́жу свет.　　　　　　　　　　　 나는 빛이 보인다.

　→ _____

4) Мы отдыха́ем до́ма.　　　　　　　　 우리는 집에서 쉰다.

　→ _____

5) Вы зна́ете э́то.　　　　　　　　　　 당신은 이것을 안다.

　→ _____

6) Что у́чат иностра́нные студе́нты?　 외국 학생들은 무엇을 공부하나요?

　→ _____

7) Де́душка встаёт в 6 часо́в.　　　　 할아버지께서는 6시에 일어나신다.

　→ _____

8) Где ты живёшь?　　　　　　　　　 너는 어디에 사니?

　→ _____

❷ 각 문장에 주어진 **быть** 동사를 보기와 같이 다른 형태로 바꾸세요.

보기
> Я былá тут.　　[과거]　→　Я бу́ду тут.　　　　[미래]
> Они́ бу́дут тут.　[미래]　→　Они́ бы́ли тут.　　　[과거]

1) Ты былá в Япóнии?

2) Кольцó бы́ло здесь.

3) Мы бы́ли там.

4) Ви́ка! Ты бу́дешь в кафé?

5) Де́ти бу́дут дóма.

6) Где вы бу́дете?

 작문으로 만들어 보는 나만의 쏠쏠한 회화사전

A : _____　당신은 어제 무엇을 했나요?

B : _____　어제 저는 잡지를 **읽었습니다.**

A : _____　당신은 아침에 어디에 있었나요?

B : _____　아침에 저는 집에 **있었습니다.**

A : _____　당신은 내일 무엇을 할 예정인가요?

B : _____　내일 저는 편지를 **쓸 예정입니다.**

A : _____　당신은 TV를 볼 예정인가요?

B : _____　아니요, 저는 TV를 **보지 않을 것입니다.**

정답 확인은 226페이지

🔬 오늘의 도전 문장 확인!

В де́тстве онá всегдá рáно встава́ла и зáвтракала.

우리는 모스크바에 산다.

Мы живём в Москве́.

🔊 6강

오늘의 목표 러시아어 문법의 기초인 격의 개념과 전치격 어미 변화를 익힙니다.

오늘의 도전 문장 ✏️
너는 나의 아름다운 고향인 모스크바에 대해 무엇을 알고 있니?

격(паде́ж)이란 명사·형용사·대명사 등이 문장 내 쓰임에 따라 바뀌는 형태를 말합니다. 한국어는 단어 뒤에 조사를 붙여 문장 성분을 나타내는데, 러시아어는 격에 따라 단어의 어미를 바꾸어 문장 성분을 나타내게 됩니다. 러시아어는 총 6개의 격이 있으며 주격(~은/~는/~이/~가), 생격(~의), 여격(~에게), 대격(~을/~를), 조격(~로써), 전치격(~에서)입니다. 앞서 배운 명사, 형용사, 대명사는 모두 가장 기본적인 주격(имени́тельный паде́ж) 형태로 수록되어 있었습니다. 이제 전치격에 대해 본격적으로 알아볼까요?

1 명사

주격 다음으로 쉬운 격이 바로 여섯 번째인 전치격입니다. 전치격은 주로 장소나 위치를 나타낼 때 사용하므로, 한국어로는 '~에(서)'로 해석됩니다. 또한 이 격은 이름에 걸맞게 전치사 없이 독립적으로는 쓸 수 없습니다. 전치격과 함께 쓰는 전치사는 в, на, о입니다. 전치사 в, на, о의 쓰임을 배우기에 앞서, 먼저 명사의 전치격 어미를 알아보겠습니다.

	주격	전치격 어미		전치격
남성	го́род	자음 → +e	**-e**	в го́роде
	музе́й	-й → e		в музе́е
	слова́рь	-ь → e		в словаре́
여성	кни́га	-а → e	**-e**	в кни́ге
	статья́	-я → e		в статье́
	пло́щадь	-ь → и	**-и**	на пло́щади
중성	письмо́	-о → e	**-e**	в письме́
	мо́ре	-е → e		на мо́ре

1.1 명사의 전치격 단수

Я рабо́таю в ба́нк**е**.	나는 은행에서 일한다.
Президе́нт рабо́тает в Кремл**е́**.	대통령은 크렘린궁에서 일한다.
Мы живём в Москв**е́**.	우리는 모스크바에 산다.

Тури́сты гуля́ют на пло́щад**и**.   관광객들은 광장에서 산책한다.

Анто́н живёт на о́стров**е**.   안톤은 섬에 산다.

ꙮ 꼭 기억하세요!

> 러시아어에서는 Кремль, Москва́와 같이 국가명, 지역명, 이름 등 고유 명사도 일반 명사와 동일하게 격 변화를 합니다. 단어의 마지막 철자에 따라 성을 구분하여, 해당 격 변화 어미로 바꾸면 됩니다.

이제 전치격과 함께 사용하는 전치사 в, на, о의 쓰임을 배워 보겠습니다. 먼저 기본적으로 전치사 в는 '~안에', 전치사 на는 '~위에'에 해당됩니다. 주로 정확한 위치를 나타낼 때 사용됩니다.

예 Де́ньги в конве́рт**е**.   돈은 봉투 안에 있다.

Су́мка на крова́т**и**.   가방은 침대 위에 있다.

Письмо́ в словар**е́**.   편지가 사전 안에 있다.

더욱 자주 사용하는 의미는 장소 즉, '~에서' 표현입니다. 한국어로는 전치사 в와 на 모두 '~에서'라고 해석하지만, 러시아어에서는 두 전치사의 쓰임이 구분됩니다. 전치사 в는 건물과 같이 사방이 막힌 공간, 지역명이나 행정 구역과 같이 경계가 뚜렷한 장소 앞에 쓰이고, 전치사 на는 열린 공간, 방위, 어떤 사건을 의미하는 명사, 추상적 공간 앞에 쓰입니다.

아래의 표를 참고하여 전치사 в, на와 결합하는 명사들을 구분하고 암기해 두세요.

전치사 в+전치격		전치사 на+전치격	
в университе́т**е**	대학교에서	на стадио́н**е**	경기장에서
в институ́т**е**	연구소에서	на пло́щад**и**	광장에서
в шко́л**е**	초·중·고등학교에서	на у́лиц**е**	거리에서
в рестора́н**е**	레스토랑에서	на проспе́кт**е**	대로에서
в Сеу́л**е**	서울에서	на восто́к**е**	동쪽에서
в Евро́п**е**	유럽에서	на за́пад**е**	서쪽에서
в Москв**е́**	모스크바에서	на се́вер**е**	북쪽에서
в Коре́**е**	한국에서	на ю́г**е**	남쪽에서
в дере́вн**е**	시골에서	на мо́р**е**	바다에서
в го́род**е**	도시에서	на о́зер**е**	호수에서
в кварти́р**е**	아파트에서	на рек**е́**	강에서
в ко́мнат**е**	방에서	на о́стров**е**	섬에서
в кла́сс**е**	교실에서	на уро́к**е**	수업에서
в теа́тр**е**	극장에서	на бале́т**е**	발레에서
в музе́**е**	박물관에서	на вы́ставк**е**	박람회에서
в о́фис**е**	사무실에서	на рабо́т**е**	직장에서

전치격을 지배하는 또 다른 전치사 o는 '~에 대하여', '~에 관하여'라는 뜻을 가지고 있습니다. 전치사 o에는 강세를 가질 수 없습니다. 그러므로 전치사 o 뒤에 오는 단어와 한 단어처럼 읽게 되면, 강세 규칙으로 인해 [a] 발음이 납니다. 이 강세 규칙을 간과하여 전치사 o의 쓰임을 바로 이해하지 못하는 경우가 많습니다. 헷갈리지 않도록 반드시 기억해 두세요.

예	Ма́ша ду́мает о Ви́кторе.	마샤는 빅토르에 대해 생각한다.
	Мы ничего́ не зна́ем о Коре́е.	우리는 한국에 대해 아무것도 모른다.
	Э́то кни́га о Москве́?	이것은 모스크바에 관한 책입니까?

1.2 전치격 특수형

어떤 규칙이든 특수한 예외가 존재할 수 있습니다. 앞서 배운 전치격 어미를 따르지 않고 독특하게 바뀌는 특수형 또한 잘 기억해야 합니다. 단어의 끝부분이 –ий(남성), –ия(여성), –ие(중성)인 명사들은 전치격 어미 –ии로 바뀝니다.

	주격	전치격 어미	전치격
남성 (-ий)	сцена́рий санато́рий		в сцена́рии в санато́рии
여성 (-ия)	Росси́я аудито́рия	-ИИ	в Росси́и в аудито́рии
중성 (-ие)	зда́ние общежи́тие		в зда́нии в общежи́тии

예	Она́ рабо́тает в Япо́нии.	그녀는 일본에서 일한다.
	Студе́нты живу́т в общежи́тии.	학생들은 기숙사에 산다.
	Мы ду́маем о Васи́лии.	우리는 바실리에 대해 생각한다.

1.3 명사의 전치격 복수

단수 격 변화와 달리 복수 격 변화는 성을 구분하지 않으므로 훨씬 간단합니다. 명사의 전치격 복수형 어미는 -ах / -ях입니다. 여기서 복수 격 변화는 명사의 주격 단수형을 기준으로 어미를 바꿔야 한다는 점을 꼭 기억해야 합니다.

		주격 단수형	전치격 어미	전치격 복수형
남성	자음	го́род	-ах	в города́х
	-й	музе́й	-ях	в музе́ях
	-ь	слова́рь	-ях	в словаря́х
여성	-а	река́	-ах	на ре́ках
	-я	ку́хня	-ях	в ку́хнях
	-ь	пло́щадь	-ях	на площадя́х
중성	-о	письмо́	-ах	в пи́сьмах
	-е	мо́ре	-ях	на моря́х

예 Они́ отдыха́ют в па́рк**ах**.　　　그들은 공원들에서 쉰다.

　　Я ду́маю об учител**я́х**.　　　나는 선생님들에 대해 생각한다.

---

mini test

1 빈칸에 적절한 전치사를 넣어 문장을 완성하세요.

① Ма́ша гуля́ет _____ у́лице.　　마샤는 거리에서 산책하고 있다.

② Я рабо́таю _____ по́чте.　　저는 우체국에서 일합니다.

③ Мой па́спорт _____ су́мке.　　내 여권이 가방 안에 있다.

2 괄호 안에 있는 단어를 알맞은 형태로 고치세요.

① Вы обе́даете в (рестора́н)?　　당신은 레스토랑에서 점심을 먹습니까?

② Она́ живёт в (Росси́я).　　그녀는 러시아에 산다.

③ Что ты де́лаешь на (пло́щадь)?　　너는 광장에서 무엇을 하고 있니?

정답 **1** ① на ② на ③ в　**2** ① рестора́не ② Росси́и ③ пло́щади

2 형용사

명사의 격 변화가 일어난 경우 그 명사를 수식하는 형용사 역시 격 변화를 해야 합니다. 형용사는 항상 수식받는 명사의 성, 수, 격과 일치해야 합니다. 형용사 전치격 어미는 -ом / -ем(남성, 중성), -ой / -ей(여성), -ых / -их(복수)로, 아래의 표를 참고하여 자세히 배워 보겠습니다.

		주격		전치격 어미	전치격
남성 (какóй)	-ый -ой -ий	нóвый большóй си́ний	дом	-ом -ом -ем	в нóвом дóме в большóм дóме в си́нем дóме
여성 (какáя)	-ая -яя	нóвая си́няя	сýмка	-ой -ей	в нóвой сýмке в си́ней сýмке
중성 (какóе)	-ое -ее	краси́вое си́нее	мóре	-ом -ем	на краси́вом мóре на си́нем мóре
복수 (каки́е)	-ые -ие	стáрые си́ние	кни́ги	-ых -их	на стáрых кни́гах на си́них кни́гах

예 Мы гуля́ем в краси́вом пáрке. 우리는 아름다운 공원에서 산책한다.

Что ты дéлаешь на Крáсной плóщади? 너는 붉은 광장에서 무엇을 하고 있니?

Он рабóтает в высóком здáнии. 그는 높은 건물에서 일한다.

В какóм ресторáне ты ýжинаешь? 어떤 레스토랑에서 너는 저녁을 먹니?

Твой ключ на си́ней кни́ге. 너의 열쇠는 파란 책 위에 있다.

Лю́ди хотя́т жить в нóвых кварти́рах. 사람들은 새 아파트에 살고 싶어한다.

---

mini test

1 주어진 단어를 참고하여 다음 보기의 질문에 대해 알맞은 형태로 답하세요.

> **보기**
>
> Где вы рабóтаете? 당신은 어디에서 일합니까?

1) центрáльный ры́нок   중앙 시장   → _____

2) городскáя поликли́ника   시립 병원   → _____

3) корéйское посóльство   한국 대사관   → _____

정답 **1** 1) на центрáльном ры́нке 2) в городскóй поликли́нике 3) в корéйском посóльстве

3 대명사

명사의 격 변화가 일어나면 이를 수식하는 형용사 또한 격 변화가 된다는 점을 배웠습니다. 그렇다면 대명사는 어떨까요? 대명사도 명사의 성, 수, 격에 따라 바뀌게 됩니다. 우리가 앞서 배운 소유대명사, 지시대명사, 인칭대명사, 의문대명사의 전치격 변화에 대해 알아보겠습니다. 형용사와 마찬가지로 대명사도 남성과 중성의 격 변화 어미가 동일합니다.

3.1 소유대명사의 전치격 단·복수

		주격 / 전치격		전치격 어미	전치격
나의	남성	мой	моём	-ём	в моём до́ме
	중성	моё	моём		в моём письме́
	여성	моя́	мое́й	-ей	в мое́й шко́ле
	복수	мои́	мои́х	-их	на мои́х ле́кциях
너의	남성	твой	твоём	-ём	в твоём о́фисе
	중성	твоё	твоём		в твоём зда́нии
	여성	твоя́	твое́й	-ей	в твое́й ко́мнате
	복수	твои́	твои́х	-их	о твои́х статья́х
우리의	남성	наш	на́шем	-ем	о на́шем бра́те
	중성	на́ше	на́шем		о на́шем мо́ре
	여성	на́ша	на́шей	-ей	о на́шей сестре́
	복수	на́ши	на́ших	-их	о на́ших вну́ках
너희의 / 당신의	남성	ваш	ва́шем	-ем	о ва́шем сы́не
	중성	ва́ше	ва́шем		о ва́шем письме́
	여성	ва́ша	ва́шей	-ей	о ва́шей вну́чке
	복수	ва́ши	ва́ших	-их	о ва́ших студе́нтах

꼭 기억하세요!

3인칭 소유대명사 его́(그의), её(그녀의), их(그들의)는 어떠한 격에서도 변하지 않고 동일한 형태로 사용됩니다.
예 в его́ маши́не / о её бра́те / об их общежи́тии

예 Он говори́т о моём му́же.

Что ты де́лаешь в на́шей ко́мнате?

Я люблю́ обе́дать в ва́шем кафе́.

Э́то пе́сня о на́ших учителя́х.

그는 나의 남편에 대해서 말한다.

우리 방에서 너는 무엇을 하는 거니?

나는 당신의 카페에서 점심 먹는 것을 좋아한다.

이것은 우리 선생님들에 대한 노래다.

3.2 지시대명사의 전치격 단·복수

		주격 / 전치격		전치격 어미	전치격
이	남성	э́тот	э́том	-ом	в э́том университе́те
	중성	э́то	э́том		на э́том мо́ре
	여성	э́та	э́той	-ой	об э́той стране́
	복수	э́ти	э́тих	-их	об э́тих новостя́х

예 Кто живёт в э́той дорого́й кварти́ре?
이 비싼 아파트에는 누가 살까?

Мы ча́сто смо́трим фи́льмы в э́том но́вом кинотеа́тре.
우리는 이 새로운 영화관에서 자주 영화를 본다.

Я люблю́ отдыха́ть на э́том си́нем мо́ре.
나는 이 푸른 바다에서 쉬는 것을 좋아한다.

3.3 인칭대명사의 전치격

	단수				복수		
	1인칭	2인칭	3인칭		1인칭	2인칭	3인칭
주격	я	ты	он / оно́	она́	мы	вы	они́
전치격	обо мне́	о тебе́	о нём	о ней	о нас	о вас	о них

꼭 기억하세요!

인칭대명사 전치격은 주로 전치사 о와 함께 쓰는 경우가 많으므로 함께 암기해 두면 좋습니다. 특히, 독특한 형태로 바뀌는 'обо'를 반드시 기억해 두세요.

예 Я всегда́ ду́маю **о тебе́**.

Ты сейча́с говори́шь **обо мне́**?

Ви́ктор ничего́ не зна́ет **о вас**.

나는 항상 너에 대해 생각한다.

너는 지금 나에 대해서 말하고 있는 거니?

빅토르는 당신에 대해 아무것도 모릅니다.

3.4 의문대명사의 전치격

주격	**кто** (누구)	**что** (무엇)
전치격	**о ком** (누구에 관하여)	**о чём** (무엇에 관하여)

예 **О ком** Анна говори́т?　　　　　　안나는 누구에 대해서 말하는 거야?

О чём ты пи́шешь в письме́?　　너는 편지에 무엇에 대해 쓰고 있니?

---

mini test

1　다음 밑줄 친 부분에서 문법상 옳지 않은 부분을 찾아 바르게 고치세요.

1) Она́ пи́шет <u>о мое́й родно́й го́роде</u>.　　　　그녀는 나의 고향에 대해 쓰고 있다.

2) Бизнесме́ны рабо́тают в <u>э́том высо́ком зда́ниях</u>.　회사원들은 이 높은 빌딩들에서 일한다.

3) Я говорю́ <u>о твоя́ ру́сском подру́ге</u>.　　　　나는 너의 러시아 친구에 대해 말하고 있다.

2　괄호 안에 주어진 대명사를 알맞은 형태로 바꾸세요.

1) О (кто) ты ду́маешь?　　　　　너는 누구에 대해 생각하고 있니?

2) Э́то расска́з о (они́).　　　　　이것은 그들에 관한 이야기다.

- -

정답　**1** 1) мое́м родно́м 2) э́тих высо́ких 3) твое́й ру́сской
　　　2 1) ком 2) них

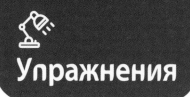

Упражнения

❶ 다음 빈칸에 알맞은 전치사를 넣어 문장을 완성하세요.

1) Я люблю́ гуля́ть ＿＿＿＿＿＿ у́лице Арба́т.
나는 아르바트 거리에서 산책하는 것을 좋아한다.

2) Сейча́с Со́ня живёт ＿＿＿＿＿＿ Москве́.
지금 소냐는 모스크바에 살고 있다.

3) Мы ду́маем ＿＿＿＿＿＿ экономи́ческих вопро́сах.
우리는 경제 문제에 대해 생각한다.

4) Почему́ он пи́шет статью́ ＿＿＿＿＿＿ мне?
왜 그는 나에 대한 기사를 쓰고 있니?

5) Тури́сты отдыха́ют ＿＿＿＿＿＿ ма́леньком о́строве.
관광객들은 작은 섬에서 쉬고 있다.

❷ 주어진 단어를 보기와 같이 문법에 맞도록 적용하여 질문에 답하세요.

> **보기**
> Где вы рабо́таете сейча́с?　　　(госуда́рственный цирк)
> → Сейча́с я рабо́таю в госуда́рственном ци́рке.

1) В како́м теа́тре вы смо́трите бале́т?　　　(большо́й и совреме́нный теа́тр)
→ ＿＿＿＿＿＿＿＿＿＿＿＿＿＿＿＿＿＿＿＿＿

2) О како́й студе́нтке ты говори́шь?　　　(э́та коре́йская студе́нтка)
→ ＿＿＿＿＿＿＿＿＿＿＿＿＿＿＿＿＿＿＿＿＿

3) Где Алексе́й обы́чно у́жинает?　　　(его́ люби́мый рестора́н)
→ ＿＿＿＿＿＿＿＿＿＿＿＿＿＿＿＿＿＿＿＿＿

4) Где Ви́ка и Же́ня рабо́тают?　　　(наш ма́ленький заво́д)
→ ＿＿＿＿＿＿＿＿＿＿＿＿＿＿＿＿＿＿＿＿＿

5) О ком э́та статья́?　　　(твоя́ ста́ршая сестра́)
→ ＿＿＿＿＿＿＿＿＿＿＿＿＿＿＿＿＿＿＿＿＿

6) На како́м ры́нке ты покупа́ешь проду́кты?   (э́тот центра́льный ры́нок)

→ _____

7) В каки́х общежи́тиях живу́т студе́нты?   (э́ти ста́рые общежи́тия)

→ _____

8) О ком вы ду́маете?   (мои́ бли́зкие подру́ги)

→ _____

9) О како́м актёре И́нна мно́го зна́ет?   (э́тот изве́стный актёр)

→ _____

10) Где ва́ши роди́тели обе́дают?   (её но́вое кафе́)

→ _____

📖 작문으로 만들어 보는 나만의 쏠쏠한 회화사전

A : _____ 당신은 어디에 사나요?
B : _____ 저는 **한국에** 삽니다.

A : _____ 당신은 어디에서 일하시나요?
B : _____ 저는 **볼쇼이극장에서** 일합니다.

A : _____ 당신은 어디에서 주로 산책하시나요?
B : _____ 저는 아름다운 거리인 **아르바트에서** 산책하는 것을 좋아합니다.

A : _____ 당신은 누구에 대해 자주 생각하시나요?
B : _____ 저는 **제 가족에 대해** 자주 생각합니다.

정답 확인은 226페이지

✎ 오늘의 도전 문장 확인!

Что ты зна́ешь о моём краси́вом родно́м го́роде Москве́?

아이들은 엄마에게 꽃을 선물한다.

Дети дарят цветы маме.

🔊 7강

오늘의 목표 러시아어 문법의 6격 중 여격 개념과 어미 변화를 익힙니다.

오늘의 도전 문장 ✏️
마샤는 이 잘생긴 러시아 소년에게 자주 전화한다.

이번 과에서는 수여격이라고도 불리는 여격(дательный падеж)에 대해 배우겠습니다. 여격의 주요 용법은 '~에게', '~한테'라고 해석되는 간접 목적어 역할입니다. 이 외에도 전치사 к, по와 함께 여격을 쓰면 다양한 표현이 만들어지는데 이 내용은 'урок 17 여격 심화 학습'에서 다루도록 하겠습니다. 여격은 한국어의 간접 목적어 쓰임과 밀접한 연관이 있기 때문에 비교적 쉽게 익힐 수 있는 격입니다. 그럼 이제 본격적으로 명사의 여격 어미부터 알아볼까요?

1 명사

1.1 명사의 여격 단수

	주격	여격 어미		여격
남성	Антóн	자음 → +у	**-у**	Антóну
	Алексéй	-й → ю	**-ю**	Алексéю
	учи́тель	-ь → ю		учи́телю
여성	Áнна	-а → е	**-е**	Áнне
	тётя	-я → е		тёте
	плóщадь	-ь → и	**-и**	плóщади
중성	письмó	-о → у	**-у**	письмý
	мóре	-е → ю	**-ю**	мóрю

예 Я пишý письмó Вита́лию.　　　　나는 비탈리에게 편지를 쓴다.

Ты звони́шь Сóне?　　　　너는 소냐에게 전화하고 있니?

Муж обеща́ет женé не кури́ть.　　　　남편은 아내에게 담배 피우지 않겠다고 약속한다.

Дéти да́рят цветы́ ма́ме.　　　　아이들은 엄마에게 꽃을 선물한다.

1.2 여격 특수형

여격 특수형은 이미 앞서 배운 전치격 특수형 중 여성형만 기억하면 됩니다. 단어의 끝부분이 -ия(여성)인 명사들은 여격 어미 -ии로 바뀝니다. 전치격 특수형 어미와 동일하므로 암기하기에 어렵진 않습니다.

여성 (-ия)	주격	여격 어미	여격
	Росси́**я** Мар**и́я**	-**ии**	Росси́**и** Мар**и́и**

예 Почему́ вы не звони́те Со́ф**ии**?

왜 당신은 소피아에게 전화를 하지 않나요?

Мы ча́сто покупа́ем кни́ги Мар**и́и**.

우리는 마리야에게 자주 책을 사 준다.

1.3 명사의 여격 복수

명사의 여격 복수형 어미는 -ам / -ям입니다. 복수 격 변화는 반드시 명사의 주격 단수형을 기준으로 어미를 변화시켜야 합니다.

		주격 단수형	여격 어미	여격 복수형
남성	자음 -й -ь	студе́нт геро́й учи́тель	-ам -ям -ям	студе́нт**ам** геро́**ям** учителя́**м**
여성	-а -я -ь	студе́нтка тётя пло́щадь	-ам -ям -ям	студе́нтк**ам** тёт**ям** площадя́**м**
중성	-о -е	письмо́ мо́ре	-ам -ям	пи́сьм**ам** мор**я́м**

예 Он преподаёт ру́сский язы́к студе́нт**ам**.

그는 학생들에게 러시아어를 가르친다.

О чём вы рассказа́ли писа́тел**ям**?

당신은 작가들에게 무엇에 대해 이야기했나요?

---

mini test

1 괄호 안에 있는 단어를 문법에 맞게 고치세요.

① Я обеща́ла (ба́бушка) писа́ть пи́сьма.

나는 할머니께 편지를 쓰겠다고 약속했다.

② Ма́ма чита́ет ска́зку (сын).

엄마는 아들에게 동화를 읽어 준다.

③ Что ты говори́л (Серге́й)?

너는 세르게이에게 무엇을 말했니?

2 다음 문장 중 여격 변화가 잘못된 것을 고르세요.

① Мы ча́сто звони́м профе́ссору.

② Почему́ ты подари́л су́мку Ли́дие?

③ Учи́тель расска́зывает шко́льникам о Коре́е.

④ А́нна лю́бит писа́ть пи́сьма подру́гам.

....

정답 **1** ① ба́бушке ② сы́ну ③ Серге́ю **2** ② Ли́дии (여격 특수형 어미)

2 형용사

형용사 여격 어미는 -ому / -ему(남성, 중성), -ой / -ей(여성), -ым / -им(복수)입니다. 아래의 표를 참고하여 자세히 알아보겠습니다.

		주격	여격 어미	여격
남성 (какóй)	-ый -ой -ий	стáрый молодóй домáшний	-ому -ому -ему	стáрому дрýгу молодóму человéку домáшнему мáстеру
여성 (какáя)	-ая -яя	стáрая домáшняя	-ой -ей	стáрой подрýге домáшней кóшке
중성 (какóе)	-ое -ее	стáрое домáшнее	-ому -ему	стáрому здáнию домáшнему задáнию
복수 (какúе)	-ые -ие	стáрые домáшние	-ым -им	стáрым подрýгам домáшним задáниям

예 Он звонúл красúвой дéвушке.　　그는 예쁜 아가씨에게 전화했다.

Я покупáю игрýшки мáленькому сы́ну.　　나는 작은아들에게 장난감을 사 준다.

Какóму шкóльнику учúтель позвонúл?　　선생님은 어떤 학생에게 전화했나요?

Мы подарúли цветы́ извéстной актрúсе.　　우리는 유명한 여배우에게 꽃을 선물했다.

Гид рассказáл о гóроде инострáнным турúстам.
가이드는 외국 관광객들에게 도시에 대해 이야기해 주었다.

---

mini test

1 다음 형용사 중 문법상 알맞은 것을 골라 빈칸을 채우세요.

① молодóму	② инострáнным	③ блúзкой

1) О чём ты пúшешь письмó _____ писáтелям?

2) Я показáл _____ подрýге интерéсные фотогрáфии.

3) Что Кáтя говорúла _____ человéку?

- -

정답 1 1) ② инострáнным (писáтелям) 2) ③ блúзкой (подрýге) 3) ① молодóму (человéку)

3 대명사

이번에는 소유대명사, 지시대명사, 인칭대명사, 의문대명사의 여격 변화에 대해 알아보겠습니다. 형용사와 마찬가지로 대명사도 남성과 중성의 격 변화 어미가 동일합니다.

3.1 소유대명사의 여격 단·복수

		주격 / 여격		여격 어미	여격
나의	남성	мой	мо**ему́**	-ему	мо**ему́** бра́ту
	중성	моё	мо**ему́**		по мо**ему́** мне́нию
	여성	моя́	мо**е́й**	-ей	мо**е́й** сестре́
	복수	мой	мо**и́м**	-им	мо**и́м** ма́льчикам
너의	남성	твой	тво**ему́**	-ему	тво**ему́** вну́ку
	중성	твоё	тво**ему́**		по тво**ему́** мне́нию
	여성	твоя́	тво**е́й**	-ей	тво**е́й** тёте
	복수	твой	тво**и́м**	-им	тво**и́м** ро́дственникам
우리의	남성	наш	на́ш**ему**	-ему	на́ш**ему** сы́ну
	중성	на́ше	на́ш**ему**		по на́ш**ему** мне́нию
	여성	на́ша	на́ш**ей**	-ей	на́ш**ей** ко́шке
	복수	на́ши	на́ш**им**	-им	на́ш**им** се́мьям
너희의 / 당신의	남성	ваш	ва́ш**ему**	-ему	ва́ш**ему** му́жу
	중성	ва́ше	ва́ш**ему**		по ва́ш**ему** мне́нию
	여성	ва́ша	ва́ш**ей**	-ей	ва́ш**ей** ба́бушке
	복수	ва́ши	ва́ш**им**	-им	ва́ш**им** дя́дям

예 Сейча́с она́ что́-то говори́т мо**е́й** шко́льнице.
지금 그녀는 나의 학생에게 무언가를 말하고 있다.

Анто́н подари́л часы́ на́ш**ему** профе́ссору.
안톤은 우리 교수님께 시계를 선물했다.

Я рассказа́ла о Коре́е тво**и́м** студе́нткам.
나는 너의 학생들에게 한국에 대해 이야기해 주었다.

Что вы купи́ли ва́ш**им** вну́кам?
당신은 당신의 손자들에게 무엇을 사 주었나요?

3.2 지시대명사의 여격 단·복수

		주격 / 여격		여격 어미	여격
이	남성	э́тот	э́тому	-ому	э́тому врачу́
	중성	э́то	э́тому		к э́тому зда́нию
	여성	э́та	э́той	-ой	э́той де́вушке
	복수	э́ти	э́тим	-им	э́тим се́мьям

예 Кто подари́л торт э́тому краси́вому ма́льчику?
누가 이 잘생긴 소년에게 케이크를 선물했니?

Я хочу́ рассказа́ть о Росси́и э́тим коре́йским тури́стам.
나는 이 한국 관광객들에게 러시아에 대해 이야기해 주고 싶다.

Когда́ вы позвони́ли э́той симпати́чной певи́це?
당신은 이 매력적인 여가수에게 언제 전화했습니까?

3.3 인칭대명사의 여격

	단수				복수		
	1인칭	2인칭	3인칭		1인칭	2인칭	3인칭
주격	я	ты	он / оно́	она́	мы	вы	они́
여격	мне́	тебе́	ему́	ей	нам	вам	им

예 А́нна пи́шет пи́сьма **мне** ка́ждый день.   안나는 매일 나에게 편지를 쓴다.

О чём вы хоти́те рассказа́ть **нам**?   당신은 우리에게 무엇에 대해 이야기해 주고 싶나요?

Я обеща́ла **ему́** занима́ться спо́ртом.   나는 그에게 운동하겠다고 약속했다.

Вам помо́чь?   (당신을) 도와드릴까요?

3.4 의문대명사의 여격

주격	кто	что
여격	кому́	чему́

예 **Кому́** ты сове́туешь пое́хать в Росси́ю? 너는 누구에게 러시아에 가라고 조언하는 거야?

К чему́ вы гото́витесь сейча́с? 당신은 지금 무엇을 준비하시나요?

---

mini test

1 보기와 같이 주어진 대답에 대한 적절한 질문을 만들어 보세요.

> **보기**
>
> Наш профе́ссор позвони́л <u>но́вым япо́нским студе́нтам</u>.
> → Каки́м студе́нтам наш профе́ссор позвони́л?

1) Я помога́ю <u>ма́ленькому бра́ту</u> написа́ть дневни́к.

  → _____

2) Ма́ша ча́сто звони́т <u>шко́льной подру́ге</u>.

  → _____

3) Роди́тели купи́ли <u>мне</u> хоро́ший уче́бник.

  → _____

4) Алексе́й показа́л <u>бли́зким одноку́рсникам</u> свой родно́й го́род.

  → _____

2 괄호 안에 주어진 대명사를 알맞은 형태로 바꾸어 보세요.

1) (кто) бизнесме́н подари́л краси́вый дом?

2) Молодо́й челове́к переда́л приве́т (ты), а не (я).

3) Мои́ друзья́ иногда́ даю́т хоро́шие сове́ты (вы).

정답 **1** 1) Како́му бра́ту (Кому́) ты помога́ешь написа́ть дневни́к?

    2) Како́й подру́ге(кому́) Ма́ша ча́сто звони́т?

    3) Кому́ роди́тели купи́ли хоро́ший уче́бник?

    4) Каки́м одноку́рсникам(кому́) Алексе́й показа́л свой родно́й го́род?

  2 1) Кому́ 2) тебе́, мне 3) вам

Упражнения

❶ 괄호 안에 주어진 단어를 적절히 이용하여 다음 물음에 답하세요.

1) Кому́ ты расска́зываешь о пла́нах на кани́кулы? (моя́ семья́)
   너는 누구에게 방학 계획에 대해 이야기하고 있니?

   → _____

2) Кому́ ма́ма купи́ла перча́тки? (бе́дные сосе́ди)
   엄마는 누구에게 장갑을 사 주었나요?

   → _____

3) Каки́м шко́льникам вы хоти́те подари́ть коре́йские сувени́ры? (ру́сские шко́льники)
   당신은 어떤 학생들에게 한국 기념품을 선물하고 싶은가요?

   → _____

4) Кому́ Све́та написа́ла письмо́? (люби́мый учи́тель)
   스베따는 누구에게 편지를 썼나요?

   → _____

5) Како́й же́нщине гид показа́л краси́вые карти́ны? (весёлая же́нщина)
   가이드는 어떤 여자에게 아름다운 그림을 보여 주었나요?

   → _____

❷ 다음 괄호 안의 단어를 여격으로 바꾸어 명령문을 완성하세요.

1) Помоги́те, пожа́луйста, (я) написа́ть упражне́ния!

   → _____

2) Скажи́те (он), пожа́луйста, где нахо́дится ста́нция метро́!

   → _____

3) Купи́, пожа́луйста (ми́лая де́вочка), краси́вые игру́шки!

   → _____

4) Покажи́ (мы), пожа́луйста, твои́ статьи́!

   → _____

5) Расскажи́те, пожа́луйста (мои́ ро́дственники), о ра́зных ру́сских города́х!

→ _____

6) Да́йте, пожа́луйста (иностра́нные го́сти), са́мые дешёвые матрёшки!

→ _____

7) Позвони́те, пожа́луйста (Алексе́й), сего́дня ве́чером!

→ _____

8) Пообеща́йте, пожа́луйста (ва́ша до́брая жена́), прийти́ домо́й ра́но!

→ _____

📖 작문으로 만들어 보는 나만의 쏠쏠한 회화사전

A : _____ 당신은 누구에게 전화하나요?

B : _____ 저는 **교수님께** 전화합니다.

A : _____ 당신은 누구에게 편지를 썼나요?

B : _____ 저는 **친한 친구에게** 편지를 썼습니다.

A : _____ 당신은 누구에게 제 사진을 보여 주었나요?

B : _____ 저는 **당신의 학생들에게** 당신의 사진을 보여 주었습니다.

A : _____ 당신은 누구에게 한국에 대해 이야기해 주었나요?

B : _____ 저는 **러시아 관광객들에게** 한국에 대해 이야기해 주었습니다.

👉 정답 확인은 227페이지

🔬 오늘의 도전 문장 확인!

Ма́ша ча́сто звони́т э́тому краси́вому ру́сскому ма́льчику.

나는 펜으로 초상화를 그린다.

Я рисýю портрéт рýчкой.

🔊 8강

오늘의 목표 러시아어 문법의 6격 중 조격 개념과 어미 변화를 익힙니다.

오늘의 도전 문장 ✏️

우리는 카페라떼와 애플파이를 주문하고 싶다.

이번 과에서는 도구격이라고도 불리는 조격(твори́тельный падéж)에 대해 배우겠습니다. 조격은 '~(으)로', '~(으)로써'라고 해석하며, 주로 행위에 사용되는 도구나 수단을 나타냅니다. 또한 조격은 전치사와 함께 쓰는 경우가 매우 많습니다. 조격과 함께 쓰는 전치사는 с, мéжду, за, над, под 등인데, 해당 내용은 'урок 19 조격 심화 학습'에서 좀 더 자세히 다루도록 하겠습니다. 그럼 이제 명사의 조격 어미부터 본격적으로 알아볼까요?

① 명사

1.1 명사의 조격 단수

	주격	조격 어미		조격
남성	каранда́ш	자음 → +ом	-ОМ	карандашо́м
	Андрéй	-й → ем	-ЕМ	Андрéем
	учи́тель	-ь → ем		учи́телем
여성	рýчка	-а → ой	-ОЙ	рýчкой
	тётя	-я → ей	-ЕЙ	тётей
	плóщадь	-ь → ью	-ЬЮ	плóщадью
중성	перó	-о → ом	-ОМ	перóм
	полотéнце	-е → ем	-ЕМ	полотéнцем

예 Мáша пи́шет письмó карандашо́м.　　마샤는 연필로 편지를 쓴다.

Я рисýю портрéт рýчк**ой**.　　나는 펜으로 초상화를 그린다.

Дéти едя́т морóженое лóжк**ой**.　　아이들은 숟가락으로 아이스크림을 먹는다.

Пýшкин писáл стихи́ перóм.　　푸시킨은 깃털 펜으로 시를 썼다.

1.2 조격과 함께 쓰는 전치사 с

조격 지배 전치사에 대한 자세한 내용은 'урок 19 조격 심화 학습'에서 자세히 다루고, 이번 과에서는 조격과 가장 많이 쓰는 전치사 с만 먼저 배워 보겠습니다. 전치사 с는 누군가를 동반하여 행위를 하는 경우 '~와(과) 함께'라고 쓰입니다. 또한 전치사 с가 사물이나 음식 관련 명사와 함께 쓰이면 '~을(를) 곁들인', '~을(를) 첨가한 / ~을(를) 추가한' 등으로 해석됩니다.

예	Мы живём с Анто́н**ом**.	우리는 안톤과 함께 산다.
	Ты у́чишься с Серге́**ем**?	너는 세르게이와 함께 공부하니?
	Я люблю́ ко́фе с молок**о́м**.	나는 우유를 넣은 커피(카페라떼)를 좋아한다.
	Ви́ктор ест пирожки́ с карто́шк**ой**.	빅토르는 감자가 들어 있는 파이를 먹는다.

1.3 명사의 조격 복수

명사의 조격 복수형 어미는 -ами / -ями 입니다. 복수 격 변화는 반드시 명사의 주격 단수형을 기준으로 어미를 바꾸어야 합니다.

		주격 단수형	조격 어미	조격 복수형
남성	자음 -й -ь	студе́нт геро́й преподава́тель	-ами -ями -ями	студе́нт**ами** геро́**ями** преподава́тел**ями**
여성	-а -я -ь	студе́нтка семья́ дверь	-ами -ями -ями	студе́нтк**ами** се́мь**ями** двер**я́ми**
중성	-о -е	окно́ упражне́ние	-ами -ями	о́кн**ами** упражне́ни**ями**

예	Вы лю́бите пирожки́ с я́блок**ами**?	당신은 애플파이를 좋아하시나요?
	Мы рабо́таем с врач**а́ми**.	우리는 의사들과 함께 일한다.
	Студе́нты у́жинают с преподава́тел**ями**.	학생들은 선생님들과 함께 저녁을 먹는다.
	Я хочу́ заказа́ть мя́со с овощ**а́ми**.	나는 야채를 곁들인 고기를 주문하고 싶다.

mini test

1 다음 밑줄 친 부분을 문법에 맞게 단수형으로 바꿔 보세요.

① Алекса́ндр занима́ется с подру́гами.

② Вы хоти́те посмотре́ть фильм со шко́льниками?

③ Мы гуля́ем в па́рке с соба́ками.

④ Когда́ ты встреча́ешься с учителя́ми?

2 괄호 안에 주어진 단어를 사용하여 문장을 완성하세요.

① Анто́н и Ма́ша пи́шут упражне́ния (ру́чка), а не (каранда́ш).

② Я хочу́ откры́ть дверь (ключ).

③ Сейча́с Вита́лий танцу́ет с (Ка́тя).

정답 **1** ① Алекса́ндр занима́ется с подру́гой. ② Вы хоти́те посмотре́ть фильм со шко́льником?
③ Мы гуля́ем в па́рке с соба́кой. ④ Когда́ ты встреча́ешься с учи́телем?

2 ① Анто́н и Ма́ша пи́шут упражне́ния ру́чкой, а не карандашо́м.
② Я хочу́ откры́ть дверь ключо́м. ③ Сейча́с Вита́лий танцу́ет с Ка́тей.

2 **형용사**

형용사 조격 어미는 -ым / -им(남성, 중성), -ой / -ей(여성), -ыми / -ими(복수)입니다. 아래의 표를 참고하여 자세히 알아보겠습니다.

		주격	조격 어미	조격
남성 (какóй)	-ый -ой -ий	нóвый молодóй сúний	-ым -ым -им	с нóвым студéнтом с молодым писáтелем сúним карандашóм
여성 (какáя)	-ая -яя	нóвая сúняя	-ой -ей	с нóвой студéнткой сúней рýчкой
중성 (какóе)	-ое -ее	нóвое сúнее	-ым -им	нóвым перóм сúним перóм
복수 (какúе)	-ые -ие	нóвые сúние	-ыми -ими	с нóвыми спортсмéнками сúними пáлочками

예 Больнóй измеряет температýру нóвым термóметром.
환자는 새 온도계로 체온을 재고 있다.

Онá ест суп мáленькой лóжкой.　　　　　　　그녀는 작은 숟가락으로 수프를 먹는다.

Мы хотúм встрéтиться с рýсским писáтелем.　우리는 러시아 작가를 만나고 싶다.

Я смотрю фильм с млáдшей сестрóй.　　　　　나는 여동생과 함께 영화를 본다.

Корéйцы едят лапшý деревянными пáлочками. 한국인들은 나무젓가락으로 국수를 먹는다.

📋 **mini test**

1 다음 보기 중 격 변화가 올바르지 **않은** 것을 모두 골라 바르게 고쳐 보세요.

① Мой сын рисýет портрéт <u>крáсным карандашóм</u>.

② Ты хóчешь гулять <u>с красúвым подрýгами</u>?

③ Я чúщу зýбы <u>зубнóй щёткой</u>.

④ Мы изучáем рýсский язык с <u>немéцкими студéнтами</u>.

⑤ Писáтели писáли ромáны <u>дорогóй перóм</u>.

- -
정답 1 ② Ты хóчешь гулять <u>с красúвыми подрýгами</u>?
　　　⑤ Писáтели писáли ромáны <u>дорогúм перóм</u>.

3 대명사

이번에는 소유대명사, 지시대명사, 인칭대명사, 의문대명사의 조격 변화에 대해 알아보겠습니다. 형용사와 마찬가지로 대명사도 남성과 중성의 격 변화 어미가 동일합니다.

3.1 소유대명사의 조격 단·복수

		주격 / 조격		조격 어미	조격
나의	남성	мой	мо**им**	-им	мо**им** ключ**о́м**
	중성	моё	мо**им**		за мо**им** зда́ни**ем**
	여성	моя́	мо**е́й**	-ей	мо**е́й** ло́жк**ой**
	복수	мой	мо**и́ми**	-ими	мо**и́ми** па́лочк**ами**
너의	남성	твой	тво**и́м**	-им	тво**и́м** карандаш**о́м**
	중성	твоё	тво**и́м**		за тво**и́м** зда́ни**ем**
	여성	твоя́	тво**е́й**	-ей	тво**е́й** ви́лк**ой**
	복수	твой	тво**и́ми**	-ими	тво**и́ми** па́лочк**ами**
우리의	남성	наш	на́ш**им**	-им	на́ш**им** нож**о́м**
	중성	на́ше	на́ш**им**		за на́ш**им** общежи́ти**ем**
	여성	на́ша	на́ш**ей**	-ей	с на́ш**ей** сестр**о́й**
	복수	на́ши	на́ш**ими**	-ими	с на́ш**ими** ро́дственник**ами**
너희의 / 당신의	남성	ваш	ва́ш**им**	-им	ва́ш**им** фотоаппара́т**ом**
	중성	ва́ше	ва́ш**им**		за ва́ш**им** общежи́ти**ем**
	여성	ва́ша	ва́ш**ей**	-ей	с ва́ш**ей** ба́бушк**ой**
	복수	ва́ши	ва́ш**ими**	-ими	с ва́ш**ими** учител**я́ми**

예 Почему́ ты ешь блины́ мо**е́й** ви́лк**ой**?
왜 너는 내 포크로 블린을 먹고 있니?

Вы мо́жете сфотографи́ровать меня́ ва́ш**им** фотоаппара́т**ом**?
당신의 카메라로 저를 찍어 주실 수 있나요?

Ве́чером мы хоти́м поу́жинать с тво**е́й** семьёй.
저녁에 우리는 너의 가족들과 함께 저녁을 먹고 싶다.

Вчера́ я был до́ма с мо**и́ми** ко́шк**ами**.
어제 나는 내 고양이들과 함께 집에 있었다.

3.2 지시대명사의 조격 단·복수

		주격 / 조격		조격 어미	조격
이	남성	э́тот	э́тим	-им	э́тим ножо́м
	중성	э́то	э́тим		за э́тим зда́нием
	여성	э́та	э́той	-ой	э́той ви́лкой
	복수	э́ти	э́тими	-ими	с э́тими поли́тиками

[예] Я не могу́ откры́ть дверь э́тим ста́рым ключо́м.
나는 이 오래된 열쇠로 문을 열 수 없다.

Что ты написа́л на доске́ э́тим бе́лым ме́лом?
너는 칠판에 이 하얀 분필로 무엇을 썼니?

Как вы познако́мились с э́тими иностра́нцами?
너희는 이 외국인들과 어떻게 알게 되었니?

Мы лю́бим разгова́ривать с э́той симпати́чной корея́нкой.
우리는 이 매력적인 한국 여자와 대화하는 것을 좋아한다.

3.3 인칭대명사의 조격

	단수				복수		
	1인칭	2인칭	3인칭		1인칭	2인칭	3인칭
주격	я	ты	он / оно́	она́	мы	вы	они́
조격	со мно́й	с тобо́й	с ним	с ней	с на́ми	с ва́ми	с ни́ми

🔆 꼭 기억하세요!

인칭대명사 조격은 주로 전치사 с와 함께 쓰는 경우가 많으므로 함께 암기해 두면 좋습니다. 또한 3인칭 조격 변화형(им, ей, и́ми)은 전치사와 함께 쓸 경우만 자음 н을 붙여 쓴다는 점을 반드시 기억해 두세요!

[예] Ты хо́чешь потанцева́ть со **мно́й**?   너는 나와 함께 춤을 추고 싶니?

Ма́ша ча́сто разгова́ривает с **ним**.   마샤는 그와 자주 대화한다.

Ра́ньше твой ста́рший брат рабо́тал с **на́ми**.   예전에 너의 오빠는 우리와 함께 일했다.

Мо́жно поговори́ть с **ва́ми**?   당신과 잠시 이야기 나눌 수 있을까요?

3.4 의문대명사의 조격

주격	кто	что
조격	кем	чем

예 **С кем** вы рабо́таете в э́той фи́рме? 당신은 이 회사에서 누구와 함께 일합니까?

Чем он нарисова́л твой портре́т? 그는 너의 초상화를 무엇으로 그렸니?

📋 mini test

1 보기와 같이 상황에 맞게 적절한 대명사를 사용하여 문장을 완성해 보세요.

> 보기
>
> Э́то моя́ сестра́. Ты у́чишься _____?
>
> → Э́то моя́ сестра́. Ты у́чишься с ней?

1) Э́то наш тре́нер. Вы занима́етесь спо́ртом _____?

2) Э́то ва́ши соба́ки. Вы ча́сто гуля́ете _____?

3) У меня́ есть 2 биле́та на бале́т. Ты хо́чешь посмотре́ть его _____?

4) Вы изве́стный актёр. Мои́ друзья́ хотя́т встре́титься _____.

2 괄호 안의 단어를 문법에 맞게 바꾸어 문장을 완성하세요.

1) Са́ша нарисова́л не́бо и ре́ку _____? (э́ти кра́ски)

2) Журнали́сты ждут встре́чу с _____. (мой краси́вый сын)

3) Почему́ ты так до́лго говори́ла по телефо́ну с _____? (э́та же́нщина)

정답 **1** 1) Э́то наш тре́нер. Вы занима́етесь спо́ртом <u>с ним</u>?

2) Э́то ва́ши соба́ки. Вы ча́сто гуля́ете <u>с ни́ми</u>?

3) У меня́ есть 2 биле́та на бале́т. Ты хо́чешь посмотре́ть его́ <u>со мной</u>?

4) Вы изве́стный актёр. Мои́ друзья́ хотя́т встре́титься <u>с ва́ми</u>.

2 1) Са́ша нарисова́л не́бо и ре́ку <u>э́тими кра́сками</u>?

2) Журнали́сты ждут встре́чу с <u>мои́м краси́вым сы́ном</u>.

3) Почему́ ты так до́лго говори́ла по телефо́ну с <u>э́той же́нщиной</u>?

Упражнения

① 보기와 같이 조격을 활용하여 대화문으로 만들어 보세요.

Я пью чай. В ча́е лимо́н.
→ С чем я пью чай?　　　Я пью чай с лимо́ном.

1) Ма́ша лю́бит сала́т. В сала́те морепроду́кты.

마샤는 샐러드를 좋아한다. 샐러드 안에는 해산물이 있다.

→ _____

2) Ру́сские пьют йо́гурт на за́втрак. В йо́гурте фру́кты.

러시아인들은 아침 식사로 요구르트를 마신다. 요구르트 안에는 과일이 있다.

→ _____

3) Ива́н занима́ется спо́ртом на стадио́не. С ним Ви́ктор на стадио́не.

이반은 경기장에서 운동을 한다. 빅토르는 그와 함께 경기장에 있다.

→ _____

4) На столе́ лежи́т но́вая ру́чка. Я пишу́ дневни́к ру́чкой.

책상 위에 새 펜이 있다. 나는 펜으로 일기를 쓴다.

→ _____

5) Вы у́читесь в МГУ. Иностра́нные студе́нты то́же у́чатся в МГУ.

당신은 모스크바국립대학교에 다닌다. 외국 학생들도 모스크바국립대학교에 다닌다.

→ _____

② 다음 밑줄 친 부분이 적절한 답이 될 수 있도록 질문을 만들어 보세요.

1) Я игра́л в ша́хматы **с Анто́ном**.

→ _____

2) Ка́тя хо́чет блины́ **с шокола́дом и бана́ном**.

→ _____

3) Де́ти лю́бят рисова́ть **си́ним и жёлтым карандаша́ми**.

→ _____

4) **Муж с жено́й** поу́жинали в хоро́шем рестора́не.

→ _____

5) Учи́тель пи́шет упражне́ния на доске́ **бе́лым ме́лом**.

→ _____

6) Мы заказа́ли пирожки́ **с я́блоками**.

→ _____

📖 작문으로 만들어 보는 나만의 쏠쏠한 회화사전

A : _____ 당신은 무엇으로 편지를 쓰나요?

B : _____ 저는 **연필로** 편지를 씁니다.

A : _____ 당신은 무엇으로 그림을 그리나요?

B : _____ 저는 **빨간 물감으로** 그림을 그립니다.

A : _____ 당신은 누구와 함께 일합니까?

B : _____ 저는 **똑똑한 경제학자들과** 함께 일합니다.

A : _____ 당신은 무엇이 들어간 파이를 좋아하나요?

B : _____ 저는 **감자가 들어간** 파이를 좋아합니다.

정답 확인은 228페이지

🔬 오늘의 도전 문장 확인!

Мы хоти́м заказа́ть ко́фе с молоко́м и пирожки́ с я́блоками.

까쨔에게는 자동차가 있다.

У Ка́ти есть маши́на.

🔊 9강

오늘의 목표 러시아어 문법의 6격 중 생격 개념과 어미 변화를 익힙니다.

오늘의 도전 문장 ✏️

이 아름다운 아가씨의 집은 어디인가요?

러시아어 문법 6격 중 가장 다양한 용법을 가지고 있는 생격(роди́тельный паде́ж)에 대해 배우겠습니다. 생격은 주로 '~의'라고 해석하며 사람·사물의 소유나 소속의 의미를 갖고 있기 때문에 소유격이라고도 불립니다. 또한 생격은 у, для, от, до из, с 등 매우 다양한 전치사와 함께 씁니다. 생격 지배 전치사에 대한 내용은 'урок 20 생격 심화 학습'에서 자세히 다루어 보겠습니다. 그럼 이제 본격적으로 명사의 생격 어미를 알아볼까요?

1️⃣ 명사

1.1 명사의 생격 단수

	주격	생격 어미		생격
남성	дире́ктор	자음 → +а	**-а**	дире́кторa
	Кита́й	-й → я	**-я**	Кита́я
	учи́тель	-ь → я		учи́теля
여성	сестра́	-а → ы	**-ы**	сестры́
	семья́	-я → и	**-и**	семьи́
	тетра́дь	-ь → и		тетра́ди
중성	о́зеро	-о → а	**-а**	о́зера
	зда́ние	-е → я	**-я**	зда́ния

예 Э́то кни́га Влади́мира. 이것은 블라디미르의 책이다.

Сеу́л – э́то столи́ца Коре́и. 서울은 한국의 수도다.

Я чита́ю стихи́ Алексе́я. 나는 알렉세이의 시를 읽는다.

Где су́мка И́нны? 인나의 가방은 어디에 있니?

Он отдыха́ет на берегу́ мо́ря. 그는 바닷가에서 쉬고 있다.

생격의 쓰임에서 중요한 점은 바로 어휘 배열과 해석 순서입니다. 수식하는('~의') 단어가 뒤쪽(우측)에, 수식받는 단어가 앞쪽(좌측)에 있어야 합니다. 꾸미고자 하는 단어 바로 뒤쪽(우측)에 위치해야 생격의 의미를 정확히 전달할 수 있습니다.

🔆 꼭 기억하세요!

앞서 공부한 철자 규칙(정자법 규칙)을 모두 잘 기억하고 있지요? 철자 규칙은 러시아어 문법 전반에 걸쳐 적용됩니다. 생격에서는 어떻게 적용되는지 예시를 통해 살펴볼게요.

예 друг Ма́ши (Машы: x) 마샤의 친구   внук ба́бушки (бабушкы: x) 할머니의 손자

1.2 생격과 함께 쓰는 전치사 y (소유 구문)

생격의 또 다른 명칭이 바로 소유격입니다. 이에 걸맞는 용법인 소유 구문을 배워 보겠습니다. '누군가가 사람이나 사물을 가지고 있다'라는 의미를 나타내며, 반드시 전치사 y와 함께 씁니다.

> 전치사 y + 생격(소유하는 주체) + есть(생략 가능) + 주격(소유된 물건이나 사람)

여기서 '가지고 있다', '소유하다'라는 뜻을 나타내는 есть는 특수한 형태의 술어로서, 일반 동사와 다르게 주어에 따른 동사 변화를 하지 않고 항상 есть라고 사용합니다. 간혹 문맥과 상황에 따라 생략도 가능합니다.

예	У Ка́ти есть маши́на.	까쨔에게는 자동차가 있다.
	У студе́нта есть слова́рь.	학생에게는 사전이 있다.
	У Андре́я есть де́ти.	안드레이에게는 아이들이 있다.
	У Ди́мы есть дочь.	지마에게는 딸이 있다.

1.3 명사의 생격 복수

명사의 생격 복수형 어미는 다른 격 변화와 달리 하나로 통일되어 있지 않습니다. 단수형 어미처럼 각각 암기해야 합니다. 복수 격 변화는 반드시 명사의 주격 단수형을 기준으로 어미를 바꿉니다.

		주격 단수형	생격 어미	생격 복수형
남성	자음	студе́нт	-ов	студе́нт**ов**
	-й	музе́й	-ев	музе́**ев**
	ш, щ, ж, ч	врач	-ей	врач**е́й**
	-ь	гость	-ей	гост**е́й**
여성	**-а**	подру́га	-∅	подру́**г**
		студе́нтка	출몰모음 o	студе́нт**ок**
		де́вушка	출몰모음 e	де́ву**шек**
	-я	ку́хня	(о 또는 е) + ь	ку́х**онь**
	-ь	пло́щадь	-ей	площад**е́й**
중성	**-о**	сло́во	-∅	сло**в**
		окно́	출몰모음 o 또는 e	о́к**он**
		письмо́		пи́**сем**
	-е	мо́ре	-ей	мор**е́й**

예 Э́то авто́графы писа́тел**ей**.　　이것은 작가들의 사인이다.

Где игра́ют вну́ки де́ду**шек**?　　할아버지들의 손자들은 어디에서 놀고 있니?

Я не зна́ю назва́ния кни**г**.　　나는 책들의 제목을 모른다.

Кто учи́тель шко́льник**ов**?　　학생들의 선생님은 누구니?

🔅 꼭 기억하세요!

전치격 특수형을 배울 때 언급된 어미 -ия(여성), -ие(중성)인 명사들은 생격 복수형에서도 특수형 어미인 -ий로 바뀝니다. 참고로 어미가 -ий(남성)로 끝나는 단어들은 적용되지 않습니다.
예 спи́сок ле́кций 강연들의 목록　　　　высота́ зда́ний 빌딩들의 높이

◆ 명사의 생격 복수 특수형

	주격 복수형	생격 어미	생격 복수형
남성	друзья́ сыновья́	-ей	друзе́й сынове́й
	бра́тья	-ев	бра́тьев
여성	се́мьи статьи́	-ей	семе́й стате́й
	ма́тери до́чери		матере́й дочере́й
중성	времена́	-ён	времён
복수형 명사	лю́ди де́ти	-ей	люде́й дете́й

📋 mini test

1 다음 보기 중 같은 형태의 묶음이 아닌 것을 고르세요.

① же́нщина – же́нщины – же́нщин

② внук – вну́ка – вну́ков

③ нож – ножи́ – ноже́й

④ зада́ние – зада́ния – зада́ний

⑤ сын – сы́на – сынове́й

2 괄호 안의 단어를 사용하여 질문에 답해 보세요.

1) Чей э́то компью́тер? (па́па) → _____

2) Чья э́то маши́на? (сосе́д) → _____

3) Чьё э́то пальто́? (тётя) → _____

4) Чьи э́то кни́ги? (бра́тья) → _____

정답 1 ③ нож (단수 주격) – ножи́ (복수 주격) – ноже́й (복수 생격)
 * 다른 보기들은 모두 (단수 주격) – (단수 생격) – (복수 생격) 형태입니다.

 2 1) Э́то компью́тер па́пы. 이것은 아빠의 컴퓨터다.
  2) Э́то маши́на сосе́да. 이것은 이웃의 자동차다.
  3) Э́то пальто́ тёти. 이것은 고모(이모)의 외투다.
  4) Э́то кни́ги бра́тьев. 이것은 형제들의 책들이다.

형용사 생격 어미는 -ого / -его(남성, 중성), -ой / -ей(여성), -ых / -их(복수)입니다. 아래의 표를 참고하여 자세히 알아보겠습니다.

		주격	생격 어미	생격
남성 (како́й)	-ый	ка́ждый	-ого	ка́ждого челове́ка
	-ой	дорого́й	-ого	дорого́го биле́та
	-ий	ле́тний	-его	ле́тнего о́тпуска
여성 (кака́я)	-ая	ка́ждая	-ой	ка́ждой кни́ги
	-яя	ле́тняя	-ей	ле́тней ю́бки
중성 (како́е)	-ое	ка́ждое	-ого	ка́ждого лица́
	-ее	ле́тнее	-его	ле́тнего у́тра
복수 (каки́е)	-ые	ка́ждые	-ых	ка́ждых вы́боров
	-ие	ле́тние	-их	ле́тних кани́кул

예 Где нахо́дится дом изве́стного поли́тика?　유명한 정치인의 집은 어디에 있나요?

Ты чита́ешь статьи́ коре́йских журнали́стов?　너는 한국 기자들의 기사를 읽고 있니?

Я хочу́ узна́ть коли́чество свобо́дных мест в по́езде.　나는 기차의 빈 좌석 수를 알고 싶다.

Э́то пе́сня популя́рной певи́цы.　이것은 인기 있는 여가수의 노래다.

У ста́ршей сестры́ есть но́вый но́утбук.　언니에게는 새로운 노트북이 있다.

꼭 기억하세요!

생격 어미 -ого / -его에서는 독특하게도 [г] 대신 [в]로 발음해야 합니다. 즉 [ово] / [ево] 로 발음해야 하니 유의하세요!

mini test

1 괄호 안의 단어를 문법에 맞게 바꾸어 문장을 완성하세요.

① У (молодо́й преподава́тель) есть краси́вая жена́.

② Я учу́сь в университе́те (иностра́нные языки́).

③ На дива́не лежи́т телефо́н (мла́дший брат).

④ У (америка́нская журнали́стка) есть путеводи́тель по Сеу́лу.

⑤ Ты взял су́мки (ма́ленькие де́ти)?

정답 1 ① У молодо́го преподава́теля есть краси́вая жена́. 젊은 선생님에게는 아름다운 아내가 있어요.
　② Я учу́сь в университе́те иностра́нных языко́в. 나는 외국어대학에서 공부합니다. (나는 외국어대학교에 재학 중입니다.)
　③ На дива́не лежи́т телефо́н мла́дшего бра́та. 소파에 남동생의 전화기가 놓여 있습니다.
　④ У америка́нской журнали́стки есть путеводи́тель по Сеу́лу. 미국 기자에게 서울 가이드북이 있습니다.
　⑤ Ты взял су́мки ма́леньких дете́й? 너는 어린아이들의 가방을 가져갔니?

3 대명사

이번에는 소유대명사, 지시대명사, 인칭대명사, 의문대명사의 생격 변화에 대해 알아보겠습니다. 형용사와 마찬가지로 대명사도 남성과 중성의 격 변화 어미가 동일합니다.

3.1 소유대명사의 생격 단·복수

		주격 / 생격		생격 어미	생격
나의	남성	мой	мо**его́**	-его
	중성	моё	мо**его́**		мо**его́** лица́
	여성	моя́	мо**е́й**	-ей	мо**е́й** ру́чки
	복수	мой	мо**и́х**	-их	мо**и́х** студе́нтов
너의	남성	твой	тво**его́**	-его
	중성	твоё	тво**его́**		тво**его́** общежи́тия
	여성	твоя́	тво**е́й**	-ей	тво**е́й** де́вочки
	복수	твой	тво**и́х**	-их	тво**и́х** друзе́й
우리의	남성	наш	на́ш**его**	-его
	중성	на́ше	на́ш**его**		на́ш**его** молока́
	여성	на́ша	на́ш**ей**	-ей	на́ш**ей** ба́бушки
	복수	на́ши	на́ш**их**	-их	на́ш**их** дете́й
너희의/ 당신의	남성	ваш	ва́ш**его**	-его
	중성	ва́ше	ва́ш**его**		ва́ш**его** зре́ния
	여성	ва́ша	ва́ш**ей**	-ей	ва́ш**ей** ма́мы
	복수	ва́ши	ва́ш**их**	-их	ва́ш**их** бра́тьев

예 У на́ш**его** дире́ктор**а** есть ма́ленькая дочь.　　　우리 사장님에게는 어린 딸이 있다.

Где живу́т роди́тели ва́ш**ей** бли́зк**ой** подру́г**и**?
당신의 친한 친구의 부모님은 어디에 사십니까?

Скажи́, пожа́луйста, но́мер тво**его́** ме́ст**а**!　　　너의 자리 번호를 말해 줘!

У Ви́ктора есть фотогра́фии на́ш**их** сотру́дник**ов**.　　　빅토르에게 우리 동료들의 사진이 있다.

3.2 지시대명사의 생격 단·복수

		주격 / 생격		생격 어미	생격
이	남성	э́тот	э́того	-ого	э́того университе́та
	중성	э́то	э́того		э́того мо́ря
	여성	э́та	э́той	-ой	э́той му́зыки
	복수	э́ти	э́тих	-их	э́тих студе́нток

예 Кто роди́тели э́того шко́льника?　　　이 학생의 부모님이 누구시죠?

Мы не зна́ем назва́ние э́того о́зера.　　우리는 이 호수의 이름을 모른다.

Мо́жно послу́шать му́зыку э́тих тала́нтливых компози́торов?
이 재능 있는 작곡가들의 음악을 들어 볼 수 있을까요?

Где слова́рь э́той япо́нской шко́льницы?　　이 일본 학생의 사전이 어디 있나요?

3.3 인칭대명사의 생격

	단수				복수		
	1인칭	2인칭	3인칭		1인칭	2인칭	3인칭
주격	я	ты	он / оно́	она́	мы	вы	они́
생격	у меня́	у тебя́	у него́	у неё	у нас	у вас	у них

🔆 꼭 기억하세요!

인칭대명사 생격은 주로 전치사 y와 함께 쓰는 경우가 많으므로 함께 암기해 두는 것이 좋습니다. 또한 3인칭 생격 변화형(его, её, их)은 전치사와 함께 쓸 경우에만 자음 н을 붙여 쓴다는 점을 반드시 기억해 두세요.

예 У вас есть брат и́ли сестра́?　　　당신에게는 형제나 자매가 있습니까?

У меня́ есть ми́лая соба́ка.　　　나에게는 사랑스러운 강아지가 있다.

У неё есть больша́я маши́на.　　　그녀에게는 큰 차가 있다.

У них есть де́ньги?　　　그들에게는 돈이 있니?

3.4 의문대명사의 생격

주격	кто	что
생격	кого́	чего́

예 **У кого́** есть ру́сско-коре́йский слова́рь?　　　　누가 러한사전을 가지고 있나요?

---

1 보기와 같이 생격을 사용하여 두 문장을 한 문장으로 만들어 보세요.

> **보기**
>
> Э́то Андре́й. А э́то его́ велосипе́д.
>
> → Э́то велосипе́д Андре́я.

1) Э́то мой дя́дя. А э́то его́ чемода́н.　　　　→ _____

2) Э́то на́ши профессора́. А э́то их докла́ды.　　→ _____

3) Э́то твоя́ семья́. А э́то её фотогра́фии.　　→ _____

4) Э́то ваш внук. А э́то его́ рюкза́к.　　　　→ _____

2 괄호 안의 단어를 사용하여 질문에 답해 보세요.

1) У кого́ есть дом в дере́вне?　　(э́тот бога́ч)　　→ _____

2) У кого́ есть гита́ры?　　(э́ти музыка́нты)　→ _____

3) У кого́ есть авиабиле́т?　　(э́та стюарде́сса)　→ _____

정답 **1** 1) Э́то чемода́н моего́ дя́ди. 이것은 나의 삼촌의 가방입니다.

2) Э́то докла́ды на́ших профессоро́в. 이것은 우리 교수님들의 보고서입니다.

3) Э́то фотогра́фии твое́й семьи́. 이것은 너의 가족사진이다.

4) Э́то рюкза́к ва́шего вну́ка. 이것은 당신 손자의 배낭입니다.

2 1) У э́того бога́ча есть дом в дере́вне. 이 부자는 마을에 집이 있습니다.

2) У э́тих музыка́нтов есть гита́ры. 이 뮤지션들은 기타를 가지고 있습니다.

3) У э́той стюарде́ссы есть авиабиле́т. 이 승무원에게는 항공권이 있습니다.

1 주어진 단어를 문법에 맞게 적절히 사용하여 질문에 답해 보세요.

1) Чьи докуме́нты лежа́т на полу́?　　　　　(мой ста́рший брат)
   누구의 문서가 바닥에 놓여 있나요?

   → _____

2) Чья дочь у́чится в э́той шко́ле?　　　　　(э́та учи́тельница)
   누구의 딸이 이 학교에 다니나요?

   → _____

3) Чей телефо́н ты нашёл на у́лице?　　　　　(наш по́вар)
   너는 누구의 핸드폰을 길에서 찾았니?

   → _____

4) Чьё молоко́ она́ вы́пила?　　　　　(твоя́ люби́мая ко́шка)
   그녀는 누구의 우유를 다 마셨니?

   → _____

5) Чьи уче́бники у вас есть?　　　　　(мои́ шко́льные друзья́)
   당신에게는 누구의 교과서가 있습니까?

   → _____

6) Чей сын зна́ет ру́сский язы́к?　　　　　(моя́ бли́зкая сосе́дка)
   누구의 아들이 러시아어를 아나요?

   → _____

2 다음 보기와 같이 밑줄 친 부분의 단·복수 형태를 바꿔 보세요.

> 보기
>
> Э́то родно́й го́род **моего́ дру́га**.
> → Э́то родно́й го́род мои́х друзе́й.

1) Я чита́ю рома́ны **ру́сского писа́теля**.

   → _____

2) У **популя́рных худо́жниц** есть больша́я галере́я.

→ _____

3) Он забы́л до́ма кни́ги **люби́мого сы́на**.

→ _____

4) У меня́ есть сцена́рий **э́тих хоро́ших режиссёров**.

→ _____

5) Вы хоти́те узна́ть разме́р **э́той ко́мнаты**?

→ _____

6) Мы не зна́ем вкус **э́тих ара́бских блюд**.

→ _____

📖 작문으로 만들어 보는 나만의 쏠쏠한 회화사전

A : _____ 당신은 누구의 시를 좋아하나요?

B : _____ 저는 **한국 시인들의** 시를 좋아합니다.

A : _____ 누구에게 열쇠가 있나요?

B : _____ **나의 누나에게** 열쇠가 있습니다.

A : _____ 당신에게는 아이들이 있습니까?

B : _____ 네, **저에게는** 아들, 딸이 있습니다.

A : _____ 이것은 누구의 아파트인가요?

B : _____ 이것은 **우리 이모의** 아파트입니다.

👉 정답 확인은 229페이지

✍️ 오늘의 도전 문장 확인!

Где нахо́дится дом **э́той краси́вой де́вушки**?

마샤는 한국 역사를 공부한다.

Máша изучáет корéйскую истóрию.

🔊 10강

오늘의 목표 러시아어 문법의 6격 중 대격 개념과 어미 변화를 익힙니다.

오늘의 도전 문장 ✏️

이 똑똑한 소년의 이름이 무엇인가요?

이제 드디어 러시아어 문법 6격 중 마지막으로 남은 대격(вини́тельный падéж)에 대해 배우겠습니다. 대격은 '목적격'이라고도 불리며, 주로 '~을(를)'이라고 해석합니다. 쉽게 생각하면 '직접 목적어' 역할이라고 보면 됩니다. 그럼 이제 대격 명사 어미부터 본격적으로 배워 볼까요?

1 명사

1.1 명사의 대격 단수

대격을 적용하기 전에, 먼저 명사의 의미에 따라 '활동체'와 '비활동체'를 구분해야 합니다. 활동체는 보통 사람, 동물 등 살아 있는 생물체에 해당합니다. 활동체 남성 명사의 대격 어미는 남성 생격 어미와 동일합니다. 비활동체 남성 명사의 대격은 주격의 형태와 동일하므로 아무런 변화가 일어나지 않습니다. 참고로 여성 명사는 활동체인지 비활동체인지 따로 구분하지 않고, 정해진 대격 어미를 따르게 됩니다.

		주격	대격 어미		대격
남성	활동체		대격 = 생격		
		бизнесмéн	자음 → +а	**-а**	бизнесмéн**а**
		Сергéй	-й → я	**-я**	Сергé**я**
		води́тель	-ь → я		води́тел**я**
	비활동체		대격 = 주격		
		магази́н	-#		магази́н
		музéй	-й		музéй
		слова́рь	-ь		слова́рь
중성			대격 = 주격		
		письмó	-о		письмó
		упражнéние	-е		упражнéни**е**

			подру́га	-а → у	**-у**	подру́гу
여성			пе́сня	-я → ю	**-ю**	пе́сню
			тетра́дь	-ь → ь	**-ь**	тетра́дь

예 Анто́н чита́ет кни́**гу**.   안톤은 책을 읽는다.

Мы слу́шаем пе́сн**ю**.   우리는 노래를 듣는다.

Ты зна́ешь Алексе́**я**?   너는 알렉세이를 아니?

Я люблю́ молоко́.   나는 우유를 좋아한다.

Де́ти смо́трят филь**м**.   아이들은 영화를 본다.

Ма́ша ви́дела дру́**га** на у́лице.   마샤는 길에서 친구를 보았다.

1.2 명사의 대격 복수

명사의 대격 복수형은 단수형과 달리, 여성 명사도 의미에 따라 활동체인지 비활동체인지 구분해야 합니다. 활동체 명사의 대격은 생격 어미와 동일하고, 비활동체 명사의 대격은 주격의 어미와 동일합니다. 특히 명사의 대격 복수형은 생격과 대격을 복합적으로 익혀야 하기 때문에, 꾸준히 반복 학습하며 암기해야 합니다.

			주격	대격 어미	대격
남성	활동체 (생격)	자음	шко́льник	-ов	шко́льник**ов**
		-й	геро́й	-ев	геро́**ев**
		ш, щ, ж, ч	врач	-ей	врач**е́й**
		-ь	гость	-ей	гост**е́й**
	비활동체 (주격)	-#	телефо́н	+ы	телефо́н**ы**
		-й	сцена́рий	-и	сцена́ри**и**
		-ь	слова́рь	-и	словар**и́**
중성		-о	ме́сто	-а	мест**а́**
		-е	мо́ре	-я	мор**я́**

여성	활동체 (생격)	-а	учи́тельница	-Ø	учи́тельниц
			студе́нтка	출몰모음 о	студе́ндток
			ба́бушка	출몰모음 е	ба́бушек
		-я	тётя	(о 또는 е) + ь	тёть
		-ь	моде́ль	-ей	моде́лей
	비활동체 (주격)	-а	газе́та	-ы	газе́ты
		-я	статья́	-и	статьи́
		-ь	тетра́дь	-и	тетра́ди

예 Дире́ктор чита́ет докуме́нты.   사장님은 문서들을 읽는다.

Мы приглаша́ем юри́стов.   우리는 법률가들을 초대한다.

Я хочу́ купи́ть су́мки.   나는 가방들을 사고 싶다.

Вы ви́дели спортсме́нок на стадио́не?   당신은 경기장에서 운동선수(여)들을 보셨나요?

Он ча́сто пи́шет пи́сьма.   그는 자주 편지들을 씁니다.

✅ mini test

1 다음 보기 중 격 변화가 올바르지 않은 것을 골라 바르게 고쳐 보세요.

① Студе́нты изуча́ют литерату́ру.

② Ма́ма пригото́вила блины́.

③ Худо́жник рису́ет портре́тов.

④ Роди́тели жду́т дете́й.

⑤ Я не ви́жу па́пу.

2 다음 주어진 단어를 복수형으로 바꾸어 문법에 맞게 빈칸을 채워 보세요.

1) Лю́ди внима́тельно слу́шают _____(ле́ктор)_____.

2) Ма́ленькая дочь чита́ет _____(расска́з)_____.

3) Ты уже́ встре́тила _____(подру́га)_____?

정답   **1** ③ Худо́жник рису́ет портре́ты.

    2 1) Лю́ди внима́тельно слу́шают ле́кторов. 사람들이 강연자들의 말을 주의 깊게 듣습니다.

     2) Ма́ленькая дочь чита́ет расска́зы. 어린 딸은 이야기들을 읽습니다.

     3) Ты уже́ встре́тила подру́г? 너는 이미 친구들(여)를 만났니?

2 형용사

형용사도 명사의 대격과 동일하게, 수식하는 명사의 의미에 따라 활동체인지 비활동체인지를 구분하여 생격, 주격 어미를 따릅니다. 아래의 표를 참고하여 형용사 단·복수형을 익혀 보겠습니다.

		주격	대격 어미	대격
남성 (какóй)	활동체 (생격)	у́мн**ый**	-ого	у́мн**ого** ма́льчик**а**
		молод**óй**	-ого	молод**óго** челове́к**а**
		дома́шн**ий**	-его	дома́шн**его** попуга́**я**
	비활동체 (주격)	интере́сн**ый**	-ый	интере́сн**ый** журна́**л**
		плох**óй**	-ой	плох**óй** хле**б**
		ра́нн**ий**	-ий	ра́нн**ий** стар**т**
중성 (какóе)		интере́сн**ое**	-ое	интере́сн**ое** письм**ó**
		дома́шн**ее**	-ее	дома́шн**ее** зада́ни**е**
여성 (кака́я)		интере́сн**ая**	-ую	интере́сн**ую** кни́г**у**
		дома́шн**яя**	-юю	дома́шн**юю** рабо́т**у**
복수 (каки́е)	활동체 (생격)	у́мн**ые**	-ых	у́мн**ых** де́вочек
		дома́шн**ие**	-их	дома́шн**их** попуга́ев
	비활동체 (주격)	интере́сн**ые**	-ые	интере́сн**ые** пи́сьма
		дома́шн**ие**	-ие	дома́шн**ие** зада́ния

예 Ты лю́бишь смотре́ть ру́сские фи́льмы?   너는 러시아 영화 보는 것을 좋아하니?

Мы хорошо́ слу́шаем но́в**ого** профе́ссор**а**.   우리는 새 교수님의 말을 잘 듣는다.

Ма́ша изуча́ет коре́йскую исто́рию.   마샤는 한국 역사를 공부한다.

Они́ жду́т хоро́ших повар́ов.   그들은 훌륭한 요리사들을 기다린다.

Сын де́лает дома́шние зада́ния.   아들은 숙제를 한다.

Вы хоти́те пить све́ж**ее** молоќо?   당신은 신선한 우유를 마시고 싶나요?

📋 **mini test**

1 주어진 단어를 적절히 사용하여 질문에 답해 보세요.

1) Каки́е пе́сни вы обы́чно поёте?   (америка́нские пе́сни)

2) Како́го врача́ он ви́дел в магази́не?   (зубно́й врач)

3) Каку́ю пого́ду Ка́тя бо́льше всего́ лю́бит?   (со́лнечная пого́да)

4) Каки́х друзе́й ты плани́руешь пригласи́ть на ве́чер? (бли́зкие друзья́)

5) Каки́е языки́ студе́нты изуча́ют в университе́те? (кита́йский и неме́цкий языки́)

정답   **1** 1) Я обы́чно пою́ америка́нские пе́сни. 나는 보통 미국 노래를 부릅니다.

2) Он ви́дел в магази́не зубно́го врача́. 그는 가게에서 치과 의사를 보았습니다.

3) Ка́тя бо́льше всего́ лю́бит со́лнечную пого́ду. 까쨔는 무엇보다도 화창한 날씨를 가장 좋아합니다.

4) Я плани́рую пригласи́ть на ве́чер бли́зких друзе́й. 나는 가까운 친구들을 저녁 파티에 초대할 계획입니다.

5) Студе́нты изуча́ют в университе́те кита́йский и неме́цкий языки́.
학생들은 대학에서 중국어와 독일어를 공부합니다.

---

3 대명사

이번에는 소유대명사, 지시대명사, 인칭대명사, 의문대명사의 대격 변화에 대해 알아보겠습니다. 형용사와 마찬가지로 대명사도 명사의 대격과 동일하게 수식하는 명사의 의미에 따라 활동체인지 비활동체인지를 구분하여 생격, 주격 어미를 따릅니다.

3.1 소유대명사의 대격 단·복수

			주격 / 대격		대격 어미	대격
나의	남성	활동체	мой	мо**его́**	-его (생격)	мо**его́** пацие́нт**а**
		비활동체	мой	мо**й**	(주격)	мо**й** чемода́н
	중성		моё	мо**ё**	(주격)	мо**ё** лицо́
	여성		моя́	мо**ю́**	-ю	мо**ю́** су́мку
	복수	활동체	мои́	мо**и́х**	-их (생격)	мо**и́х** профессор**о́в**
		비활동체	мои́	мо**и́**	(주격)	мо**и́** тетра́ди
너의	남성	활동체	твой	тво**его́**	-его (생격)	тво**его́** тре́нер**а**
		비활동체	твой	тво**й**	(주격)	тво**й** бага́ж
	중성		твоё	тво**ё**	(주격)	тво**ё** пальто́
	여성		твоя́	тво**ю́**	-ю	тво**ю́** тётю
	복수	활동체	твои́	тво**и́х**	-их (생격)	тво**и́х** дете́й
		비활동체	твои́	тво**и́**	(주격)	тво**и́** часы́

우리의	남성	활동체	наш	на**шего**	-его (생격)	на́шего учи́теля
		비활동체	наш	на**ш**	(주격)	наш дом
	중성		на́ше	на́ш**е**	(주격)	на́ше общежи́тие
	여성		на́ша	на́ш**у**	-у	на́шу семью́
	복수	활동체	на́ши	на́ш**их**	-их (생격)	на́ших шко́льников
		비활동체	на́ши	на́ш**и**	(주격)	на́ши докуме́нты
너희의 / 당신의	남성	활동체	ваш	ва́**шего**	-его (생격)	ва́шего сы́на
		비활동체	ваш	ва**ш**	(주격)	ваш сад
	중성		ва́ше	ва́ш**е**	(주격)	ва́ше общежи́тие
	여성		ва́ша	ва́ш**у**	-у	ва́шу сестру́
	복수	활동체	ва́ши	ва́ш**их**	-их (생격)	ва́ших студе́нток
		비활동체	ва́ши	ва́ш**и**	(주격)	ва́ши статьи́

예 Учи́тель проверя́ет мою́ тетра́дь.   선생님은 나의 공책을 채점하고 계신다.

Мы зна́ем ва́шего сы́на.   우리는 너희의 아들을 안다.

Я не понима́ю твои́х друзе́й.   나는 너의 친구들을 이해하지 못한다.

Мо́жно посмотре́ть твоё но́вое пла́тье?   너의 새로운 원피스를 볼 수 있을까?

Сейча́с он чита́ет ва́ши стихи́.   지금 그는 당신의 시를 읽고 있다.

3.2 지시대명사의 대격 단·복수

			주격 / 대격		대격 어미	대격
이	남성	활동체	э́тот	э́того	-ого (생격)	э́того худо́жника
		비활동체	э́тот	э́тот	(주격)	э́тот телеви́зор
	중성		э́то	э́то	(주격)	э́то зда́ние
	여성		э́та	э́ту	-у	э́ту моде́ль
	복수	활동체	э́ти	э́тих	-их (생격)	э́тих тури́стов
		비활동체	э́ти	э́ти	(주격)	э́ти города́

예 Со́ня лю́бит э́того краси́вого инжене́ра.   소냐는 이 잘생긴 엔지니어를 사랑한다.

Где ты купи́л э́то кольцо́?   너는 이 반지를 어디에서 샀니?

Я хочу́ послу́шать э́ту интере́сную ле́кцию. 나는 이 흥미로운 강연을 듣고 싶다.

Кто пригласи́л э́тих тури́стов в Сеу́л?   누가 이 관광객들을 서울로 초대했나요?

3.3 인칭대명사의 대격

	단수				복수		
	1인칭	2인칭	3인칭		1인칭	2인칭	3인칭
주격	я	ты	он / оно́	она́	мы	вы	они́
대격	меня́	тебя́	его́	её	нас	вас	их

예 Как **вас** зову́т?   당신의 이름이 무엇입니까?

Почему́ вы не понима́ете **меня́**?   왜 당신은 나를 이해하지 못하나요?

Я давно́ не ви́дела **его́**.   나는 오랫동안 그를 보지 못했다.

Они́ ждут **тебя́** в па́рке.   그들은 공원에서 너를 기다리고 있다.

3.4 의문대명사의 대격

주격	кто	что
대격	кого́	что

예 **Кого́** Алексе́й встре́тил на вы́ставке?   알렉세이는 박람회에서 누구를 만났나요?

Что ты фотографи́ровал в Росси́и?   너는 러시아에서 무슨 사진을 찍었니?

1 다음 밑줄 친 부분이 답변이 될 수 있도록 질문을 만들어 보세요.

1) Я хочу́ заказа́ть <u>апельси́новый сок</u>.

→ _____?

2) У́тром па́па покупа́ет <u>све́жие газе́ты</u>.

→ _____?

3) Шко́льники хорошо́ слу́шают <u>э́ту до́брую учи́тельницу</u>.

→ _____?

4) Ива́н лю́бит <u>коре́йских популя́рных певи́ц</u>.

→ _____?

2 다음 보기와 같이 인칭대명사 대격을 사용하여 질문에 답해 보세요.

> **보기**
>
> Ты ждёшь Анто́на? → Да, я жду его́.

1) Мари́я ждёт Со́ню?

→ _____

2) Роди́тели лю́бят дете́й?

→ _____

3) Ты зна́ешь Са́шу?

→ _____

4) Вы ви́дите меня́?

→ _____

정답 **1** 1) <u>Како́й сок</u> вы хоти́те заказа́ть? 당신은 어떤 주스를 주문하고 싶습니까?

2) <u>Каки́е газе́ты</u> па́па покупа́ет у́тром? 아빠는 아침에 어떤 신문을 삽니까?

3) <u>Каку́ю учи́тельницу</u> шко́льники хорошо́ слу́шают? 학생들은 어떤 선생님의 말을 잘 듣습니까?

4) <u>Каки́х певи́ц</u> Ива́н лю́бит? 이반은 어떤 가수를 좋아합니까?

2 1) Да, она́ ждёт <u>её</u>.

2) Да, они́ лю́бят <u>их</u>.

3) Да, я зна́ю <u>его́ (её)</u>.

4) Да, я ви́жу <u>вас</u>.

Упражнения

❶ 다음 괄호 안의 부분을 문법에 맞게 바꾸어 문장을 만들어 보세요.

1) Ты по́мнишь (э́ти ле́кторы)?

→ _____

2) Как зову́т (э́тот челове́к)?

→ _____

3) Я чита́ла (э́та статья́).

→ _____

4) Вы понима́ете (э́ти писа́тельницы)?

→ _____

5) Мы не мо́жем реши́ть (э́та пробле́ма).

→ _____

6) Где Ма́ша купи́ла (э́ти украше́ния)?

→ _____

❷ 다음 주어진 명사의 성·수를 참고하여 적절한 보기를 골라 문법에 맞게 문장을 완성하세요.

> **보기**
>
> | а. краси́вая | б. у́тренние | в. мирова́я | г. на́ши лу́чшие |
> | д. све́жие | е. популя́рные | ж. холо́дная | з. наш иностра́нный |

1) Я люблю́ пить _____[вода́]_____.

2) В шко́ле мы изуча́ем _____[эконо́мика]_____.

3) Ка́ждый день брат чита́ет _____[газе́ты]_____.

4) Муж подари́л жене́ _____[ро́за]_____.

5) Сего́дня в кинотеа́тре они́ ви́дели _____[актёры]_____.

6) Ка́ждый год в университе́те приглаша́ют _____[выпускники́]_____.

7) Иногда́ мы не понима́ем _____ [профе́ссор] _____.

8) В магази́не ма́ма купи́ла _____ [фру́кты] _____.

📖 작문으로 만들어 보는 나만의 쏠쏠한 회화사전

A : _____ 당신은 누구를 잘 알고 있나요?

B : _____ 저는 **러시아 화가들을** 잘 압니다.

A : _____ 당신은 무엇을 주문하고 싶습니까?

B : _____ 저는 **신선한 샐러드를** 주문하고 싶습니다.

A : _____ 당신은 보통 어떤 음악을 듣나요?

B : _____ 저는 **클래식 음악을** 듣습니다.

A : _____ 당신은 어떤 사람들을 자주 만나나요?

B : _____ 저는 **친절한 사람들을** 자주 만납니다.

정답 확인은 230페이지

🔬 오늘의 도전 문장 확인!

Как зову́т э́того у́много ма́льчика?

안나는 마샤보다 아름답다.
Áнна красивее Маши.

🔊 11강

오늘의 목표 형용사의 장어미와 단어미 형태를 구분하고, 다양한 비교급·최상급 표현을 학습해 봅니다.

오늘의 도전 문장 ✏️

나는 사랑하는 가족들과 함께 한국에서 가장 깨끗한 도시에서 살고 있다.

러시아어의 형용사는 성질 형용사와 관계 형용사, 이렇게 두 가지로 나뉩니다. 성질 형용사는 사물이나 사람의 특성을 묘사하는 형용사를 뜻합니다. 예를 들면, бéлый(하얀), крáсный(빨간)와 같이 색깔을 의미하는 형용사나 большóй(큰), мáленький(작은) 등 형태를 나타내는 형용사들입니다. 반면 관계 형용사는 사물이나 사람과의 관련성을 나타내는 형용사입니다. 이는 보통 명사로부터 파생되는 경우가 많은데, рýсский(러시아의), корéйский(한국의), лéтний(여름의) 등입니다. 이번 11과에서 배울 형용사 장어미·단어미, 비교급, 최상급 형태는 바로 형용사 종류에 따라 사용 가능 여부가 구분됩니다. 그러므로 형용사의 의미뿐만 아니라 종류까지 함께 학습할 필요가 있습니다. 이번 과에서는 형용사 심화 학습으로 형용사 장어미·단어미, 비교급, 최상급을 배워 보겠습니다.

1 장어미·단어미

1.1 장어미형 (пóлная фóрма имён прилагáтельных)

형용사의 장어미와 단어미 구분은 용어 그대로 어미의 길이에 따라 이루어집니다. 일반적으로 형용사의 기본형이자 사전에 실려 있는 형태가 장어미형입니다. 이제까지 배우고 사용했던 형용사가 장어미 형태였다고 생각하면 됩니다. 즉, 성질 형용사와 관계 형용사 모두 장어미형이 있으며, 어미가 성, 수, 격에 따라 달라집니다. 형용사 장어미형의 기능은 수식과 술어입니다. 앞서 배웠듯이 형용사와 명사의 위치에 따라 쓰임을 구분할 수 있습니다.

성질 형용사 장어미형			
주격	Где нахóдится <u>Крáсная плóщадь</u>?	생격	Это пéсня <u>популярного певца</u>.
여격	Скóлько лет <u>мáленькой дóчери</u>?	대격	Я люблю <u>синее мóре</u>.
조격	Мы познакóмились с <u>молодым человéком</u>.	전치격	Он рабóтает в <u>высóком здáнии</u>.

관계 형용사 장어미형			
주격	Мне нрáвится <u>весéнняя погóда</u>.	생격	Скажите, пожáлуйста, áдрес <u>истори́ческого музéя</u>.
여격	Что ты подари́л <u>рýсскому студéнту</u>?	대격	Я прочитáл <u>сегодняшнюю газéту</u>.
조격	Онá съéла суп <u>столóвой лóжкой</u>.	전치격	Пýшкин жил в <u>деревянном дóме</u>.

1.2 단어미형 (кра́ткая фо́рма имён прилага́тельных)

대부분의 성질 형용사는 단어미형이 있고, 관계 형용사는 단어미형이 없습니다. 일반적으로 장어미형에서 형용사 어미 (-ый, -ая, -ое, -ее)를 떼고, 남성은 그대로(또는 출몰모음 추가), 여성은 a, 중성은 o(e), 복수형은 ы(и)를 붙이면 단어미형이 만들어집니다. 단어미형이 장어미형과 확연히 구분되는 점은 바로 성과 수만 존재하고 격 변화를 하지 않으며, 오로지 술어로만 사용된다는 것입니다.

장어미형	단어미형							
но́в-ый	남성	нов	여성	нова́	중성	но́во	복수	но́вы
краси́в-ый	남성	краси́в	여성	краси́ва	중성	краси́во	복수	краси́вы
ва́жн-ый	남성 (출몰모음 е)	ва́жен	여성	важна́	중성	ва́жно	복수	ва́жны
голо́дн-ый	남성 (출몰모음 е)	го́лоден	여성	голодна́	중성	го́лодно	복수	го́лодны
до́лг-ий	남성 (출몰모음 о)	до́лог	여성	долга́	중성	до́лго	복수	до́лги
коро́тк-ий	남성 (출몰모음 о)	ко́роток	여성	коротка́	중성	ко́ротко	복수	ко́ротки
счастли́в-ый	남성	сча́стлив	여성	сча́стлива	중성	сча́стливо	복수	сча́стливы
согла́сн-ый	남성 (출몰모음 е)	согла́сен	여성	согла́сна	중성	согла́сно	복수	согла́сны
тру́дн-ый	남성 (출몰모음 е)	тру́ден	여성	трудна́	중성	тру́дно	복수	тру́дны
споко́йн-ый	남성 (출몰모음 е)	споко́ен	여성	споко́йна	중성	споко́йно	복수	споко́йны

예 Мы о́чень сча́стливы.   우리는 매우 행복하다.

Я совсе́м не согла́сна.   나는 전혀 동의하지 않는다.

Э́тот вопро́с тру́ден.   이 문제는 어렵다.

Сего́дня мо́ре споко́йно.   오늘 바다가 고요하다.

장어미형과 단어미형은 둘 다 술어의 기능을 가지고 있습니다. 그렇다면 차이는 무엇일까요? 장어미형은 대상의 영구적이고 지속적인 특성을 나타내는 반면, 단어미형은 일시적인 상태나 다른 대상과 비교했을 때 특성이 달라질 수 있는 상대적인 의미를 나타냅니다. 아래의 예문을 통해 두 형태를 비교해 보겠습니다.

예 Ви́ктор **больно́й** челове́к.	빅토르는 아픈 사람이다. (항상 아픈 상태 → 장어미형)
Ви́ктор сейча́с **бо́лен**.	빅토르는 지금 아프다. (일시적으로 아픈 상태 → 단어미형)
О́сенью пого́да о́чень **хоро́шая**.	가을에는 날씨가 매우 좋다. (항상 좋은 날씨 유지 → 장어미형)
Сего́дня пого́да **хороша́**.	오늘 날씨가 좋다. (오늘 하루 날씨 좋은 상태 → 단어미형)

mini test

1 다음 보기와 같이 주어진 형용사의 다른 형태를 바꿔 적어 보세요.

> 보기
>
> Э́та де́вушка <u>краси́вая</u> (장어미형 여성). → краси́ва (단어미형 여성)

1) Но́вая кни́га не <u>интере́сная</u>. → _____

2) Пла́тье о́чень <u>до́рого</u>. → _____

3) Наш дя́дя <u>мо́лод</u>. → _____

4) У тебя́ во́лосы <u>мя́гкие и то́нкие</u>. → _____

5) Со́лнце <u>я́сное</u>. День <u>чуде́сный</u>! → _____

6) Мои́ роди́тели <u>здоро́вые</u>. → _____

2 다음 괄호 안에 들어갈 수 <u>없는</u> 형용사를 고르세요.

1) (　　　　　) фильм　　① ста́рый　　② популя́рен　　③ ску́чный

2) Река́ (　　　　　)　　① широ́кая　　② глубока́　　③ изве́стен

3) Они́ (　　　　　)　　① ма́ленькие　　② коре́йски　　③ за́няты

정답　**1** 1) Но́вая кни́га не <u>интере́сная</u>(장어미형 여성).　→ <u>интере́сна</u> (단어미형 여성)

2) Пла́тье о́чень <u>до́рого</u>(단어미형 중성).　→ <u>дорого́е</u> (장어미형 중성)

3) Наш дя́дя <u>мо́лод</u>(단어미형 남성).　→ <u>молодо́й</u> (장어미형 남성)

4) У тебя́ во́лосы <u>мя́гкие и то́нкие</u>(장어미형 복수).　→ <u>мя́гки и то́нки</u> (단어미형 복수)

5) Со́лнце <u>я́сное</u>. День <u>чуде́сный</u>(장어미형 중성, 남성)!　→ <u>я́сно / чуде́сен</u> (단어미형 중성, 남성)

6) Мои́ роди́тели <u>здоро́вые</u>(장어미형 복수).　→ <u>здоро́вы</u> (단어미형 복수)

2 1) ② популя́рен (단어미형은 명사를 수식할 수 없음.)

2) ③ изве́стен　(명사가 여성이므로 성이 일치되지 않음.)

3) ② коре́йски　(관계 형용사는 단어미형이 없음.)

2 비교급 (сравни́тельная сте́пень)

비교급은 대상의 특성을 묘사하는 성질 형용사에만 존재합니다. 비교급을 만드는 방법은 두 가지가 있습니다. 형용사 원급에 бо́лее나 ме́нее를 붙여 표현하는 합성 비교급과, 형용사의 어간에 -ee 또는 -e를 붙이는 단일 비교급입니다. 먼저 합성 비교급부터 배워 보겠습니다.

2.1 합성 비교급

합성 비교급은 '보다 더'라는 뜻의 бо́лее나 '보다 덜'이라는 뜻의 ме́нее를 형용사 원급 앞에 붙이면 됩니다. 이 단어들은 바뀌지 않고, 형용사만 수식하는 명사의 성, 수, 격에 따라 변화합니다. 형용사의 역할 그대로 수식과 술어 용법을 모두 가지고 있습니다.

수식용법 ▶ Э́то **бо́лее** краси́вый парк.	이것은 더 아름다운 공원이다.
Она́ **ме́нее** молода́я учи́тельница.	그녀는 덜 젊은 선생님이다.
Я купи́л **ме́нее** дорогу́ю су́мку.	나는 덜 비싼 가방을 샀다.
Ма́ша хо́чет рабо́тать в **бо́лее** высо́ком зда́нии.	마샤는 더 높은 건물에서 일하고 싶다.

술어용법 ▶ Э́та моде́ль **бо́лее** совреме́нная.	이 모델이 더 최신형이다.
Како́й экза́мен **ме́нее** ва́жный?	어떤 시험이 덜 중요할까?
Восто́чное мо́ре **бо́лее** си́нее.	동해가 더 파랗다.
Каки́е конфе́тки **ме́нее** сла́дкие?	어떤 사탕이 덜 단가요?

2.2 단일 비교급

단일 비교급의 기본적인 형태는 형용사의 어간에 -ee를 붙여서 만들면 됩니다. 일부 자음 뒤에서는 자음이 교체된 후 -e가 붙는 경우가 있는데, 아래의 표를 통해 정리해 보겠습니다. 단일 비교급은 성, 수, 격에 따른 변화가 일어나지 않고 오직 술어 기능만 합니다. 강세 이동이 일어나는 경우도 있으므로 단일 비교급형은 반드시 강세 위치를 함께 암기해야 합니다.

형용사 원급	단일 비교급	원급 / 비교급	
краси́в-ый	краси́в-ее	Э́та блу́зка краси́вая. / Э́та блу́зка краси́вее.	Э́тот стол краси́вый. / Э́тот стол краси́вее.
ва́жн-ый	важн-е́е	На́ша зада́ча ва́жная. / На́ша зада́ча важне́е.	Реше́ние пробле́мы ва́жное. / Реше́ние пробле́мы важне́е.
но́в-ый	нов-е́е	Твой дом но́вый. / Твой дом нове́е.	Э́ти часы́ но́вые. / Э́ти часы́ нове́е.

자음 전환	형용사 원급	단일 비교급	
в → вл	дешёвый	деше́вле	더 싸다
г → ж	дорого́й	доро́же	더 비싸다
д → ж	молодо́й	моло́же	더 젊다
з → ж	бли́зкий	бли́же	더 가깝다
к → ч	лёгкий	ле́гче	더 쉽다
с → ш	высо́кий	вы́ше	더 높다
ск → щ	пло́ский	пло́ще	더 평평하다
ст → щ	чи́стый	чи́ще	더 깨끗하다
т → ч	бога́тый	бога́че	더 부유하다
х → ш	ти́хий	ти́ше	더 조용하다

불규칙한 형태로 변하는 단일 비교급도 있습니다. 이 특수형은 대부분 일상생활에서 자주 사용하는 비교급이므로 꼭 기억해야 합니다.

형용사 원급	단일 비교급	형용사 원급	단일 비교급
большо́й	бо́льше 더 크다	до́лгий	до́льше 더 오래되다, 더 길다
ма́ленький	ме́ньше 더 작다	ста́рый	ста́рше 더 나이가 많다
то́нкий	то́ньше 더 가늘다	хоро́ший	лу́чше 더 좋다
глубо́кий	глу́бже 더 깊다	плохо́й	ху́же 더 나쁘다
по́здний	по́зже 더 늦다	сла́дкий	сла́ще 더 달다
широ́кий	ши́ре 더 넓다	ме́лкий	ме́льче 더 얕다

2.3 비교 대상 표현

다른 대상과 비교를 하기 위해서는 '~보다'라는 표현이 필요합니다. 먼저 '~보다'의 뜻을 가진 чем을 이용하는 경우를 살펴보겠습니다. чем을 사용할 때는 비교하고자 하는 대상이 모두 같은 형태의 문법을 갖추고 있어야 하며, чем 앞에는 반드시 쉼표(,)가 있어야 합니다.

예 Э́тот костю́м (주격) доро́же, **чем** мой (주격).
이 양복이 내 양복보다 비싸다. (мой 다음에 костю́м을 생략)

У меня́ (소유구문) бо́лее дли́нные во́лосы, **чем** у неё (소유구문).
내 머리카락은 그녀보다 길다. (у неё 다음에 во́лосы를 생략)

Моя́ (소유대명사) ко́мната ме́ньше, **чем** твоя́ (소유대명사).
나의 방은 너의 방보다 작다. (твоя́ 다음에 ко́мната를 생략)

Он хо́чет бо́лее ки́слый сок (목적어), **чем** апельси́новый. (목적어).
그는 오렌지 주스보다 더 시큼한 주스를 원한다. (апельси́новый 다음에 сок을 생략)

비교 대상 표현으로 чем을 쓰지 않으려면, 비교급 다음에 오는 비교 대상 명사를 생격으로 바꾸면 됩니다. 이 방법은 반드시 비교 대상이 주격 형태일 때만 가능합니다.

예 Áнна краси́вее Ма́ши.
안나는 마샤보다 아름답다. (비교 대상: Áнна, Ма́ша)

Твой дом бо́льше моего́ (до́ма).
너의 집이 나의 집보다 크다. (비교 대상: твой дом, мой дом)

Но́вый студе́нт умне́е нас.
새로운 학생이 우리보다 똑똑하다. (비교 대상: но́вый студе́нт, мы)

Ма́ленькая матрёшка доро́же большо́й (матрёшки).
작은 마트료슈카가 큰 마트료슈카보다 비싸다. (비교 대상: ма́ленькая матрёшка, больша́я матрёшка)

📋 **mini test**

1 다음 괄호 안의 단어를 문법에 맞게 바꾸어 문장을 완성하세요.

1) Муж (ста́рый), чем жена́.   남편이 아내보다 나이가 많다.

2) Коре́йские блюда́ (вку́сный) (япо́нские блюда́).   한국 음식이 일본 음식보다 맛있다.

3) Мой де́душка (си́льный) (оте́ц).   나의 할아버지는 아버지보다 힘이 세다.

4) Ко́жа у Же́ни (бе́лый), чем (Áня).   쪠냐 피부가 아냐 피부보다 더 하얗다.

5) Я хочу́ прочита́ть (интере́сная кни́га), чем (э́та).   나는 이 책보다 더 재미있는 책을 읽고 싶다.

. . . .

정답 **1** 1) Муж ста́рше (и́ли бо́лее ста́рый), чем жена́.
2) Коре́йские блюда́ вкусне́е (и́ли бо́лее вку́сные) япо́нских блюд.
3) Мой де́душка сильне́е (и́ли бо́лее си́льный) отца́.
4) Ко́жа у Же́ни беле́е (и́ли бо́лее бе́лая), чем у Áни.
5) Я хочу́ прочита́ть бо́лее интере́сную кни́гу, чем э́ту.

3 최상급 (превосхо́дная сте́пень)

비교급과 마찬가지로, 최상급 역시 성질 형용사만 가지고 있으며 최상급을 만드는 방법은 두 가지입니다. 형용사 원급에 са́мый를 붙여 표현하는 합성 최상급과, 형용사의 어간에 -ейш 또는 -айш를 붙이는 단일 최상급입니다. 최상급은 보통 비교되는 대상의 그룹이나 범위를 함께 씁니다. 일단 비교적 더 쉽게 익힐 수 있는 합성 최상급부터 배워 보겠습니다.

3.1 합성 최상급

합성 최상급은 '가장'이라는 뜻의 са́мый를 형용사 원급 앞에 붙이면 됩니다. 형태가 마치 형용사처럼 보이는 са́мый는 수식하는 명사의 성, 수, 격에 따라 형용사의 격 변화를 따르게 됩니다.

> **예** Алексе́й са́мый высо́кий шко́льник (남성 주격) в на́шем кла́ссе.
> 알렉세이는 우리 반에서 가장 (키가) 큰 학생이다.
>
> Мы живём в са́мой большо́й кварти́ре. (여성 전치격)
> 우리는 가장 큰 아파트에서 묵고 있다.
>
> Неда́вно я познако́мился с са́мой краси́вой студе́нткой (여성 조격) в университе́те.
> 나는 얼마 전에 대학교에서 가장 예쁜 학생과 알게 되었다.
>
> Роди́тели хотя́т пое́хать на са́мое глубо́кое о́зеро (중성 대격) в ми́ре.
> 부모님은 세계에서 가장 깊은 호수에 가고 싶어하신다.

3.2 단일 최상급

단일 최상급의 기본적인 형태는 남성형 기준 형용사의 어미(-ый) 대신 -ейший를 붙이면 됩니다. 형용사 어미 바로 앞의 자음이 г, к, х인 경우에는 자음이 교체된 후 -айший 형태를 갖춥니다. 단일 최상급도 수식하는 명사의 성, 수, 격에 따라 형용사의 격 변화를 적용합니다.

자음 전환	형용사 원급	단일 최상급	
г → ж + айший	стро́гий	строжа́йший	가장 엄격하다
к → ч + айший	гро́мкий	громча́йший	가장 소리가 크다
х → ш + айший	ти́хий	тиша́йший	가장 조용하다

> **예** Вы изуча́ете трудне́йший иностра́нный язы́к (남성 대격) в ми́ре.
> 당신은 세계에서 가장 어려운 외국어를 배웁니다.
>
> Я поднима́лась на высоча́йшую го́ру (여성 대격) в Коре́е.
> 나는 한국에서 가장 높은 산에 올랐다.
>
> Я купи́л нове́йшие часы́ (복수 대격) в э́том магази́не.
> 나는 이 가게에서 가장 최신 시계를 샀다.
>
> Мой де́душка – строжа́йший челове́к (남성 주격) в на́шей семье́.
> 할아버지는 우리 가족 중에서 가장 엄격한 사람이다.

1 다음 주어진 형용사구를 두 가지 방법의 최상급 표현으로 바꾸어 보세요.

1) ужа́сный фильм

→ ① _____ / ② _____

2) дли́нная река́

→ ① _____ / ② _____

3) ти́хий го́лос

→ ① _____ / ② _____

4) ре́дкое и́мя

→ ① _____ / ② _____

5) то́нкая ткань

→ ① _____ / ② _____

6) бе́лое лицо́

→ ① _____ / ② _____

정답 **1** 1) ① са́мый ужа́сный фильм / ② ужа́снейший фильм
　　 2) ① са́мая дли́нная река́ / ② длинне́йшая река́
　　 3) ① са́мый ти́хий го́лос / ② тиша́йший го́лос
　　 4) ① са́мое ре́дкое и́мя / ② редча́йшее и́мя
　　 5) ① са́мая то́нкая ткань / ② тонча́йшая ткань
　　 6) ① са́мое бе́лое лицо́ / ② беле́йшее лицо́

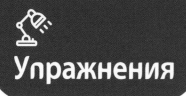

Упражнения

① 보기와 같이 주어진 단어들을 이용하여 적절한 러시아어 문장으로 만들어 보세요.

보기

(я, молодо́й, Вита́лий)　　　나는 비탈리보다 젊다.

→ Я моло́же Вита́лия.

1) (ле́тние, зи́мние, кани́кулы, дли́нный)　　　겨울 방학이 여름 방학보다 길다.

→ _____

2) (высо́кий, мужчи́на, шко́ла)　　　나는 우리 학교에서 가장 키 큰 남자를 봤다.

→ _____

3) (вода́, в мо́ре, в реке́, солёный)　　　바닷물이 강물보다 짜다.

→ _____

4) (но́утбук, хоро́ший, чем)　　　싸샤가 가지고 있는 노트북이 내 것보다 좋다.

→ _____

5) (иска́ть, ти́хий, ме́сто, го́род)　　　우리는 이 도시에서 가장 조용한 장소를 찾고 있다.

→ _____

6) (метро́, бы́стрый, авто́бус)　　　지하철이 버스보다 빠르다.

→ _____

7) (жени́ться на ком, краси́вый)　　　유라는 모스크바에서 가장 아름다운 여자와 결혼했다.

→ _____

8) (америка́нские, пе́сни, популя́рный)　　　한국에서 미국 노래가 러시아 노래보다 더 유명하다.

→ _____

② 다음 주어진 비교급이 만들어진 형용사의 원급(남성형)을 적어 보세요.

1) ши́ре　　(　　　　　　　)　　　2) лу́чше　　(　　　　　　　)

3) сложне́е　(　　　　　　　)　　　4) стро́же　　(　　　　　　　)

5) скоре́е　　(　　　　　　　)　　　6) трудне́е　　(　　　　　　　)

7) хýже   (   )   8) бóльше   (   )

9) важнéе   (   )   10) пóзже   (   )

❸ 다음 최상급 표현을 형용사와 명사의 주격 형태로 바꾸어 보세요.

1) умнéйшую дéвочку   (   )

2) новéйшей газéте   (   )

3) крепчáйший чай   (   )

4) смелéйшего герóя   (   )

5) добрéйшему ученикý   (   )

6) сладчáйшие конфéты   (   )

📖 작문으로 만들어 보는 나만의 쏠쏠한 회화사전

A : _____   이 사람이 당신의 아들이군요. 그는 어떤 사람입니까?

B : _____   제 아들은 착하고 **똑똑합니다.**

A : _____   러시아는 (영토가) 큰 나라입니까?

B : _____   네, 러시아는 **세계에서 가장 큰 나라**입니다.

A : _____   당신이 인나보다 나이가 많나요?

B : _____   아뇨, 저는 인나보다 **어립니다.**

A : _____   당신이 가장 좋아하는 소설은 어떤 소설인가요?

B : _____   제가 **가장 좋아하는 소설**은 전쟁과 평화입니다.

정답 확인은 231페이지

🔬 오늘의 도전 문장 확인!

Сейчáс я живý с люби́мой семьёй в сáмом чи́стом гóроде в Корéе.

12

저녁에 나는 편지를 다 쓸 거예요.

Вéчером я напишý письмó.

🔊 12강

오늘의 목표 동사의 상 개념과 용법을 익히고, 시제와 상의 관계를 파악해 봅니다.

오늘의 도전 문장 ✏️

나는 항상 오렌지 주스를 샀지만, 오늘은 사과 주스를 살 것이다.

이번 12과에서는 러시아어 동사 체계의 꽃이라고 불리는 '상' 개념에 대해 자세히 살펴보겠습니다. 대부분의 러시아어 동사는 두 가지의 상, 즉 불완료상(несовершéнный вид, НСВ)과 완료상(совершéнный вид, СВ)으로 한 쌍을 이루고 있습니다. 같은 동사가 형태만 다른 것이므로 기본적인 의미는 동일하지만, 용법과 쓰임에서 차이가 있습니다. 또한 동사의 상은 시제와도 밀접한 연관이 있습니다. 이렇듯 러시아어 동사의 '종합선물세트' 격인 동사의 상 내용을 이제 본격적으로 배워 보겠습니다.

1 동사의 상 (вид глагóла) 기본

1.1 상의 개념

불완료상(НСВ) 형태는 말 그대로 어떤 행위가 완료되지 않은 상태입니다. 동작이 일어나긴 했으나, 끝까지 완료되었는지 또는 행위의 결과가 나왔는지는 알 수 없습니다. 행위가 여러 번 반복되거나 일정 기간 동안 지속되는 경우에도 불완료상 동사를 사용합니다. 반면 완료상(СВ) 동사는 행위가 완전히 종결되었고 그 행위에 따른 결과가 얻어진 상황에서 쓰게 됩니다. 불완료상 형태와 반대 개념으로, 동작이 한 번만 행해진 경우에 완료상 동사를 씁니다. 이러한 동사의 상 개념을 시제와 연관시켜 살펴보겠습니다. 일단 불완료상 동사는 현재, 과거, 미래 시제를 모두 사용할 수 있습니다. 그러나 현재 시점에서 행위가 완료되고 있다는 개념은 논리적으로 맞지 않으므로, 완료상 동사는 과거와 미래 시제만 쓸 수 있습니다. 시제와 상의 상관관계를 читáть (읽다) 동사를 예로 들어 다음의 표로 정리해 보겠습니다.

	과거 시제	현재 시제	미래 시제
читáть (НСВ)	читá-л	читá-ю	бýду читáть
прочитáть (СВ)	прочитá-л	x	прочитá-ю

불완료상으로 쓰여진 과거형 я читáл, 현재형 я читáю, 미래형 я бýду читáть는 화자가 각각의 시점에 맞춰 단순히 책을 읽는다는 사실 자체가 중요한 것이고, 책을 끝까지 다 읽었는지 또는 읽다가 중간에 멈췄는지 등 행위의 결과는 알 수 없습니다. 반면 완료상으로 쓰여진 과거형 я прочитáл, 미래형 я прочитáю는 화자가 예전에 책을 다 읽었거나, 앞으로 책을 완전히 다 읽을 것이라는 의미를 내포합니다. 불완료상 형태의 과거, 현재, 미래 시제의 쓰임은 앞에서 이미 모두 배웠으므로 이번 과에서는 완료상 형태의 과거, 미래 시제를 익혀 보겠습니다. 우선 상의 형태를 익히고, 심화 파트에서는 불완료상과 완료상 용법을 구분하면서 좀 더 자세히 다루겠습니다.

1.2 상의 형태

이번에는 동사의 불완료상과 완료상 형태가 어떻게 구성되어 있는지 알아보겠습니다. 크게 총 세 가지로 나눌 수 있습니다. 첫째는 불완료상에 접두사가 붙어 완료상이 만들어지는 형태, 둘째는 불완료상의 어간 변형 즉, 접미사가 바뀌어 완료형이 되는 형태, 셋째는 서로 다른 어근으로 불완료상과 완료상이 만들어진 형태입니다. 동사를 학습할 때는 항상 한 쌍으로 외우고, 각각의 인칭 변화형과 강세 위치도 정확히 익혀 두어야 합니다.

1.2.1 접두사+불완료상 ⇒ 완료상

불완료상	접두사	완료상	동사 뜻
смотре́ть	по-	посмотре́ть	보다
стро́ить		постро́ить	짓다, 건설하다
слу́шать		послу́шать	듣다
ви́деть	у-	уви́деть	보이다, 보다
слы́шать		услы́шать	들리다, 듣다
де́лать	с-	сде́лать	하다
фотографи́ровать		сфотографи́ровать	사진 찍다
писа́ть	на-	написа́ть	쓰다
чита́ть	про-	прочита́ть	읽다
учи́ть	вы-	вы́учить	배우다

1.2.2 불완료상의 어간 변형 ⇒ 완료상

불완료상	완료상	동사 뜻
изуча́ть	изучи́ть	배우다, 공부하다
отвеча́ть	отве́тить	답하다
повторя́ть	повтори́ть	반복하다
реша́ть	реши́ть	결정하다, 해결하다
расска́зывать	рассказа́ть	이야기하다
спра́шивать	спроси́ть	묻다, 질문하다
разгова́ривать	разговори́ть	대화하다
дава́ть	дать	주다
конча́ть	ко́нчить	끝내다
начина́ть	нача́ть	시작하다

1.2.3 서로 다른 어근을 가지고 있는 형태

불완료상	완료상	동사 뜻
брать	взя́ть	잡다, 가져오다, 빌리다
говори́ть	сказа́ть	말하다
сади́ться	сесть	앉다
ложи́ться	лечь	눕다
станови́ться	стать	되다
класть	положи́ть	놓다
покупа́ть	купи́ть	사다

---

mini test

1 다음 주어진 동사와 한 쌍을 이루고 있는 다른 동사의 상 형태를 적어 보세요.

1) де́лать (НСВ) - _____ (СВ)   2) бра́ть (НСВ) - _____ (СВ)

3) _____ (НСВ) - спроси́ть (СВ)   4) _____ (НСВ) - ко́нчить (СВ)

5) слы́шать (НСВ) - _____ (СВ)   6) _____ (НСВ) - ле́чь (СВ)

7) _____ (НСВ) - отве́тить (СВ)   8) писа́ть (НСВ) - _____ (СВ)

정답 1 1) сде́лать (СВ)   2) взя́ть (СВ)
       3) спра́шивать (НСВ)   4) конча́ть (НСВ)
       5) услы́шать (СВ)   6) ложи́ться (НСВ)
       7) отвеча́ть (НСВ)   8) написа́ть (СВ)

2 동사의 상 (вид глаго́ла) 심화

2.1 상의 의미

불완료상	완료상
1) 행위 사실 자체, 단순히 동사 의미 전달 Сейча́с я чита́ю кни́гу. (나는 지금 책을 읽는다.) → чита́ть (НСВ) '읽다': 동사 의미 전달 Что ты де́лал вчера́? (너는 어제 무엇을 했니?) → де́лать (НСВ) '하다': 행위 사실 자체	1) 동작의 완료, 행위의 결과 수반 Наконе́ц я прочита́л э́ту кни́гу. (마침내 나는 이 책을 다 읽었다.) → прочита́ть (СВ) '다 읽다': 책을 끝까지 다 읽었 다는 결과를 얻음.
2) 일정 기간 동안의 계속적 행위, 과정을 나타냄. 주로 부사 давно́, до́лго, недо́лго 등과 함께 사용함. Я писа́ла письмо́ 2 часа́. (나는 2시간 동안 편지를 썼다.) → писа́ть (НСВ) '쓰다': 2시간 동안 계속 행위를 지속함.	2) 일회성 행위 Что ты сказа́л мне? (너는 나에게 뭐라고 말했니?) → сказа́ть (СВ) 말하다': 말하는 동작이 한 번 일어남. Сего́дня мы купи́ли маши́ну. (오늘 우리는 자동차를 샀다.) → купи́ть (СВ) '사다': 구매하는 행위가 오늘 일회 성으로 발생
3) 규칙적, 반복적 행위 всегда́, ча́сто, обы́чно, иногда́, ка́ждый день 등 주로 빈도를 나타내는 부사 표현 함께 사용함. Я звони́л домо́й раз в неде́лю. (나는 1주일에 1번 집으로 전화했다.) → звони́ть (НСВ) '전화하다': 주1회 규칙적으로 동작이 행해짐.	

2.2 시제와 상의 관계

현재, 과거, 미래 시제 이렇게 총 세 가지 시제 중 현재 시제는 오로지 불완료상 동사로만 쓰고, 과거 시제와 미래 시제는 불완료상과 완료상 모두 쓸 수 있다는 점을 배웠습니다. 그중 이번 과에서 처음 배우는 개념인 완료상 동사 형태의 과거, 미래 시제에 대해 살펴보겠습니다. 동사의 상 개념과 용법을 정확히 이해하기 위해 불완료상 동사 예문과 비교해 가며 학습하겠습니다.

2.2.1 과거 시제

완료상 동사를 과거 시제로 만드는 방법은 불완료상 동사와 동일합니다. 일반적인 동사 원형의 어미인 '-ть' 부분을 떼고 주어의 성과 수에 따라 '-л(남성), -ла(여성), -ло(중성), -ли(복수)'를 붙입니다. 물론 동사 원형이 특수한 형태로 끝나는 경우에는 각각의 과거형을 따로 익혀야 합니다.

> **예** Что Лю́ба **де́лала** (НСВ) вчера́?
> 류바는 어제 무엇을 했니?
> (단순히 무엇을 했는지 즉, '하다'라는 행위 그 자체의 의미 전달)
>
> Что Лю́ба **сде́лала** (СВ) вчера́?
> 류바는 어제 무엇을 다 했니?
> (무엇을 다 끝냈는지 즉, 어떤 행위의 결과를 얻었는지 물음.)

Вчера́ она́ **смотре́ла** (НСВ) фильм.
그녀는 어제 영화를 봤다.
('보다'라는 행위 그 자체의 의미 전달, 끝까지 다 보았는지는 알 수 없음.)

Вчера́ она́ **посмотре́ла** (СВ) фильм.
그녀는 어제 영화를 다 봤다.
(영화를 '끝까지 다 봤다'라는 행위의 결과가 있음.)

Ты сего́дня **повтори́л** (СВ) незнако́мые слова́?
오늘 너는 모르는 단어들 복습 다 했니?
(복습을 다 했는지 행위의 결과를 묻고 있음.)

Ка́ждый день я **повторя́л** (НСВ) незнако́мые слова́, но сего́дня я ещё не **повтори́л** (СВ) их.
나는 매일 모르는 단어들을 복습하지만, 오늘은 아직 복습하지 않았다.
(평소와 다르게 오늘만 일어난 일회성 행위. '복습하지 않았다'라는 결과를 얻은 상태)

2.2.2 미래 시제

'быть' 동사를 이용하여 미래 시제를 나타내는 불완료상과는 달리, 완료상은 다른 동사와 함께 쓰지 않고 완료상 동사 그 자체를 주어에 따라 인칭 변화시키면 미래 시제로 바뀝니다. 불완료상 동사가 인칭 변화되면 현재 시제입니다. 즉, 동사의 상을 정확하게 파악하지 않은 상태에서 동사 변화 시 자칫 현재 또는 미래 시제가 바뀔 수도 있습니다. 틀리기 쉬운 내용이므로 동사의 상을 확실하게 구분하고 암기해야 합니다. 참고로 완료상 미래 시제 용법은 미래에 어떤 행위를 반드시 마치겠다는 의지를 내포하기도 합니다.

예 Что вы **бу́дете де́лать** (НСВ) за́втра?
당신은 내일 무엇을 할 것인가요?
(단순히 무엇을 할 계획인지 즉, '하다'라는 행위 그 자체의 의미 전달)

Что вы **сде́лаете** (СВ) ве́чером?
당신은 저녁에 무엇을 다 할 건가요?
(무엇을 완전히 끝낼 예정인지 즉, 어떤 행위의 결과를 얻을 것인지 물음.)

За́втра я **бу́ду чита́ть** (НСВ) рома́н.
내일 나는 소설을 읽을 거예요.
('읽다'라는 행위 그 자체의 의미 전달, 어느 정도 읽을지 또는 끝까지 다 읽을 것인지 아닌지는 알 수 없음.)

Ве́чером я **прочита́ю** (СВ) рома́н.
저녁에 나는 소설을 다 읽을 거예요.
(소설을 끝까지 다 읽겠다는 화자의 의지와 행위의 결과가 드러남.)

Когда́ Влади́мир **реши́т** (СВ) зада́чи?
블라디미르는 언제 문제를 다 푸는 거니?
(푸는 행위가 언제 종결되는지를 묻고 있음.)

Сейча́с он **реша́ет** (НСВ) зада́чи. Наве́рно, он **реши́т** (СВ) их но́чью.
지금 그는 문제를 풀고 있다. 아마도, 그는 문제를 밤에 다 풀 것 같다.
(현재 시제는 불완료형 / 푸는 행위가 밤에 끝나고 결과를 얻음.)

1 다음 문장에서 동사를 완료형으로 바꾸어 다른 미래 시제 형태로 적어 보세요.

1) Мы бу́дем слу́шать но́вую пе́сню.
→ _____

2) Он бу́дет отвеча́ть на мои́ вопро́сы.
→ _____

3) О чём вы бу́дете расска́зывать нам?
→ _____

4) Я бу́ду покупа́ть хоро́ший дом.
→ _____

5) Они́ бу́дут ви́деть меня́.
→ _____

6) Кого́ ты бу́дешь спра́шивать об э́том?
→ _____

정답 **1** 1) Мы **послу́шаем** но́вую пе́сню.   우리는 새로운 노래를 들을 것이다.
2) Он **отве́тит** на мои́ вопро́сы.   그는 내 질문에 답할 것이다.
3) О чём вы **расска́жете** нам?   당신은 우리에게 무엇에 대해 이야기할 것입니까?
4) Я **куплю́** хоро́ший дом.   나는 좋은 집을 살 것이다.
5) Они́ **уви́дят** меня́.   그들은 나를 볼 것이다.
6) Кого́ ты **спро́сишь** об э́том?   너는 누구에게 이것에 대해 물어볼 거니?

Упражнения

❶ 괄호 안에 주어진 동사 중 문법에 맞는 것을 골라 적절하게 바꿔 보세요.

1) Обы́чно Ка́тя (встава́ть – встать) в 8 часо́в, а сего́дня она́ (встава́ть – встать) в 10 часо́в.
   보통 까쨔는 8시에 일어나는데 오늘은 10시에 일어났다.

2) Вчера́ мы до́лго (гуля́ть – погуля́ть) по у́лице.
   어제 우리는 거리를 따라 오랫동안 산책했다.

3) Как ча́сто вы (покупа́ть – купи́ть) проду́кты в магази́не?
   얼마나 자주 당신은 상점에서 식료품을 사나요?

4) Э́тот текст о́чень большо́й. Я ещё не (чита́ть – прочита́ть) его́.
   이 텍스트는 매우 길다. 나는 아직 텍스트를 다 읽지 못했다.

5) Ка́ждый день де́ти (ложи́ться – лечь) спа́ть в 9 часо́в.
   매일 아이들은 9시에 잠자리에 든다.

6) Весь день он (де́лать – сде́лать) дома́шние зада́ния. Наконе́ц он (писа́ть – написа́ть)
   все упражне́ния.
   그는 하루 종일 숙제를 했다. 마침내 모든 연습 문제를 다 풀었다(썼다).

7) С кем они́ (разгова́ривать – разговори́ть) сейча́с?
   지금 그들은 누구와 대화하고 있나요?

8) Ты за́нят? Е́сли нет, я (спра́шивать – спроси́ть) тебя́ об Алексе́е.
   너 바쁘니? 바쁘지 않다면, 내가 알렉세이에 대해 너에게 물어볼게.

❷ 다음 보기와 같이 완료형 동사를 이용하여 주어진 질문에 답해 보세요.

> **보기**
>
> | Ты бу́дешь чита́ть журна́л? | 너는 잡지를 읽을 거니? |
> |---|---|
> | → Нет, я уже́ **прочита́л(а)** его́. | 아니, 나는 이미 잡지를 다 읽었어. |

1) Ты бу́дешь смотре́ть фильм?　　　　　→ Нет, я уже́ _____.

2) Вы бу́дете учи́ть ру́сскую грамма́тику?　→ Нет, я уже́ _____.

3) Вы бу́дете стро́ить кварти́ру?　　　　→ Нет, мы уже́ _____.

4) Йра *бу́дет покупа́ть* зонт?   → Нет, она́ ужé _____.

5) Пётр *бу́дет фотографи́ровать* мóре?   → Нет, он ужé _____.

6) Ты *бу́дешь дава́ть* ей совéт?   → Нет, я ужé _____.

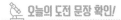 작문으로 만들어 보는 나만의 쏠쏠한 회화사전

A : _____   당신은 매일 저녁에 무엇을 하나요?

B : _____   매일 저녁에 저는 뉴스를 **봐요.**

A : _____   당신은 얼마나 오랫동안 러시아 단어들을 공부했나요?

B : _____   저는 하루 종일 **공부했어요.**

A : _____   당신은 러시아 라디오를 다 들었나요?

B : _____   아니요. 저녁에 **다 들을 거예요.**

A : _____   당신은 벌써 숙제를 다 했네요!

B : _____   네, 다 끝냈어요. 저는 보통 아침에 숙제를 **합니다.**

정답 확인은 232페이지

🔬 오늘의 도전 문장 확인!

Я всегда́ покупа́л(а) апельси́новый сок, но сегóдня я куплю́ я́блочный сок.

Урок **13**

수사 1

우리는 한 명의 러시아 사업가를 안다.

Мы знаем одного́ ру́сского бизнесме́на.

🔊 13강

오늘의 목표 러시아어 수사 중 기수사를 익히고, 집합수사와 수사 문법을 배워 봅니다.

오늘의 도전 문장 ✏️

두 소녀 모두 3개의 외국어를 공부한다.

러시아어 수사(числи́тельное)에는 2가지 종류가 있습니다. 숫자나 개수를 셀 때는 기수사를 사용하고, 순서를 세거나 정할 때는 서수사를 사용합니다. 이번 과에서는 기수사와 집합수사를 포함하여 기수사를 이용하는 수사 문법과 다양한 활용 표현을 배워 보겠습니다. 수사는 대체로 어휘 길이가 긴 편이므로, 철자와 강세 위치를 확실히 구분하며 암기해야 합니다.

1 기수사 (коли́чественное числи́тельное) 기본

0~19							
0	ноль (нуль)	1	оди́н	2	два	3	три
4	четы́ре	5	пять	6	шесть	7	семь
8	во́семь	9	де́вять	10	де́сять	11	оди́**ннадцать**
12	двена́**дцать**	13	трина́**дцать**	14	четы́р**надцать**	15	пятна́**дцать**
16	шестна́**дцать**	17	семна́**дцать**	18	восемна́**дцать**	19	девятна́**дцать**

20~90							
20	два́дцать	30	три́дцать	40	со́рок	50	пять**деся́т**
60	шесть**деся́т**	70	се́мь**десят**	80	во́семь**десят**	90	девяно́сто

21 이상의 숫자는 십의 자릿수와 일의 자릿수를 조합하여 쓰면 됩니다. 예를 들면 21은 два́дцать оди́н, 32는 три́дцать два로 표현합니다.

100~1000							
100	сто	200	две́сти	300	три́ста	400	четы́реста
500	пять**со́т**	600	шесть**со́т**	700	семь**со́т**	800	восемь**со́т**
900	девятьсо́т			1000	ты́сяча		

이번에는 '두 자루의 펜', '다섯 권의 책'과 같이 숫자를 명사와 함께 쓰는 경우를 살펴보겠습니다. 기수사가 명사와 결합하면 해당 명사가 격 변화를 하게 되는데, 이를 '수사 문법'이라고 표현합니다. 숫자 1 다음에 오는 명사는 단수 주격, 숫자 2~4 다음에는 단수 생격, 숫자 5~20 다음에는 복수 생격으로 바뀝니다.

기수사 + 명사			
1	+ 명사	단수 주격	оди́н стол 한 개의 책상
2, 3, 4		단수 생격	два стола́ 두 개의 책상들
5~20		복수 생격	пять столо́в 다섯 개의 책상들

예 оди́н студе́нт　　　　　한 명의 학생

три уче́бника　　　　　세 권의 교과서들

четы́ре сту́ла　　　　　네 개의 의자들

де́сять я́блок　　　　　열 개의 사과들

пятна́дцать студе́нтов　　열다섯 명의 학생들

🔅 꼭 기억하세요!

일반적으로 숫자 뒤에 오는 명사를 단순히 복수형(주격)으로만 바꿔야 한다고 생각하기 쉽습니다. 2 이상의 숫자와 함께 쓰는 명사가 아무리 의미상으로는 복수형일지라도, 러시아어에서는 오로지 수사 문법만을 적용한다는 점을 명심하세요.
예 6권의 책 → шесть книг (о) / кни́ги (х)

숫자 1과 2는 다른 기수사들과 달리, 뒤에 나오는 명사의 성, 수에 따라 정해진 형태를 써야 합니다. 1은 оди́н, одна́, одно́, одни́ 총 네 가지, 2는 два, две 두 가지가 있습니다. 참고로 이러한 구분은 명사와의 결합 시에만 고려하고, 단순히 숫자를 세는 경우는 оди́н, два로 사용하면 됩니다.

숫자 1 + 명사 (단수 주격)		
оди́н	+ 남성 명사	оди́н друг 한 명의 친구
одна́	+ 여성 명사	одна́ дочь 한 명의 딸
одно́	+ 중성 명사	одно́ я́блоко 한 개의 사과
одни́	+ 복수 명사 (복수로만 쓰는 명사)	одни́ очки́ 한 개의 안경

숫자 2 + 명사 (단수 생격)		
два	+ 남성 / 중성 명사	два дру́га 두 명의 친구들 два окна́ 두 개의 창문들
две	+ 여성 명사	две ко́мнаты 두 개의 방들

1 다음 주어진 숫자를 러시아어로 적고 괄호 안의 단어도 문법에 맞게 바꾸세요.

    1) 21 (**тетра́дь**)   2) 15 (**я́блоко**)   3) 82 (**го́род**)

    4) 34 (**музе́й**)   5) 100 (**рубль**)   6) 1 (**джи́нсы**)

    7) 92 (**шко́ла**)   8) 640 (**маши́на**)   9) 273 (**по́езд**)

정답 **1** 1) два́дцать одна́ тетра́дь 21권의 공책   2) пятна́дцать я́блок 15개의 사과

    3) во́семьдесят два го́рода 82개의 도시   4) три́дцать четы́ре музе́я 34개의 박물관

    5) сто рубле́й 100루블   6) оди́н джи́нсы 1개의 청바지

    7) девяно́сто две шко́лы 92개의 학교   8) шестьсо́т со́рок маши́н 640대의 자동차

    9) две́сти се́мьдесят три по́езда 273대의 기차

② 기수사(коли́чественное числи́тельное) 심화

2.1 '수사 + 명사' 격 변화

기수사와 명사를 함께 쓰는 경우, 문장에서의 역할에 따라 기수사는 명사의 성, 수, 격에 맞춰 격 변화를 하게 됩니다. 먼저 네 가지로 나뉘는 숫자 1의 격 변화부터 알아보겠습니다. 전반적으로 지시대명사 'э́тот'의 격 변화와 비슷합니다. 숫자 1~4 뒤에 쓰는 명사의 의미가 비활동체인지 활동체인지 구분에 따라 대격 변화에서 '주격 / 생격'으로 나뉩니다.

	남성 / 중성	여성	복수
주격	оди́н одно́	одна́	одни́
생격	одного́	одно́й	одни́х
여격	одному́	одно́й	одни́м
대격	주격(비활동체) / 생격(활동체)	одну́	주격(비활동체) / 생격(활동체)
조격	одни́м	одно́й	одни́ми
전치격	одно́м	одно́й	одни́х

예 Я купи́ла одну́ кни́гу.   나는 한 권의 책을 샀다.

    Мы зна́ем одного́ ру́сского бизнесме́на.   우리는 한 명의 러시아 사업가를 안다.

    Вы хоти́те оди́н сала́т?   당신은 한 개의 샐러드를 원하나요?

    Они́ у́чатся в одно́й шко́ле.   그들은 한 학교(같은 학교)에서 공부한다.

	2	3	4
주격	два две	три	четы́ре
생격	двух	трёх	четырёх
여격	двум	трём	четырём

대격	주격(비활동체) / 생격(활동체)	주격(비활동체) / 생격(활동체)	주격(비활동체) / 생격(활동체)
조격	двумя́	тремя́	четырьмя́
전치격	двух	трёх	четырёх

예 Ви́ка встре́тилась с двумя́ ма́льчиками. 비까는 두 명의 소년을 만났다.

Гид рассказа́л нам о четырёх города́х.
가이드는 우리에게 네 개의 도시에 대해 이야기해 주었다.

	5	6	8	10	11
주격	пять	шесть	во́семь	де́сять	оди́ннадцать
생격	пяти́	шести́	восьми́	десяти́	одиннадцати́
여격	пяти́	шести́	восьми́	десяти́	одиннадцати́
대격	пять	шесть	во́семь	де́сять	оди́ннадцать
조격	пятью́	шестью́	восемью́	десятью́	одиннадцатью́
전치격	пяти́	шести́	восьми́	десяти́	одиннадцати́

	20	40	50	90	100
주격	два́дцать	со́рок	пятьдеся́т	девяно́сто	сто
생격	двадцати́	сорока́	пяти́десяти	девяно́ста	ста
여격	двадцати́	сорока́	пяти́десяти	девяно́ста	ста
대격	два́дцать	со́рок	пятьдеся́т	девяно́сто	сто
조격	двадцатью́	сорока́	пятью́десятью	девяно́ста	ста
전치격	двадцати́	сорока́	пяти́десяти	девяно́ста	ста

	200	300	400	900	1000
주격	две́сти	три́ста	четы́реста	девятьсо́т	ты́сяча
생격	двухсо́т	трёхсот	четырёхсот	девятисо́т	ты́сячи
여격	двумста́м	трёмстам	четырёмстам	девятиста́м	ты́сяче
대격	две́сти	три́ста	четы́реста	девятьсо́т	ты́сячу
조격	двумяста́ми	тремяста́ми	четырьмяста́ми	девятьюста́ми	ты́сячей ты́сячью
전치격	двухста́х	трёхстах	четырёхстах	девятиста́х	ты́сяче

2.2 집합수사 (собира́тельное числи́тельное)

집합수사는 해당 숫자의 집단성, 집합성을 더욱 강조하는 역할을 하며 그중에서도 특히 사람의 집합성을 나타내는 경우가 많습니다. 집합수사는 크게 두 가지로 나눠 배워 보겠습니다. 먼저 숫자 2~7에 해당되는 집합수사도 일반명사처럼 격 변화를 하고, 뒤에 오는 명사는 복수 생격으로 바꿔야 합니다. 집합수사 다음에 일반명사가 아닌 인칭대명사를 쓰는 경우에는 생격 변화를 하면 됩니다. 또한 집합수사도 함께 쓰는 명사의 의미가 비활동체인지 활동체인지의 구분에 따라 대격 변화에서 '주격 / 생격'이 나뉩니다. 간혹 해당 숫자의 '사람'을 의미할 때는 명사를 생략하기도 합니다.

	дво́е	тро́е	че́тверо	пя́теро	ше́стеро	се́меро
생격	двои́х	трои́х	четверы́х	пятеры́х	шестеры́х	семеры́х
여격	двои́м	трои́м	четверы́м	пятеры́м	шестеры́м	семеры́м
대격	주격(비활동체) / 생격(활동체)	주격(비활동체) / 생격(활동체)	주격(비활동체) / 생격(활동체)	주격(비활동체) / 생격(활동체)	주격(비활동체) / 생격(활동체)	주격(비활동체) / 생격(활동체)
조격	двои́ми	трои́ми	четверы́ми	пятеры́ми	шестеры́ми	семеры́ми
전치격	двои́х	трои́х	четверы́х	пятеры́х	шестеры́х	семеры́х

예 У меня́ тро́е дет**е́й**.　　　　　나에게는 세 명의 아이들이 있다.

Нас **пя́теро**.　　　　　우리는 총 5명이다.

Э́то ко́мната для **четверы́х** шко́льников.　　여기는 네 명의 학생들을 위한 방이다.

Мы хоти́м но́мер на **двои́х**.　　　우리는 더블룸을 원한다.

다음으로 배울 집합수사는 '양쪽, 둘 다'를 의미하는 о́ба, о́бе입니다. 이는 숫자 2의 두 가지 종류인 два, две와 같은 문법을 사용합니다. о́ба 뒤에는 남성 또는 중성 명사만, о́бе는 여성 명사를 씁니다. 또한 집합수사도 앞서 배운 수사 문법을 적용하여 о́ба, о́бе 다음에 오는 명사들은 모두 단수 생격으로 나타냅니다. 참고로 '둘 다'를 의미하는 경우에는 주로 명사를 생략하기도 합니다. 이때 지칭하는 대상(두 명)이 남성 혹은 남녀 혼성이면 о́ба, 여성이면 о́бе를 사용합니다.

	о́ба + 남성 / 중성 (단수 생격)	о́бе + 여성 (단수 생격)
주격	о́ба	о́бе
생격	обо́их	обе́их
여격	обо́им	обе́им
대격	주격(비활동체) / 생격(활동체)	주격(비활동체) / 생격(활동체)
조격	обо́ими	обе́ими
전치격	обо́их	обе́их

예 Вам на́до прове́рить **о́ба** докуме́нта.　　당신은 서류를 둘 다 모두 확인해야 한다.

Э́то бу́дет поле́зно **обе́им** сторона́м.　　이것은 양측 모두에게 이로울 것이다.

Вы **о́ба** рабо́таете без выходны́х?　　너희는 둘 다 휴무 없이 일하니?

Я люблю́ их **обо́их**.　　　나는 그들을 둘 다 모두 사랑한다.

2.3 '수사 + 형용사 + 명사'

수사 문법의 심화 학습으로 '수사 + 형용사 + 명사'의 활용 표현을 배워 보겠습니다. 명사를 수식하는 형용사는 항상 명사의 격을 따라가지만, 예외적으로 수사 문법에서는 다릅니다. 특히 숫자 2, 3, 4 뒤에 오는 명사의 성에 따라 형용사의 격은 달라집니다. 앞서 배운 '수사 + 명사' 표현과 어떤 차이가 있는지 아래의 표로 정리해 보겠습니다.

기수사 + 형용사 + 명사		
1	+ 형용사 [단수 주격]	+ 모든 명사 [단수 주격]
2, 3, 4	+ 형용사 [복수 생격]	+ 남성 / 중성 명사 [단수 생격]
	+ 형용사 [복수 주격] / [복수 생격]	+ 여성 명사 [단수 생격]
5~20	+ 형용사 [복수 생격]	+ 모든 명사 [복수 생격]

예 оди́н краси́вый студе́нт   한 명의 잘생긴 학생

одна́ но́вая кни́га   한 권의 새로운 책

два ру́сских врача́   두 명의 러시아 의사들

две ру́сские актри́сы   두 명의 러시아 여배우들

две ру́сских актри́сы   두 명의 러시아 여배우들

три ста́рых зда́ния   세 개의 오래된 건물들

де́сять иностра́нных тури́стов   열 명의 외국 관광객들

꼭 기억하세요!

숫자 2, 3, 4, 다음에 형용사와 명사를 모두 쓰는 경우에 형용사는 복수 주격 또는 복수 생격 형태로 바꿀 수 있지만, 주로 복수 주격 형태를 더 자주 사용한다는 점을 유의하세요!

mini test

1 수사 문법을 적용하여 괄호 안의 단어를 적절하게 바꾸어 문장을 완성하세요.

1) Роди́тели пришли́ домо́й с (одна́ ма́ленькая де́вочка).

2) Они́ хотя́т подари́ть (о́бе шко́льницы) цветы́.

3) Я познако́милась с (пять популя́рных певцо́в).

4) Два (ста́рший брат) живу́т в (одно́ общежи́тие).

5) Он уже́ был в (два́дцать три страны́).

정답 **1** 1) Роди́тели пришли́ домо́й с **одно́й** ма́ленькой де́вочкой. 부모님께서는 한 명의 어린 소녀와 함께 집으로 오셨다.

     2) Они́ хотя́т подари́ть **обе́им** шко́льницам цветы́. 그들은 두 명의 여학생 모두에게 꽃을 선물하고 싶다.

     3) Я познако́милась с **пятью́** популя́рными певца́ми. 나는 다섯 명의 인기있는 가수들과 인사했다.

     4) Два ста́рших бра́та живу́т в **одно́м** общежи́тии. 두 명의 오빠(형)은 하나의 (같은) 기숙사에 산다.

     5) Он уже́ был в **двадцати́ трёх** стра́нах. 그는 이미 23개 국가에 가 보았다.

Упражнения

① 보기와 같이 괄호 속의 단어들을 이용하여 세 가지 형태의 표현을 만들어 보세요.

> **보기**
> (1, хоро́ший, дом) → ① оди́н ② оди́н дом ③ оди́н хоро́ший дом

1) (5, иностра́нный, язы́к)

   → _____

2) (2, интере́сный, кни́га)

   → _____

3) (18, но́вый, письмо́)

   → _____

4) (4, мла́дший, брат)

   → _____

5) (42, ру́сский, сло́во)

   → _____

6) (201, ста́рый, маши́на)

   → _____

7) (7, краси́вый, пла́тье)

   → _____

8) (63, большо́й, го́род)

   → _____

9) (10, молодо́й, писа́тель)

   → _____

10) (1, глубо́кий, о́зеро)

   → _____

❷ 다음 각 문장에서 문법상 틀린 부분을 찾아 바르게 고쳐 보세요.

1) Óба глáвные герóи лю́бят герои́ню.

2) Тогдá они́ бы́ли пя́теро.

3) Я знáю оди́н изве́стный музыкáнта.

4) Он позвони́л две óпытные журнали́стки.

5) Сто оди́ннадцать иностра́нец рабóтают в нáшей компáнии.

6) Мы посмотре́ли четы́ре интере́сные фи́льмы.

📖 작문으로 만들어 보는 나만의 쏠쏠한 회화사전

A : _____ 당신에게는 몇 명의 아이들이 있습니까?

B : _____ 저에게는 **두 명의** 아이들이 있습니다.

A : _____ 당신은 누구를 사랑하나요?

B : _____ 저는 **한 명의 잘생긴 소년을** 사랑합니다.

정답 확인은 233페이지

🖋 오늘의 도전 문장 확인!

Óбе де́вочки изучáют три иностра́нных языкá.

수사 2

나는 31층에 살아요.

Я живу́ на три́дцать пе́рвом этаже́.

📢 14강

오늘의 목표 러시아어 수사 중 서수사를 익히고 날짜, 시간 표현을 배워 봅니다.

오늘의 도전 문장 ✏️

나의 아들은 1986년 8월 12일 6시 15분에 태어났다.

기수사에 이어 이번 14과에서는 서수사를 배워 보겠습니다. 기본적으로 서수사는 순서를 셀 때 사용하지만, 그 외에도 날짜, 시간 표현 등 여러 상황에서 활용됩니다. 서수사는 일부를 제외하고는 기수사와 매우 유사한 형태를 띠고 있으므로, 기수사를 확실하게 익혔다면 서수사도 금방 암기할 수 있습니다. 그럼 이제 서수사를 하나씩 살펴볼까요?

1 서수사 (поря́дковое числи́тельное) 기본

'~번째의'라는 뜻의 서수사는 형용사와 동일한 어미를 가지며, 형용사와 마찬가지로 수식하는 명사의 형태(성, 수, 격)에 따라 어미가 변합니다. 기본형은 형용사처럼 남성형 주격으로 나타내며, 유일하게 '세 번째의(тре́тий)'만 독특한 어미를 가지고 있습니다.

1~20							
1	пе́рвый	2	второ́й	3	тре́тий / тре́тья тре́тье / тре́тьи	4	четвёртый
5	пя́тый	6	шесто́й	7	седьмо́й	8	восьмо́й
9	девя́тый	10	деся́тый	11	оди́ннадцатый	12	двена́дцатый
13	трина́дцатый	14	четы́рнадцатый	15	пятна́дцатый	16	шестна́дцатый
17	семна́дцатый	18	восемна́дцатый	19	девятна́дцатый	20	двадца́тый

예 второ́й текст · 두 번째 텍스트

пе́рвая любо́вь · 첫 번째 사랑

тре́тье зда́ние · 세 번째 건물

деся́тые очки́ · 열 번째 안경

21 이상의 서수는 맨 마지막 자릿수만 서수로 표현하고 나머지는 기수로 나타냅니다. 예를 들어 '21번째의'는 два́дцать (기수) / пе́рвый (서수), '132번째의'는 сто три́дцать (기수) / второ́й (서수)입니다. 이번에는 십 단위 이상 수의 서수를 알아보겠습니다.

30~100							
30	тридца́тый	40	сороково́й	50	пятидеся́тый	60	шестидеся́тый
70	семидеся́тый	80	восьмидеся́тый	90	девяно́стый	100	со́тый

200~1,000,000							
200	двухсо́тый	300	трёхсо́тый	400	четырёхсо́тый	500	пятисо́тый
600	шестисо́тый	700	семисо́тый	800	восьмисо́тый	900	девятисо́тый
1000	ты́сячный	10,000	десятиты́сячный	100,000	стоты́сячный	1,000,000	миллио́нный

예 Я живу́ на три́дцать пе́рвом этаже́.   나는 31층에 살아요.

Они́ чита́ли кни́гу с девяно́стой страни́цы.   그들은 90쪽부터 책을 읽었다.

Ма́ша у́чится на четвёртом ку́рсе.   마샤는 4학년에 재학 중이다.

Почему́ ты не сде́лал двадца́тое упражне́ние?   왜 너는 연습 문제 20번(째)을 안 풀었니?

---

mini test

1 주어진 명사를 참고하여 아라비아 숫자를 러시아어 서수로 바르게 바꾸어 보세요.

1) 14 (пе́сня)   2) 3 (муж)   3) 325 (страна́)

4) 41 (президе́нт)   5) 2 (учи́тель)   6) 101 (ко́мната)

7) 200 (письмо́)   8) 20 (дом)   9) 6 (общежи́тие)

- -

정답 1 1) четы́рнадцатая пе́сня   14번째 노래

2) тре́тий муж   3번째 남편

3) три́ста два́дцать пя́тая страна́   325번째 국가

4) со́рок пе́рвый президе́нт   41번째 대통령

5) второ́й учи́тель   2번째 선생님

6) сто пе́рвая ко́мната   101번째 방

7) двухсо́тое письмо́   200번째 편지

8) двадца́тый дом   20번째 집

9) шесто́е общежи́тие   6번째 기숙사

2 서수사(поря́дковое числи́тельное) 심화

2.1 날짜 표현

러시아어에서 날짜(연, 월, 일)를 표현할 때 서수사를 사용합니다. 기본적으로 날짜는 '일(日)-월(月)-연(年)' 순으로 나타내며 날짜를 어떤 형태로 표현하는지에 따라 전치사와 격 변화가 달라지므로, 정확하게 구분하여 사용해야 합니다. 먼저 날짜를 묻는 질문부터 배워 볼까요? 날짜 표현에서는 중성 명사인 'числó(수(數), 일(日))'를 반드시 기억해야 합니다. 형용사 어미를 가지고 있는 서수사가 이 중성 명사를 수식한다는 개념으로 이해하면 됩니다. 그래서 오늘 날짜를 물어볼 땐 'Какóе сегóдня числó (오늘은 며칠입니까?)'라고 표현하며, 날짜를 서수의 형용사 중성형(-ое)으로 먼저 쓰고, 월(月)은 생격으로 바꿔 씁니다. 그런데 일반적으로 날짜를 표현할 때 'числó'를 생략하는 경우가 많습니다. 참고로 과거 시제에서는 бы́ло, 미래 시제에서는 бу́дет을 술어로 사용합니다. 예문을 통해 자세히 살펴보겠습니다.

예	Какóе сегóдня числó?	오늘은 며칠입니까?
	Сегóдня трéтье (числó) мáрта.	오늘은 3월 3일입니다.
	Какóе числó бы́ло вчерá?	어제는 며칠이었습니까?
	Вчерá бы́ло оди́ннадцатое (числó) мáя.	어제는 5월 11일이었습니다.
	Какóе числó бу́дет зáвтра?	내일은 며칠입니까?
	Зáвтра бу́дет двáдцать вторóе (числó) декабря́.	내일은 12월 22일입니다.

이번에는 단순히 날짜를 표현하는 것이 아니라, '(몇 년) 몇 월 며칠에'와 같이 문장에서 날짜를 부사구로 쓰는 경우를 배워 보겠습니다. 날짜는 연, 월, 일 중 어떤 형태로 표현하는지에 따라 다른 문법을 적용해야 합니다.

2.1.1 '~년도에'

연도(год)로만 표현할 때는 전치사 в와 함께 전치격을 써야 하는데, 연도 중 마지막 수만 서수의 남성 전치격(год 수식 역할) 변화, 나머지 숫자는 기수사(주격)로 나타냅니다. 'год 연도'의 전치격은 특수형으로서 어미 -у를 붙여 году́로 바뀝니다.

예 Я роди́лся в ты́сяча девятьсо́т во́семьдесят седьмо́м году́.
　　　　　　　　　　　　　 기　　　　　　　　　　 서
저는 1987년에 태어났습니다.

В како́м году́ (когда́) он око́нчил университе́т?
몇 년도에 그는 대학교를 졸업했나요?

Он око́нчил университе́т в две ты́сячи семна́дцатом году́.
　　　　　　　　　　　　　　 기　　　　 서
그는 2017년에 대학교를 졸업했습니다.

💡 **꼭 기억하세요!**

서수를 써야 하는 마지막 자리의 수 범위는 1에서 19까지입니다. 11에서 19를 'де́сять+서수'로 쓰지 않도록 주의하세요.
예 2012년도에 → в две ты́сячи де́сять второ́м году́ (×)
　　　　　　　　→ в две ты́сячи двена́дцатом году́ (о)

2.1.2 '~월에' / '~월 ~일에'

월(ме́сяц)로만 표현할 땐 전치사 в와 함께 해당 월 명사를 전치격으로 바꿔서 씁니다. 월(ме́сяц)과 일(число́)을 함께 사용한다면, 먼저 전치사 없이 서수의 중성 생격 변화를 쓰고, 월 명사도 생격으로 나타냅니다. 21~29일, 31일은 마지막 수만 서수의 중성 생격 변화하며, 그 앞 숫자는 기수사(주격)로 나타냅니다.

예 Она́ родила́сь пя́того (числа́) а́вгуста.

그녀는 8월 5일에 태어났습니다.

Мы прие́хали в Коре́ю в апре́ле.

우리는 4월에 한국에 왔습니다.

Како́го числа́ (когда́) вы вернётесь на ро́дину?

당신은 몇 월 며칠에(언제) 고향으로 돌아가시나요?

Я верну́сь на ро́дину три́дцать пе́рвого (числа́) ию́ля.
　　　　　　　　　　　　　　　　 기　　　 서

저는 7월 31일에 고향으로 돌아갑니다.

2.1.3 '~년 ~월에' / '~년 ~월 ~일에'

연(год)과 월(ме́сяц)을 함께 쓰는 경우, 전치사 в와 함께 해당 월 명사를 전치격으로 바꾸고, 연도는 생격으로 나타 냅니다. 마찬가지로 연도 중 마지막 수만 서수의 남성 생격 변화하고, 나머지 숫자는 기수사(주격)로 나타냅니다. 그렇 다면 연(год), 월(ме́сяц), 일(число́)을 모두 쓰는 경우 어떻게 표현해야 할까요? 전치사는 쓰지 않고 먼저 서수의 중성 생격 변화(числа́ 수식)를 쓰고, 월 명사도 생격, 마지막으로 연도의 마지막 수도 서수의 남성 생격 변화(го́да 수 식)를 합니다. 전치사 여부와 격 변화 종류를 혼동하지 않도록 잘 구분하여 학습해야 합니다.

예 Они́ познако́мились в октябре́ ты́сяча девятьсо́т девяно́сто тре́тьего го́да.
　　　　　　　　　　　　　　　　　　　　　　 기　　　　　　　　　 서

그들은 1993년 10월에 처음 알게 되었습니다.

Моя́ дочь родила́сь шестна́дцатого февраля́ две ты́сячи второ́го го́да.
　　　　　　　　　　　　　　　　　　　　　　 기　　 서

제 딸은 2002년 2월 16일에 태어났습니다.

Он у́мер два́дцать четвёртого ноября́ ты́сяча девятьсо́т се́мьдесят девя́того го́да.
　　　　　　　　　　　　　　　　　　　　　　　　　 기　　　　　 서

그는 1979년 11월 24일에 사망하였습니다.

2.2 시간 표현

러시아어는 다양한 형태로 시간을 표현할 수 있습니다. 먼저 지난 과에서 배운 기수사를 이용하여 기본적인 시간 표현부터 익혀 보겠습니다. 시간을 물어볼 땐 보통 'Ско́лько сейча́с вре́мени?' 또는 'Кото́рый час?'라고 말합니다. 그리 고 시간을 표현하는 단위로는 시(час), 분(мину́та), 초(секу́нда)가 있습니다. 앞서 배운 수사 문법을 적용하여 시 간을 나타내고, 필요 시 아침(у́тро), 점심(день), 저녁(ве́чер), 밤(ночь)을 생격으로 바꿔 맨 마지막에 씁니다.

예 Три часа́ но́чи	새벽 3시
Оди́ннадцать часо́в два́дцать мину́т	11시 20분
(Оди́н) час со́рок одна́ мину́та	1시 41분
Четы́ре часа́ дня	오후 4시

서수사를 이용해서는 어떻게 시간을 나타낼까요? 분(минута)은 기수사로 먼저 쓰고, 시(час)를 서수사로 가장 마지막 자리에 남성 생격 변화된 형태(-ого, -его)로 씁니다. 여기서 서수사는 '~번째의 시(час)'라는 개념이고, 일반적으로는 생격 변화된 '시(часа)'를 주로 생략합니다. 반드시 기억해야 할 점은 서수로 나타내는 시(час)를 다가오는 시(час)의 서수사 생격으로 표현해야 한다는 것입니다. '첫 번째 시(первый час)'는 정오부터 낮 1시까지를 의미합니다. 그러므로 12시 5분은 'пять минут первого часа'입니다. 쉽게 이해하기 위해 팁을 하나 드리자면, 아라비아 숫자에 하나를 더한 서수사로 쓰면 됩니다. 참고로 '분+시(서수)' 형태는 1~30분까지만 나타낼 수 있습니다.

서수사 (+час)					
12~1시	пе́рвый	1~2시	второ́й	2~3시	тре́тий
3~4시	четвёртый	4~5시	пя́тый	5~6시	шесто́й
6~7시	седьмо́й	7~8시	восьмо́й	8~9시	девя́тый
9~10시	деся́тый	10~11시	оди́ннадцатый	11~12시	двена́дцатый

예 Три мину́ты тре́тьего (часа́)　　　　　　　2시 3분

　　Де́сять мину́т пя́того (часа́)　　　　　　　4시 10분

　　Два́дцать две мину́ты восьмо́го (часа́)　　7시 22분

　　Пятна́дцать мину́т деся́того (часа́)　　　　9시 15분

31~59분까지는 생격 지배 전치사 без(~없이)로 나타내고, 모두 서수사가 아닌 기수사를 사용합니다. 한국어로 '~시 ~분 전'이라고 해석하는데, '~분 전'에 해당되는 부분만 생격 형태로 바꿉니다. 이 외에도 'полови́на(반), че́тверть(4분의 1)' 등의 명사와 함께 다양한 방법으로 시간을 나타낼 수 있습니다. 어떤 경우에 각각 서수사와 기수사를 사용하는지 예문을 통해 알아보겠습니다.

예 Без пяти́ шесть　　　　　　　　　　　　　6시 5분 전

　　Без десяти́ двена́дцать　　　　　　　　　12시 10분 전

　　Полови́на девя́того (= полдевя́того)　　　8시 30분

　　Че́тверть второ́го (часа́)　　　　　　　　　1시 15분

　　Без че́тверти два　　　　　　　　　　　　2시 15분 전

시간 표현을 부사구로 쓴다면 '몇 시에~?'라고 해석합니다. 이 질문은 러시아어로 'Во ско́лько вре́мени~?'라고 말하며, 간혹 вре́мени를 생략하기도 합니다. 전치사 в와 함께 대격을 쓰는데, 앞서 배운 시간 표현을 그대로 넣으면 됩니다. полови́на(반)를 이용하여 시간을 말하는 경우는 유일하게 전치사 в와 함께 전치격을 사용합니다.

예 Во ско́лько вре́мени (когда́) вы встаёте?　　　　당신은 몇 시에 일어납니까?

　　Я встаю́ в 8 часо́в у́тра.　　　　　　　　　　　　나는 아침 8시에 일어납니다.

　　Дава́й встре́тимся в 2 часа́ 15 мину́т.　　　　　2시 15분에 만나자!

　　Он пришёл домо́й в 10 мину́т девя́того.　　　　그는 8시 10분에 집에 왔다.

　　Фильм начался́ в полови́не седьмо́го(полседьмо́го).　영화는 6시 반에 시작했다.

1 수사 문법을 적용하여 괄호 안의 내용을 적절하게 바꾸어 러시아어 문장을 완성하세요.

1) Позавчера́ бы́ло (10월 25일).

2) Я обе́даю (1시 반에).

3) Они́ перее́хали в Герма́нию (2003년 4월에).

4) Анто́н купи́л маши́ну (3월 31일에).

5) Сестра́ вы́шла из до́ма (5시 10분 전에).

6) Со́ня родила́сь (1960년 11월 17일에).

정답 1 1) Позавчера́ бы́ло <u>два́дцать пя́тое октября́</u>.
그저께는 10월 25일이었다.

2) Я обе́даю <u>в (оди́н) час три́дцать мину́т</u>. (또는 в полови́не второ́го, полвторо́го)
나는 1시 반에 점심을 먹는다.

3) Они́ перее́хали в Герма́нию <u>в апре́ле две ты́сячи тре́тьего го́да</u>.
그들은 2003년 4월에 독일로 이민 갔다.

4) Анто́н купи́л маши́ну <u>три́дцать пе́рвого ма́рта</u>.
안톤은 3월 31일에 자동차를 샀다.

5) Сестра́ вы́шла из до́ма <u>без десяти́ пять</u>.
언니(여자 형제)는 5시 10분 전에 집에서 나갔다.

6) Со́ня родила́сь <u>семна́дцатого ноября́ ты́сяча девятьсо́т шестидеся́того го́да</u>.
소냐는 1960년 11월 17일에 태어났다.

Упражнения

❶ 다음 주어진 표현을 수사로 적절하게 바꾸어 보세요.

1) 706번째의   → _____

2) 6월 6일   → _____

3) 1938년   → _____

4) 8시 30분에   → _____

5) 2018년 1월 2일에   → _____

6) 110번째 선물(пода́рок)   → _____

7) 21층(эта́ж)   → _____

8) 12월 3일에   → _____

9) 6시 15분   → _____

10) 1862년에   → _____

❷ 다음 주어진 질문에 문법에 맞게 괄호 안의 내용으로 답해 보세요.

1) Како́е сего́дня число́?   (7월 16일)

→ _____

2) Когда́ го́сти прие́хали в Коре́ю?   (4월 30일)

→ _____

3) Во ско́лько он верну́лся домо́й?   (1시 40분)

→ _____

4) Ско́лько сейча́с вре́мени?   (3시 30분)

→ _____

5) В како́м году́ вы на́чали изуча́ть ру́сский язы́к?　　　(2005년)

　→ _____

6) Когда́ она́ родила́сь?　　　　　　　　　　　(1941년 10월 23일)

　→ _____

📖 작문으로 만들어 보는 나만의 쏠쏠한 회화사전

A : _____　　당신은 몇 층에 사나요?
B : _____　　저는 **5층에** 삽니다.

A : _____　　오늘은 몇 월 며칠인가요?
B : _____　　오늘은 **2월 9일**입니다.

A : _____　　당신은 몇 시에 일어나시나요?
B : _____　　저는 **7시 반에** 일어납니다.

A : _____　　당신은 언제 대학교를 졸업했나요?
B : _____　　저는 **2010년에** 졸업했습니다.

👉 정답 확인은 233페이지

✎ 오늘의 도전 문장 확인!

Мой сын роди́лся в че́тверть седьмо́го двена́дцатого а́вгуста ты́сяча девятьсо́т во́семьдесят шесто́го го́да.

Урок 15 동사 4 동작동사

너는 어디로 가고 있니?

Куда́ ты идёшь?

🔊 15강

오늘의 목표 동작동사의 개념과 기본형을 익히고, 다양한 접두사와 결합되는 동작동사를 학습합니다.

오늘의 도전 문장 🖋

매일 아침 나는 강가를 따라 조깅을 하고, 일요일마다 수영장에서 수영을 한다.

수많은 러시아어 동사들 중 '동작동사'로 묶인 이 동사군에는 화자의 움직임이나 이동에 따라 위치의 변화를 나타내는 동사들이 포함됩니다. '동작동사'라는 명칭은 러시아어 'глаго́л движе́ния' 표현을 한국어로 번역한 것으로, 간혹 '이동동사' 또는 '운동동사'라고도 부릅니다. 핵심은 두 가지의 기준에 따라 동작동사를 정확히 구분하여 사용해야 한다는 점입니다. 첫 번째 기준은 화자가 걸어서 이동을 하는지, 운송수단을 이용하는지입니다. 두 번째 기준은 하나의 방향으로 움직이는지, 여러 방향으로 이동하는지를 따져 봐야 합니다. 동작동사 자체가 한국인에게는 생소한 개념이기에, 자칫 어렵게 느껴질 수 있는 내용입니다. 이번 과에서 확실하게 개념을 파악하고, 다양한 예문과 용법을 활용하여 종합적으로 동작동사를 살펴보겠습니다.

🅵 동작동사 기본

1.1 4가지 '가다' 동사

동작동사를 배우는 첫 번째 단계입니다. 한국어의 '가다'라는 동사를 네 가지 형태의 러시아어 동사로 나눠 보겠습니다. 먼저 화자가 걸어서 가는 경우에는 идти́ 또는 ходи́ть 동사를 사용합니다. 이 두 동사는 '방향성'에 따라 구분되는데, 방향이 정해져 있는 동사를 '정태동사'라고 하며 걸어서 한 방향으로 걸어갈 때는 идти́ 동사 (걸어가다)를 쓰게 됩니다. 반면, 방향이 정해져 있지 않은 동사인 '부정태동사'는 하나의 목적지나 방향을 정하지 않고, 여러 방향이나 불특정한 방향으로 걸어 다니거나 왕복으로 걸어 다니는 경우를 나타내며 ходи́ть 동사 (걸어 다니다)를 씁니다. 참고로, 모든 동작동사는 '정태-부정태'로 하나의 쌍을 이루고 있습니다. 그렇다면 이제 남은 두 가지의 '가다' 동사를 배워 볼까요? 운송 수단을 이용하면서 한 방향으로 이동하는 행위는 éхать동사 (타고 가다)로 나타내고, 여러 방향이나 왕복 이동 행위를 표현할 때는 éздить 동사를 사용합니다. 이제 지금까지 설명한 총 네 가지 '가다' 동사의 인칭 변화형과 과거형을 함께 배워 보겠습니다.

	걸어서		운송 수단 이용	
	정태동사	부정태동사	정태동사	부정태동사
	идти́ (걸어가다)	ходи́ть (걸어 다니다)	éхать (타고 가다)	éздить (타고 다니다)
я	иду́	хожу́	éду	éзжу
ты	идёшь	хо́дишь	éдешь	éздишь
он/она́/оно́	идёт	хо́дит	éдет	éздит
мы	идём	хо́дим	éдем	éздим

вы	идёте	хо́дите	е́дете	е́здите
они́	иду́т	хо́дят	е́дут	е́здят
과거형	шёл шла шло шли	ходи́л ходи́ла ходи́ло ходи́ли	е́хал е́хала е́хало е́хали	е́здил е́здила е́здило е́здили

동작동사의 예문을 살펴보기 전, 반드시 알아 둬야 할 용법이 있습니다. 이동하고자 하는 목적지를 전치사 в 또는 на 를 쓰고 난 후에 대격으로 나타내야 합니다. 이는 '~(으)로'라는 뜻이지만, 간혹 한국어 해석이 매끄럽지 못한 경우 '~을 (를)' 또는 '~에'라고 목적지를 표현하게 됩니다. 의문형에서는 'куда́(어디로)'라는 의문사를 통해 목적지를 묻는 형태 가 만들어집니다. 전치사 в 또는 на와 함께 쓰는 명사들의 구분은 앞서 전치격 파트에서 배운 내용과 동일하므로, 6과 를 참고하시면 됩니다.

[идти́ – ходи́ть]

예 **Куда́** ты идёшь?

너는 어디로 (걸어)가고 있니?

Я иду́ **в банк**.

나는 은행으로 (걸어)가고 있다.

Мы идём **домо́й**.

우리는 집으로 (걸어)가고 있다.

Ива́н хо́дит **в университе́т**.

이반은 (걸어서) 대학교를 다닌다.

Куда́ Ма́ша ходи́ла вчера́?

마샤는 어제 어디에 (걸어) 다녀왔니?

Ско́лько А́не лет? Она́ уже́ хо́дит.

아냐는 몇 살이니? 벌써 걸어 다니는구나.

[е́хать – е́здить]

예 **Куда́** вы е́дете?

너희는 어디로 (타고) 가고 있니?

Мы е́дем **в Москву́**.

우리는 모스크바로 (타고) 가고 있다.

Ка́ждую суббо́ту они́ е́здят **на мо́ре**.

매주 토요일에 그들은 바다로 (타고) 간다.

Куда́ ты е́здил ле́том?

너는 여름에 어디에 (타고) 다녀왔니?

Ле́том я е́здил **в Япо́нию**.

여름에 나는 일본에 (타고) 다녀왔다.

1.2 날다 / 달리다 / 수영하다

동작동사의 또 다른 기본형인 '날다', '달리다', '수영하다 또는 항해하다' 동사들을 살펴보겠습니다. 이 동사들도 마찬가 지로 방향성에 따라 정태동사와 부정태동사 형태로 나뉩니다. 각 동사의 원형과 인칭 변화형을 다음의 표를 참고하며 정리해 보겠습니다.

	날다		달리다		수영하다, 항해하다	
	정태동사	부정태동사	정태동사	부정태동사	정태동사	부정태동사
	летéть (날아가다)	летáть (날아다니다)	бежáть (달려가다)	бéгать (여러 방향으로 달리다)	плыть (한 방향으로 수영하다)	плáвать (여러 방향으로 수영하다)
я	лечý	летáю	бегý	бéгаю	плывý	плáваю
ты	летúшь	летáешь	бежúшь	бéгаешь	плывёшь	плáваешь
он/онá/онó	летúт	летáет	бежúт	бéгает	плывёт	плáвает
мы	летúм	летáем	бежúм	бéгаем	плывём	плáваем
вы	летúте	летáете	бежúте	бéгаете	плывёте	плáваете
они	летя́т	летáют	бегýт	бéгают	плывýт	плáвают
과거형	летéл летéла летéло летéли	летáл летáла летáло летáли	бежáл бежáла бежáло бежáли	бéгал бéгала бéгало бéгали	плыл плылá плы́ло плы́ли	плáвал плáвала плáвало плáвали

[летéть – летáть]

예 Птúцы летя́т **на юг**.　　　　　　새들은 남쪽으로 날아간다.

Кудá летúт самолёт?　　　　　비행기는 어디로 날아가고 있나요?

Ýтром летáл вертолёт.　　　　　아침에 헬리콥터가 날아다녔다.

Самолёты высокó летáют.　　　　비행기들은 높게 날아다닌다.

[бежáть – бéгать]

예 **Кудá** бегýт шкóльники?　　　　학생들은 어디로 뛰어가고 있니?

Я бегý **домóй**.　　　　　　　　나는 집으로 뛰어간다.

Спортсмéны бéгают на стадиóне.　운동선수들은 경기장에서 뛰어다닌다.

По ýтрам он лю́бит бéгать.　　　그는 아침마다 뛰어다니는 것을 좋아한다.

[плыть – плáвать]

예 Дéвушка плáвала в бассéйне.　　아가씨는 수영장에서 수영을 했다.

Почемý он плывёт **тудá**?　　　왜 그는 저쪽으로 수영하고 있니?

Ры́ба плáвает в аквáриуме.　　　물고기는 아쿠아리움에서 헤엄친다.

Онú плы́ли **на мáленький óстров**.　그들은 작은 섬으로 헤엄쳐 갔다.

1.3 가지고 가다 / 데리고 가다 / 운반하다

지금까지 배운 동작동사들은 모두 자동사들입니다. 그렇다면 타동사 형태의 동작동사는 어떤 것들이 있을까요? 이들은 화자의 움직임뿐만 아니라, 사물 또는 사람을 운반하거나 데리고 가는 행위를 나타내기 때문에 주로 동사 다음에 대격으로 변화된 명사를 함께 씁니다. 먼저 화자가 걸어서 이동하면서 자신의 힘으로 휴대하거나 소지한 상태로 대상을 이동시키는 경우에 нести (정태동사: 가지고 가다, 들고 가다) носить (부정태동사: 가지고 다니다, 지니다) 동사를 사용합니다. 화자가 누군가를 데리고 걸어가는 행위는 вести (정태동사: 데리고 가다) водить (부정태동사: 데리고 다니다) 동사로 표현합니다. 그리고 화자가 운송 수단을 이용하여 사물이나 사람을 이동 또는 운반하는 경우에는 везти (정태동사: 운송 수단을 이용하여 데리고 가다 또는 운반하다) возить (부정태동사: 운송 수단을 이용하여 데리고 다니다 또는 운반하여 다니다) 동사를 쓰고, 간혹 운송 수단 자체를 주어로 사용하기도 합니다. 지금 학습하는 이 동사들은 유독 한국어의 뜻과 동사의 인칭 변화형이 헷갈리기 쉬운 형태이므로, 정확하게 구분하여 익혀야 합니다.

	가지고 가다 (들고 가다)		(걸어서) 데리고 가다		(타고) 데리고 가다, 운반하다	
	정태동사	부정태동사	정태동사	부정태동사	정태동사	부정태동사
	нести́ (들고 가다)	носи́ть (지니다)	вести́ (데리고 가다)	води́ть (데리고 다니다)	везти́ (타고) 데리고 가다	вози́ть (타고) 데리고 다니다
я	несу́	ношу́	веду́	вожу́	везу́	вожу́
ты	несёшь	но́сишь	ведёшь	во́дишь	везёшь	во́зишь
он/она́/оно́	несёт	но́сит	ведёт	во́дит	везёт	во́зит
мы	несём	но́сим	ведём	во́дим	везём	во́зим
вы	несёте	но́сите	ведёте	во́дите	везёте	во́зите
они́	несу́т	но́сят	веду́т	во́дят	везу́т	во́зят
과거형	нёс несла́ несло́ несли́	носи́л носи́ла носи́ло носи́ли	вёл вела́ вело́ вели́	води́л води́ла води́ло води́ли	вёз везла́ везло́ везли́	вози́л вози́ла вози́ло вози́ли

[нести́ – носи́ть]

예 Я несу́ **ноутбу́к** на рабо́ту.

나는 노트북을 들고 직장에 (걸어)간다.

Она́ несёт **ребёнка** на рука́х в банк.

그녀는 아이를 양손에 안고 은행으로 (걸어)간다.

Почему́ ты всегда́ но́сишь с собо́й **па́спорт**?

왜 너는 항상 여권을 가지고 다니니?

[вести́ – води́ть]

예 Ра́ньше па́па води́л **меня́** в де́тский сад.
예전에 아빠는 나를 유치원에 (걸어서) 데려다주셨다.

Ива́н ведёт **подру́гу** в кафе́.
이반은 친구(여)를 데리고 카페로 (걸어)간다.

Гид во́дит **тури́стов** по центра́льной у́лице.
가이드는 중심 거리를 따라 관광객을 데리고 (걸어) 다닌다.

[везти́ – вози́ть]

> **예** Ба́бушка везёт **вну́ка** в коля́ске домо́й.
> 할머니는 유모차에 손자를 태우고 집으로 간다.
>
> Туристи́ческий авто́бус вози́л **нас** по Сеу́лу.
> 관광버스는 우리를 태우고 서울을 돌아다녔다. (우리는 관광버스를 타고 서울을 돌아다녔다.)
>
> Они́ везу́т мой **чемода́н** в аэропо́рт.
> 그들은 내 캐리어를 공항으로 (운송 수단을 이용하여) 운반한다.

mini test

1 주어진 동사 중 알맞은 것을 골라 문법에 맞게 바꾸어 빈칸을 채우세요.

1) Вчера́ Со́ня _____ в Хаба́ровск. Со́ня ча́сто _____ туда́, потому́ что там живёт её сын. (е́хать – е́здить)
어제 소냐는 하바롭스크에 다녀왔다. 그곳에 아들이 살기 때문에 소냐는 하바롭스크에 자주 간다.

2) Когда́ мы _____ на по́чту, мы встре́тили Ка́тю на у́лице. (идти́ – ходи́ть)
우리는 우체국에 가는 길에 거리에서 까쨔를 만났다.

3) Твой ста́рший брат плове́ц? Он так хорошо́ _____ в мо́ре. (плыть – пла́вать)
너의 형(오빠)은 수영 선수니? 바다에서 수영을 정말 잘한다.

4) Де́ти _____ в магази́н. (бежа́ть – бе́гать)
아이들은 상점에 뛰어갔다 왔다.

5) Я всегда́ _____ большу́ю су́мку в шко́лу. Но сего́дня я _____ ма́ленькую су́мку. (нести́ – носи́ть)
나는 항상 학교에 큰 가방을 가지고 다닌다. 그러나 오늘은 작은 가방을 가지고 갔다.

2 다음 괄호 안에 주어진 동사를 주어에 따라 현재형 인칭 변화시키세요.

1) (везти́) Мы _____ / Я _____ / Вы _____

2) (плыть) Они́ _____ / Ты _____ / Она́ _____

3) (ходи́ть) Он _____ / Мы _____ / Я _____

4) (води́ть) Ты _____ / Они́ _____ / Я _____

- -

정답 1 1) Вчера́ Со́ня **е́здила** в Хаба́ровск. Со́ня ча́сто **е́здит** туда́, потому́ что там живёт её сын.

2) Когда́ мы **шли** на по́чту, мы встре́тили Ка́тю на у́лице.

3) Твой старший брат плове́ц? Он так хорошо́ **пла́вает** в мо́ре.

4) Де́ти **бе́гали** в магази́н.

5) Я всегда́ **ношу́** большу́ю су́мку в шко́лу. Но сего́дня я **нёс (несла́)** ма́ленькую су́мку.

2 1) Мы везём / Я везу́ / Вы везёте

2) Они́ плыву́т / Ты плывёшь / Она́ плывёт

3) Он хо́дит / Мы хо́дим / Я хожу́

4) Ты во́дишь / Они́ во́дят / Я вожу́

2.1 교통수단 표현

우리는 앞서 동작동사 éхать, éздить, везти́, вози́ть를 화자가 운송 수단을 이용하며 움직일 때 사용한다고 배웠습니다. 이번에는 정확히 어떤 수단을 이용하는지까지 표현할 수 있는 방법을 알아보겠습니다. 형태는 두 가지로, '전치사 на+전치격(교통수단)'으로 나타내는 방법과, 전치사 없이 조격(교통수단)을 쓰는 방법입니다. 의미상 특별한 차이점은 없으며, 일반적으로는 전치격과 함께 쓰는 방법을 더욱 자주 사용하는 편입니다.

> **예** Моя́ дочь éздит в шко́лу **на авто́бусе** (= авто́бусом).
> 내 딸은 버스를 타고 학교에 다닌다.
>
> **На чём** ты éдешь в теа́тр? **На тролле́йбусе** (= Тролле́йбусом) или **на метро́**(불변명사)?
> 너는 극장에 무엇을 타고 가고 있니? 전동 버스로 아니면 지하철로?

2.2 접두사+동작동사

이제 동작동사의 심화 학습으로, 지금까지 배운 동작동사 기본형 앞에 각각의 의미를 가지고 있는 다양한 접두사를 붙여 좀 더 구체적인 이동 또는 움직임을 나타내는 표현을 배워 보겠습니다. '접두사+동작동사'의 결합을 하나씩 살펴보기에 앞서, 먼저 이 동사들의 상을 구분하는 방법을 익혀 볼까요? 접두사가 붙지 않은 동작동사(идти́, éхать 등)는 모두 불완료(НСВ)형이지만, 접두사가 결합되면 동사의 상은 나뉩니다. 접두사가 정태동사와 결합되면 완료(СВ)형이, 부정태동사와 결합되면 불완료(НСВ)형이 됩니다. 예를 들어, нести́(정태)와 носи́ть(부정태)동사들은 불완료(НСВ)형이지만, 접두사 при를 결합한다면 принести́는 완료형으로, приноси́ть는 불완료형으로 바뀝니다. 참고로 '접두사+동작동사' 결합 시 기본형에서 철자가 바뀌거나 추가되는 경우가 있습니다. 따라서 각 동사들이 어떤 형태를 갖추었는지 꼼꼼히 살펴봐야 합니다.

2.2.1 접두사 в 🔜

동작동사와 접두사 в를 결합하면 화자(주체)의 '내부로 이동' 즉, 안으로 들어가는 움직임을 나타냅니다. 동작동사 기본형 중 대표적인 4가지 '가다' 동사들과 결합해 보면 아래의 표와 같습니다.

접두사 **в**+동작동사 ⇒ 안으로 이동			
부정태동사	정태동사	부정태동사	정태동사
входи́ть (НСВ)	войти́ (СВ)	въезжа́ть (НСВ)	въéхать (СВ)

> **예** Она́ вошла́ в мою́ ко́мнату.   그녀는 내 방으로 들어왔다.
>
> Наш авто́бус то́лько что въéхал в го́род.   우리 버스는 방금 도시로 진입했다.

2.2.2 접두사 вы ⬚➡

'접두사 вы+동작동사'는 접두사 в와 반대 개념으로, 화자(주체)의 '외부로 이동' 즉, 밖으로 나가는 움직임을 표현합니다. 이 동사들은 목적지뿐만 아니라 출발하는 장소도 함께 쓰게 됩니다. 출발지를 나타내는 전치사는 из와 с이고, 뒤에 오는 명사는 생격으로 바꿔 줍니다. 목적지를 표현할 때 전치사 в와 함께 쓰는 장소로부터 출발하거나 떠나게 되면 전치사 из, 전치사 на와 함께 쓰는 장소에는 반대 의미로 전치사 с를 써야 합니다.

접두사 вы+동작동사 ⇒ 밖으로 이동

부정태동사	정태동사	부정태동사	정태동사
выходи́ть (НСВ)	вы́йти (СВ)	выезжа́ть (НСВ)	вы́ехать (СВ)

예 Обы́чно я выхожу́ из до́ма в 8 часо́в.　　나는 보통 8시에 집에서 나온다.

Когда́ он вы́ехал с парко́вки?　　그는 언제 주차장에서 나갔니?

2.2.3 접두사 при ➡⬚ / у ⬚➡

접두사 при가 동작동사와 결합하면 화자(주체)가 목적지에 완전히 도착했다는 의미이고, 접두사 у는 반대로 떠나 버리거나 이미 출발지로부터 멀리 떨어져 있는 경우입니다. 이 동사들도 마찬가지로 여러 전치사들과 함께 출발지와 도착지를 모두 표현할 수 있습니다.

접두사 при+동작동사 ⇒ 도착

부정태동사	정태동사	부정태동사	정태동사
приходи́ть (НСВ)	прийти́ (СВ)	приезжа́ть (НСВ)	прие́хать (СВ)

접두사 у+동작동사 ⇒ 떠남

부정태동사	정태동사	부정태동사	정태동사
уходи́ть (НСВ)	уйти́ (СВ)	уезжа́ть (НСВ)	уе́хать (СВ)

예 Мы прие́дем домо́й по́здно.　　우리는 집에 늦게 도착할 것이다.

Во ско́лько вы обы́чно ухо́дите с рабо́ты?　　당신은 보통 몇 시에 퇴근하나요?

Ма́ша прие́хала из Росси́и.　　마샤는 러시아에서 왔다.

Молоды́е лю́ди уе́хали из дере́вни.　　젊은이들은 시골을 떠났다.

2.2.4 접두사 под ➡⬚ / от ⬚➡

접두사 под는 화자가 목적지에 가까이 접근하거나 다가가는 경우에 사용하며, 목적지는 전치사 к(~쪽으로)와 여격으로 나타냅니다. 반대로 어떤 장소나 대상으로부터 서서히 멀어지는 상황에서는 접두사 от와 동작 동사를 결합하여 사용합니다. 멀어지는 대상은 전치사 от(~(으)로부터)와 생격으로 표현합니다.

접두사 под+동작동사 ⇒ 접근

부정태동사	정태동사	부정태동사	정태동사
подходи́ть (НСВ)	подойти́ (СВ)	подъезжа́ть (НСВ)	подъе́хать (СВ)

접두사 от+동작동사 ⇒ 멀어짐			
부정태동사	정태동사	부정태동사	정태동사
отходи́ть (НСВ)	отойти́ (СВ)	отъезжа́ть (НСВ)	отъе́хать (СВ)

예 Он подошёл к остано́вке.   그는 정류장 쪽으로 (걸어서) 다가갔다.

Такси́ подъезжа́ет к на́шему до́му.   택시는 우리 집 쪽으로 접근해 온다.

Лю́ди отошли́ от огня́.   사람들은 불로부터 멀어졌다.

От чего́ ты отъе́хал?   너는 무엇으로부터 (타고) 멀어졌니?

2.2.5 접두사 пере 🔲➡️

화자가 한 장소로부터 다른 장소로 이동하면 접두사 пере와 동작동사를 결합하여 쓰게 됩니다. 기본형 идти́ / ходи́ть와 결합된 형태는 도로나 다리를 건너는 행위로 자주 사용되고 전치사 че́рез(지나서, 건너)를 함께 쓰기도 합니다. 기본형 е́хать / е́здить가 접두사 пере를 만나면 '이사 가다' 또는 '멀리 이동하다'라는 의미를 갖게 됩니다.

접두사 пере+동작동사 ⇒ A에서 B로 이동			
부정태동사	정태동사	부정태동사	정태동사
переходи́ть (НСВ)	перейти́ (СВ)	переезжа́ть (НСВ)	перее́хать (СВ)

예 Как мы перейдём э́ту доро́гу?   우리는 이 길을 어떻게 건너지?

Мно́гие переезжа́ют в США.   많은 사람들은 미국으로 이민을 간다.

2.2.6 접두사 про ⬜➡️

접두사 про는 화자가 어떤 장소(대상)를 통과하거나 옆으로 지나갈 때 사용합니다. 동사 다음에 대격 형태의 명사를 바로 쓰거나, 전치사 че́рез(통해)나 ми́мо(옆에, 곁에)와 같이 쓸 수 있습니다.

접두사 про+동작동사 ⇒ 통과, 지나감			
부정태동사	정태동사	부정태동사	정태동사
проходи́ть (НСВ)	пройти́ (СВ)	проезжа́ть (НСВ)	прое́хать (СВ)

예 Анто́н ча́сто прохо́дит ми́мо меня́.   안톤은 자주 나를 지나친다.

Ты прое́хала на кра́сный свет.   너는 빨간불에 지나갔다.

2.2.7 접두사 за

접두사 за는 두 가지의 용법이 있는데, 먼저 '잠시 들르다'라는 뜻으로 화자가 최종 목적지에 가기 전에 잠시 다른 장소 (대상)를 방문하는 행위를 나타냅니다. 또 다른 용법은 '전치사 за+대격' 표현과 함께 쓰고, 화자가 어떤 장소나 대상 뒤로 몸을 숨기는 경우를 나타냅니다.

접두사 за+동작동사 ⇒ 잠시 들르다, 뒤로 숨다			
부정태동사	정태동사	부정태동사	정태동사
заходи́ть (НСВ)	зайти́ (СВ)	заезжа́ть (НСВ)	зае́хать (СВ)

예 По доро́ге на рабо́ту я зае́хал в банк.   나는 회사 가는 길에 은행을 들렀다.

Со́лнце зашло́ за облака́.   태양이 구름 뒤에 가려졌다.

2.2.8 접두사 о

접두사 о와 동작동사가 결합하면 '우회하다, 주위를 돌아가다'라는 의미로, 화자가 어떤 장소나 대상의 주변을 돌아서 움직이는 모습을 표현합니다. 동사 다음에 대격 형태의 명사를 바로 쓰거나, 전치사 вокру́г(주위에, 둘레에)와 명사를 생격으로 바꿔 쓰기도 합니다.

접두사 о(об)+동작동사 ⇒ 우회하다, 주위를 돌아가다			
부정태동사	정태동사	부정태동사	정태동사
обходи́ть (НСВ)	обойти́ (СВ)	объезжа́ть (НСВ)	объе́хать (СВ)

예 Тури́сты обошли́ вокру́г изве́стного па́мятника.
관광객들은 유명한 동상 주변을 돌아갔다.

Води́тель авто́буса объе́хал ко́шку на шоссе́.
버스 기사는 고속 도로에 있는 고양이를 피해 갔다.

2.2.9 접두사 до

'접두사 до+동작동사'는 '도달하다, 다다르다'라는 의미를 가지며, 화자가 목적지에 거의 도달했거나 아주 가까운 위치에 다다르는 상황에서 사용됩니다. 동사 다음에 주로 전치사 до(~까지)와 목적지에 해당되는 명사를 생격으로 바꿔 씁니다.

접두사 до+동작동사 ⇒ 도달하다, 다다르다			
부정태동사	정태동사	부정태동사	정태동사
доходи́ть (НСВ)	дойти́ (СВ)	доезжа́ть (НСВ)	дое́хать (СВ)

예 Они́ с трудо́м дошли́ до це́нтра го́рода.   그들은 아주 힘겹게 시내에 도달했다.

По́езд не доезжа́ет до на́шего райо́на.   기차는 우리 동네까지 오지 않는다.

2.2.10 접두사 по □→

접두사 по는 예외적으로 동작동사 기본형과 결합되어 모두 완료(CB)형을 만듭니다. 화자가 어떤 장소로부터 출발한 지 얼마 되지 않은 상태를 의미합니다. '이제 막, 방금 떠났다'라는 의미를 덧붙여 해석해 보면 이해하기가 더 쉽습니다. '출발'이라는 뜻과 상관없이, 단순히 동작동사 기본형(идти́, ходи́ть, е́хать, е́здить)의 완료형을 표현할 때 접두 사 по를 붙이기도 합니다.

접두사 по+동작동사 ⇒ 출발			
부정태동사	정태동사	부정태동사	정태동사
походи́ть (CB)	пойти́ (CB)	пое́здить (CB)	пое́хать (CB)

예 Где И́ра? Она́ пошла́ домо́й.   이라는 어디에 있니? 그녀는 집에 갔어.

Куда́ вы пое́дете за́втра?   당신은 내일 어디로 가나요?

---

mini test

1 주어진 문장에서 동사와 전치사를 바꾸어 <u>반대</u> 의미를 나타내 보세요.

1) Я прие́хал в Коре́ю.   나는 한국에 도착했다.

2) Он войдёт в аудито́рию.   그는 강의실에 들어갈 것이다.

3) Она́ подошла́ к соба́ке.   그녀는 강아지 쪽으로 다가갔다.

4) Когда́ ты уе́дешь из Сеу́ла?   너는 언제 서울을 떠날 거니?

5) Сейча́с Ма́ша выхо́дит из о́фиса.   지금 마샤는 회사에서 나오고 있다.

....

정답 1 1) Я уе́хал из Коре́и.   나는 한국을 떠났다.

2) Он вы́йдет из аудито́рии.   그는 강의실에서 나올 것이다.

3) Она́ отошла́ от соба́ки.   그녀는 강아지로부터 멀어졌다.

4) Когда́ ты прие́дешь в Сеу́л?   너는 언제 서울에 도착하니?

5) Сейча́с Ма́ша вхо́дит в о́фис.   지금 마샤는 회사로 들어간다.

Упражнения

❶ 주어진 단어 뜻을 고려하여 괄호 안에 있는 동사 중 알맞은 것을 골라 올바르게 바꿔 보세요.

1) Cáши нет дóма. Он _____떠났다_____ в аэропóрт.

(приéхать – уéхать)

2) Я обы́чно _____건넌다_____ у́лицу по пешехóдному перехóду.

(переходи́ть – перейти́)

3) Онá поéдет домóй на троллéйбусе и по дорóге _____잠시 들를 것이다_____ в кни́жный магази́н.

(зайти́ – заéхать)

4) Маши́на немнóго _____멀어졌다_____ от здáния и останови́лась.

(уéхать – отъéхать)

5) Лю́ди стоя́ли дóлго, а потóм _____갔다_____ вперёд.

(пойти́ – дойти́)

6) Кáждую óсень мои́ друзья́ _____온다_____ в Сеу́л.

(приéхать – приезжáть)

7) Он _____데리고 간다_____ Áню на мотоци́кле.

(нести́ – везти́)

8) Кáждый день круи́зное су́дно _____항해하다_____ из Норвéгии в Швéцию.

(плáвать – води́ть)

❷ 괄호 안의 동사를 이용하여 한국어 문장을 러시아어로 작문하세요.

1) 너는 지금 어디로 뛰어가고 있니? (бежáть)

→ _____

2) 수영 선수들은 사할린섬으로 수영하고 있다. (плыть)

→ _____

3) 당신은 박람회에 자주 가나요? (ходи́ть)

→ _____

4) 비카는 저녁마다 공원에 강아지를 데리고 (걸어)간다.　　　　(води́ть)

→ _____

5) 왜 그녀는 큰 배낭을 가지고 직장에 가나요?　　　　　　　(нести́)

→ _____

6) 작은 새가 남쪽으로 날아간다.　　　　　　　　　　　　(лете́ть)

→ _____

7) 토요일에 우리 가족은 베트남에 갈 것이다.　　　　　　　(пое́хать)

→ _____

8) 알렉세이는 여름에 어디에 다녀왔니?　　　　　　　　　(е́здить)

→ _____

📖 작문으로 만들어 보는 나만의 쏠쏠한 회화사전

A : _____　당신은 어디로 가고 있나요?

B : _____　저는 카페로 **가고** 있습니다.

A : _____　당신은 어제 어디에 다녀 왔나요?

B : _____　저는 시내에 **다녀**왔습니다.

A : _____　당신은 보통 언제 집에 오나요?

B : _____　저는 보통 6시에 집에 **옵니다.**

A : _____　당신은 내일 어디에 갈 예정인가요?

B : _____　저는 내일 시장에 **갈 예정입니다.**

☞ 정답 확인은 234페이지

🔬 오늘의 도전 문장 확인!

Ка́ждое у́тро я бе́гаю по бе́регу реки́, а по воскресе́ньям пла́ваю в бассе́йне.

Уро́к 15 연습 문제 **141**

부모님은 항상 아이들을 걱정하신다.

Роди́тели всегда́ беспоко́ятся о детя́х.

16강

오늘의 목표 전치격 지배 전치사, 동사, 특수 용법을 익히면서 전치격을 종합적으로 학습해 봅니다.

오늘의 도전 문장 ✏️
사람들이 나의 도움을 필요로 하기 때문에, 나는 그들을 돌보고 있다.

이번 과에서는 6과에서 배운 전치격을 좀 더 심도 있게 익혀 보겠습니다. 6과에서 전치격의 격 변화 어미에 대해 전반적으로 학습했다면, 이번 과에서는 전치격과 함께 쓰는 전치사와 동사에 대해 알아보고, 전치격 특수 용법까지 익히겠습니다. 앞서 배운 내용을 되짚어 보며 전치격의 보다 심화된 내용까지 종합적으로 살펴보겠습니다.

1 전치격 지배 전치사

전치격과 함께 쓰는 전치사는 в, на, о, при가 있습니다. 그중 먼저 이미 배운 전치사 в, на, о의 쓰임을 다시 한번 기억해 보겠습니다. 기본적으로 전치사 в, на는 장소나 위치를 나타낼 때 사용합니다. 전치사 в는 '~안에', 전치사 на는 '~위에'의 의미입니다.

예 Телефо́н в карма́н**е**.	전화기는 주머니 안에 있다.
Ко́шка на кры́ш**е**.	고양이는 지붕 위에 있다.
Кошелёк в су́мк**е**.	지갑은 가방 안에 있다.

이외에 좀 더 넓은 의미로 '~에서'라는 장소 표현도 있습니다. 전치사 в는 건물과 같이 사방이 막힌 공간, 지역명이나 행정 구역과 같이 경계가 뚜렷한 장소 앞에 쓰이고 전치사 на는 열린 공간, 방위, 어떤 사건을 의미하는 명사, 추상적 공간 앞에 쓰입니다.

예 Я рабо́таю в ба́нк**е**.	나는 은행에서 일한다.
Сейча́с он на у́лиц**е**.	그는 지금 거리에 있다.
Мы живём в Коре́**е**.	우리는 한국에 산다.
Шко́льники на уро́к**е**.	학생들은 수업 중이다.

전치사 о는 '~에 대하여', '~에 관하여'라는 뜻을 가지고 있습니다. 바로 뒤에 오는 단어가 모음 а, у, э, и, о로 시작하면 о 대신 об로 바뀌는 점에 유의하세요.

예 Я ча́сто смотрю́ фи́льмы о войне́.	나는 전쟁에 관한 영화를 자주 본다.
О **ком** ты ду́маешь?	너는 누구에 대해 생각하고 있니?
Профе́ссор расска́зывал нам об исто́р**ии** Росси́и.	
교수님은 우리에게 러시아 역사에 대해 이야기해 주셨다.	

전치사 при도 직접적인 장소 표현이 아닌 '~소속의', '~부속의', '~시대에', '~때에', '~상황에'와 같이 일종의 시간 또는 추상적인 장소를 나타날 때 사용합니다. 예문을 통해 좀 더 확실하게 알아보겠습니다.

예 Мой мла́дший брат у́чится в вы́сшей шко́ле **при** университе́те.
내 남동생은 대학 부속 고등학교에 다닌다.

Го́род Санкт-Петербу́рг постро́или **при** Петре́ I.
표트르 1세 시대에 상트페테르부르크를 만들었다.

Почему́ нельзя́ мы́ться **при** высо́кой температу́ре?
열이 높을 때는 왜 씻으면 안 되나요?

mini test

1 다음 빈칸에 적절한 전치사를 골라 문장을 완성하세요.

① о   ② на   ③ при   ④ в

1) Что ты покупа́ешь _____ ры́нке?   너는 시장에서 무엇을 사니?

2) Он ничего́ не зна́ет _____ тебе́.   그는 너에 대해 아무것도 모른다.

3) Они́ живу́т _____ дере́вне.   그들은 시골에 살고 있다.

4) Наш дом нахо́дится _____ ю́ге Сеу́ла.   우리 집은 서울의 남쪽에 위치해 있다.

5) Что де́лать _____ встре́че с ти́гром?   호랑이를 만나면 무엇을 해야 할까?

2 다음 밑줄 친 부분에서 틀린 곳을 찾아 바르게 고치세요.

1) Вы говори́те о Ива́не?   당신은 이반에 대해 말하고 있는 건가요?

2) Ра́ньше я рабо́тал в Япо́ние.   예전에 나는 일본에서 일했다.

3) Ко́ля гуля́ет на па́рке.   꼴랴는 공원에서 산책을 하고 있다.

정답 **1** 1) Что ты покупа́ешь на (②) ры́нке?
2) Он ничего́ не зна́ет о (①) тебе́.
3) Они́ живу́т в (④) дере́вне.
4) Наш дом нахо́дится на (②) ю́ге Сеу́ла.
5) Что де́лать при (③) встре́че с ти́гром?

2 1) Вы говори́те об Ива́не?
2) Ра́ньше я рабо́тал в Япо́нии.
3) Ко́ля гуля́ет в па́рке.

2 전치격 지배 동사

이번에는 전치격과 함께 써야 하는 동사들에 대해 배우겠습니다. 물론 단순히 전치격만이 아닌 전치사(в, на, о, при)도 함께 사용해야 합니다. 일종의 '숙어'라고 생각하면 쉽습니다. 이제 전치격 지배 동사는 어떤 동사들이 있으며 어떤 전치사와 결합하여 사용되는지 알아보겠습니다.

находи́ться		위치해 있다, 소재하다
располага́ться	+в / на 전치격	장소를 차지하다, 자리하다
остана́вливаться		멈추다, 머무르다

예 Моя́ рабо́та нахо́дится **в** це́нтре го́рода.　　　나의 직장은 시내에 위치해 있다.

Рестора́н располага́ется **на** центра́льной у́лиц**е**.　레스토랑은 중앙 거리에 자리 잡고 있다.

В како́й гости́ниц**е** вы остана́вливаетесь в Москве́?
당신은 모스크바에서 어떤 호텔에서 머무르고 계시나요?

сомнева́ться		의심하다
нужда́ться		~을(를) 필요로 하다, 부족하다
убежда́ться	+в 전치격	~을(를) 확신하다, 장담하다
разбира́ться		~에 정통하다, 이해되다
уча́ствовать		~에 참여 / 참가 / 참석하다

예 Бе́дные де́ти нужда́ются **в** по́мощ**и**.　　　가난한 아이들은 도움을 필요로 한다.

Не́которые лю́ди убежда́ются **в** существова́н**ии** Бо́га.
일부 사람들은 신의 존재를 확신한다.

Э́тот спортсме́н уча́ствует **в** Олимпиа́де.　　　이 운동선수는 올림픽에 출전한다.

жени́ться	+на 전치격	(남자가) 결혼하다
наста́ивать		주장하다, 고수하다

예 Молодо́й челове́к хо́чет жени́ться **на** краси́вой де́вушк**е**.
젊은 청년은 아름다운 아가씨와 결혼하기를 원한다.

Почему́ ты наста́иваешь то́лько **на** твоём мне́н**ии**?
왜 너는 오로지 너의 의견만 주장하고 있니?

беспоко́иться		걱정하다, 고민하다
волнова́ться	+o 전치격	흥분하다, 떨리다, 걱정하다
забо́титься		보살피다, 돌보다, 걱정하다
сообща́ть		보도하다, 알리다

예 Роди́тели всегда́ беспоко́ятся **о** дет**я́х**.   부모님은 항상 아이들을 걱정하신다.

Медсестра́ забо́тится **о** пацие́нт**ах**.   간호사는 환자들을 보살핀다.

СМИ сообща́ют **о** сме́рт**и** поли́тика.   언론은 정치인의 죽음에 대해 보도하고 있다.

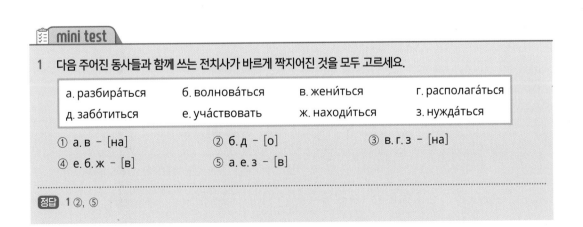

mini test

1   다음 주어진 동사들과 함께 쓰는 전치사가 바르게 짝지어진 것을 모두 고르세요.

а. разбира́ться	б. волнова́ться	в. жени́ться	г. располага́ться
д. забо́титься	е. уча́ствовать	ж. находи́ться	з. нужда́ться

① а. в – [на]   ② б. д – [о]   ③ в. г. з – [на]

④ е. б. ж – [в]   ⑤ а. е. з – [в]

정답   1 ②, ⑤

3.1 전치격 어미 -y

일부 남성 명사들 중 장소를 표현할 때 전치격 어미 -e가 아닌 -y를 취하는 경우가 있습니다. 이때 강세는 항상 -y에 온다는 점을 반드시 기억해야 합니다. 아래의 표를 참고하여 전치격 특수형 어미 -y를 따르는 명사들을 알아보겠습니다.

주격	전치격	주격	전치격
сад	в саду́	аэропо́рт	в аэропорту́
лес	в лесу́	мост	на мосту́
пол	на полу́	порт	в порту́
шкаф	в шкафу́	бе́рег	на берегу́

예	Анто́н ждёт меня́ в аэропорту́.	안톤은 공항에서 나를 기다리고 있다.
	Ба́бушка собира́ет грибы́ в лесу́.	할머니는 숲에서 버섯을 따십니다.
	Почему́ Ка́тя спит на полу́?	왜 까쨔는 바닥에서 자니?
	Ма́ленькие де́ти игра́ют в саду́.	어린아이들이 정원에서 놀고 있다.

꼭 기억하세요!

장소 표현 시 전치격 어미 -y를 따르는 명사들도 '~에 대하여' 라는 의미로 전치사 o와 결합할 땐 전치격 어미 -e를 사용합니다.
예 *Лю́ди ду́мают о ле́се.* (о лесу́: x)

3.2 전치격을 사용하는 의복 표현

옷, 장갑, 모자, 안경, 장신구 등을 몸에 착용한 상태를 표현할 때에도 전치격을 사용합니다. 이때 전치사는 반드시 в와 결합하여 써야 합니다. 아래의 예문을 통해 표현을 익혀 보세요.

예	Вчера́ Ма́ша была́ в кра́сном пла́тье.	어제 마샤는 빨간 원피스를 입고 있었다.
	Вы не ви́дите па́рня в очка́х?	당신은 안경을 낀 청년이 안 보이시나요?
	Он пришёл в джи́нсах на вечери́нку.	그는 청바지를 입고 파티에 왔다.
	Почему́ ты в тёплой ку́ртке?	왜 너는 따뜻한 점퍼를 입고 있니?

3.3 전치격을 사용하는 시간 표현

전치격의 또 다른 용법으로 주, 월, 연도, 세기 등 시간을 나타내는 표현이 있습니다. '월', '연도', '세기' 표현에서는 전치사 в와, '주' 표현에서는 전치사 на와 결합합니다.

전치사 в와 결합하는 시간 표현 명사	
ме́сяц 월	**в** про́шлом ме́сяц**е** 지난달에
год 연도	**в** э́том год**у́** 올해에
век 세기	**в** 21(-ом) ве́к**е** 21세기에

전치사 на와 결합하는 시간 표현 명사	
неде́ля 주	**на** сле́дующей неде́л**е** 다음 주에

예 Шко́льники око́нчили шко́лу **в** феврал**е́**.   학생들은 2월에 학교를 졸업했다.

Наш де́душка роди́лся **в** 20(-ом) ве́к**е**.   우리 할아버지는 20세기에 태어나셨다.

Что ты бу́дешь де́лать **на** э́той неде́л**е**?   너는 이번 주에 무엇을 할 예정이니?

Мы прие́хали в Росси́ю **в** про́шлом год**у́**.   우리는 작년에 러시아에 왔다.

---

mini test

1 다음 주어진 단어를 문법에 맞게 사용하여 문장을 완성해 보세요.

1) Ва́ше пальто́ виси́т (мой шкаф).   당신의 외투는 내 옷장에 걸려 있다.

2) Я ничего́ не зна́ю (но́вый аэропо́рт).   나는 신공항에 대해 아무것도 모른다.

3) Позавчера́ она́ была́ (чёрная ю́бка).   그녀는 그저께 검정색 치마를 입었다.

4) Кани́кулы начали́сь (про́шлая неде́ля).   방학은 지난주에 시작되었다.

2 다음 보기 중 문법상 올바르지 **않은** 것을 골라 바르게 고쳐 보세요.

① Моя́ дочь игра́ет в де́тском саду́.

② Са́ша поступи́л в университе́т в ма́рте.

③ Мы купи́м дом на сле́дующем го́де.

- -

정답 **1** 1) Ва́ше пальто́ виси́т в моём шкафу́.

     2) Я ничего́ не зна́ю о но́вом аэропо́рте.

     3) Позавчера́ она́ была́ в чёрной ю́бке.

     4) Кани́кулы начали́сь на про́шлой неде́ле.

   2 ③ Мы купи́м дом в сле́дующем году́.

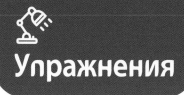

Упражнения

❶ 다음 주어진 단어를 사용하여 질문에 답해 보세요.

1) На какóй ýлице нахóдится твоя́ галерéя?　　　　(стáрая ýлица)

→ _____

2) На ком ваш дя́дя жени́лся?　　　　(ýмная дéвушка)

→ _____

3) В какóм мéсяце ты родилáсь?　　　　(янвáрь)

→ _____

4) В какóй блýзке Ви́ка пришлá к тебé?　　　　(я́ркая блýзка)

→ _____

5) О ком вы си́льно беспокóитесь?　　　　(мои́ сыновья́)

→ _____

6) В чём женá сейчáс сомневáется?　　　　(словá мýжа)

→ _____

7) Где располагáется нóвый отéль?　　　　(бéрег мóря)

→ _____

8) В какóм вéке жил Пýшкин?　　　　(19-ый век)

→ _____

❷ 다음 보기와 같이 단어들을 완전한 문장으로 만들어 보세요.

> **보기**
>
> (не, кто, собрании, в, участвовал)　　　누가 회의에 참석하지 않았나요?
>
> → Кто не учáствовал в собрáнии?

1) (стоят, мосту, почему, на, девочки)　　　왜 소녀들은 다리 위에 서 있나요?

→ _____

2) (в, близкого, он, аэропорту, друга, встретил)　　　그는 공항에서 친한 친구를 만났다.

→ _____

3) (неделе, к, я, на, поеду, вам, этой)   저는 이번 주에 당신에게 갈 거예요.

   → _____

4) (юбке, сестра, а, в, брат, футболке, в)   언니는 치마를 입고, 오빠는 티셔츠를 입고 있다.

   → _____

5) (этой, не, на, останавливается, автобус, остановке)   버스는 이번 정류장에 서지 않는다.

   → _____

6) (в, мама, гулять, лесу, любит)   엄마는 숲에서 산책하는 것을 좋아하신다.

   → _____

📖 작문으로 만들어 보는 나만의 쏠쏠한 회화사전

A : _____   당신은 누구와 결혼하고 싶으신가요?
B : _____   저는 **스베따와** 결혼하고 싶습니다.

A : _____   당신은 어제 무엇을 입고 출근했나요?
B : _____   저는 **원피스를 입고** 출근했습니다.

A : _____   당신은 몇 년도에 대학교를 졸업하셨나요?
B : _____   저는 **2018년도에** 졸업했습니다.

A : _____   당신은 어디에 앉아 있나요?
B : _____   저는 **강가에** 앉아 있어요.

🔬 오늘의 도전 문장 확인!

Люди нуждáются в моéй пóмощи, поэ́тому я забóчусь о них.

Урок 16 연습 문제 **149**

나는 돈이 필요하다.
Мне ну́жны де́ньги.

[🔊 17강]

오늘의 목표 여격 지배 전치사, 동사, 특수 용법을 익히면서 여격을 종합적으로 학습해 봅니다.

오늘의 도전 문장 ✏️

어제 저녁에 환자는 의사에게 갔어야 했다.

여격은 간접 목적어 역할 외에도 다양한 특수 용법이 있습니다. 특히 일상 회화 표현에는 여격이 자주 등장하므로 어떤 상황에서 여격이 쓰이는지 꼼꼼하게 살펴보고 익혀 둬야 합니다. 이번 17과에서는 여격과 함께 쓰는 전치사와 동사에 대해 알아보고, 여격 특수 용법을 배워 보겠습니다. 앞서 배운 내용을 다시 한 번 되짚어 보면서 여격의 종합적인 내용을 살펴보겠습니다.

1 여격 지배 전치사

여격과 함께 쓰는 전치사로는 к, по, благодаря́, навстре́чу 등이 있습니다. 먼저 전치사 к의 쓰임부터 배워 보겠습니다. 전치사 к는 기본적으로 '~(쪽)으로' 또는 '~에게'라는 뜻을 가지고 있고, 시간적이거나 공간적인 접근을 의미합니다. 주로 동작동사와 함께 사용하는 경우가 많습니다. 이외에도 감정의 표현 대상을 나타내며 특정 명사들과 함께 결합하여 쓰기도 합니다.

예	Ты ходи́ла **к** врачу́?	너는 의사에게 다녀왔니?

    Я пое́ду **к** Со́н**е** в Кита́й.　　　　　　나는 중국에 있는 소냐에게 갈 것이다.

    Авто́бус подхо́дит **к** остано́вк**е**.　　　　버스가 정류장 쪽으로 다가오고 있다.

    Де́ти верну́лись домо́й **к** ве́чер**у**.　　　아이들은 저녁 무렵에 집으로 돌아왔다.

интере́с + к	~에 대한 관심, 흥미	уваже́ние + к	~에 대한 존경
любо́вь + к	~에 대한 사랑	жа́лость + к	~에 대한 동정, 아쉬움
отноше́ние + к	~에 대한 태도, 관계	равноду́шие + к	~에 대한 무관심, 냉담
стремле́ние + к	~에 대한 지향, 갈망	не́нависть + к	~에 대한 증오, 혐오

예 У неё большо́й интере́с к литерату́р**е**.　　그녀는 문학에 관심이 많다.

    Что вы ду́маете о равноду́шии челове́ка к приро́д**е**?
인간의 자연에 대한 무관심에 대해 당신은 어떻게 생각하시나요?

전치사 по는 일반적으로 '~을(를) 따라' 또는 '~을(를) 통해'라고 해석하며 방법이나 수단을 이용하는 경우에 사용합니다. 또한 전치사 по 뒤에 오는 명사를 복수 여격으로 바꾸어 정기적인 시간·기간의 표현인 '~마다'라고 쓰는 경우도 있습니다. 전문 직업이나 학문의 분야, 영역, 범위를 나타날 때도 전치사 по가 사용됩니다. 예문을 통해 각각의 쓰임을 익혀 봅시다.

예 Мы гуля́ем **по** бе́регу реки́. 우리는 강가를 따라 산책하고 있다.

Я смотре́ла фильм **по** телеви́зору. 나는 TV를 통해 영화를 봤다.

По у́трам па́па покупа́ет газе́ты. 아빠는 아침마다 신문을 사신다.

Э́то уче́бник **по** ру́сскому языку́. 이것은 러시아어 교과서다.

전치사 благодаря́는 얼핏 보면 일반명사처럼 보이지만, '~덕분에'라는 뜻을 가진 전치사입니다. 보통 긍정적으로 작용한 원인이나 이유를 표현할 때 사용합니다.

예 Она́ поступи́ла в университе́т **благодаря́ вам**. 당신 덕분에 그녀는 대학교에 입학했다.

Благодаря́ его́ по́мощи мы зако́нчили рабо́ту во́время.
그의 도움 덕분에 우리는 제시간에 일을 끝냈다.

마지막으로 навстре́чу는 '~을(를) 향해서 / ~을(를) 마중하려고'라고 해석하며, 주로 움직이는 대상을 향해 이동할 때 사용합니다.

예 Кто пошёл **навстре́чу** на́шим гостя́м? 우리 손님들을 마중하러 누가 갔나요?

mini test

1 다음 주어진 단어에 따라 적절한 전치사를 추가하여 문장을 완성하세요.

1) На кани́кулах студе́нты е́здили (роди́тели). 방학 때 학생들은 부모님께 다녀왔다.

2) (Мой учи́тель) я сдал экза́мены. 나의 선생님 덕분에 나는 시험을 통과했다.

3) Ты покупа́ешь кни́ги (Интерне́т)? 너는 인터넷으로 책을 사니?

4) У нас хоро́шее отноше́ние (на́ши конкуре́нты). 우리는 우리 경쟁자들과 좋은 관계를 맺고 있다.

2 다음 문장에서 공통으로 들어갈 수 있는 전치사를 고르세요.

Он специали́ст ( ) эконо́мике.

Мы е́здим на мо́ре ( ) суббо́там.

Иди́те пря́мо ( ) коридо́ру!

① к ② навстре́чу ③ по ④ благодаря́ ⑤ в

정답 **1** 1) На кани́кулах студе́нты е́здили к роди́телям.

2) Благодаря́ моему́ учи́телю я сдал экза́мены.

3) Ты покупа́ешь кни́ги по Интерне́ту?

4) У нас хоро́шее отноше́ние к на́шим конкуре́нтам.

2 ③

2 여격 지배 동사

이번에는 여격과 함께 써야 하는 동사들에 대해 배워 보겠습니다. 전치사를 동반하지 않고 쓰는 동사들도 있고, 반드시 여격 지배 전치사와 함께 써야 하는 동사들도 있습니다. 먼저 한국어 문법의 목적격 조사인 '~에게'와 쓰임이 동일하여 익히기 쉬운 여격 지배 동사들을 알아보겠습니다.

дари́ть		선물하다
дава́ть		주다
пока́зывать	+ 여격	보여 주다
обеща́ть		약속하다
разреша́ть		허락하다

예 Они́ ча́сто да́рят мне кни́ги.　　　　그들은 자주 내게 책을 선물한다.

Гид пока́зывает тури́стам го́род Сеу́л.　　가이드는 관광객들에게 서울을 보여 주고 있다.

Шко́льники обеща́ют учи́телю не опозда́ть на уро́к.
학생들은 선생님에게 수업에 늦지 않을 것을 약속한다.

여격 지배 동사 중에는 한국어 문법과 달라 헷갈리기 쉬운 동사들도 있습니다. 한국어로는 이 동사들 다음에 '~을(를)'이라는 표현을 쓰기 때문에 여격이 아닌 대격(목적격)을 수반한다고 착각할 수 있습니다. 어떤 동사들인지 예문을 통해 정확히 익혀 보겠습니다.

ве́рить		믿다
помога́ть		도와주다
меша́ть	+ 여격 (+ 동사 원형)	방해하다
зави́довать		질투하다, 부러워하다

예 Анто́н помога́ет Све́те де́лать дома́шние зада́ния.
안톤은 스베따가 숙제하는 것을 도와준다.

Де́ти меша́ют ма́ме гото́вить у́жин.　　아이들은 엄마가 저녁을 준비하는 것을 방해한다.

Почему́ ты не ве́ришь мне?　　　　　왜 너는 나를 못 믿니?

여격 지배 전치사인 к와 반드시 함께 써야 하는 동사들도 있습니다. 이때는 기존의 배웠던 전치사 к의 쓰임인 '~(쪽)으로'나 '~에게'의 뜻과는 상관없이, 숙어처럼 익혀 두면 됩니다.

гото́виться		준비하다, 대비하다
стреми́ться		지향하다, 갈망하다, 애쓰다
обраща́ться	+ к 여격	방향을 바꾸다, 호소하다
привыка́ть		익숙해지다, 적응하다

예 Ма́ша гото́вится **к** контро́льной рабо́т**е**.　　　　마샤는 쪽지 시험을 준비하고 있다.

Бе́дные стра́ны стремя́тся **к** экономи́ческому разви́ти**ю**.
가난한 국가들은 경제 발전을 위해 애쓰고 있다.

Я не привыка́ю **к** но́вому кли́мат**у**.　　　　나는 새로운 기후에 적응하지 못한다.

📋 mini test

1 다음 보기 중 문법상 바르지 않은 문장을 모두 골라 고쳐 보세요.

① Ма́ма разреша́ет Али́се игра́ть в па́рке.
엄마는 알리사가 공원에서 노는 것을 허락한다.

② Почему́ ты не даёшь ему́ де́ньги?
왜 너는 그에게 돈을 주지 않니?

③ Мы не зави́дуем бога́тых люде́й.
우리는 부유한 사람들을 부러워하지 않는다.

④ Я помога́ю Ка́те реши́ть пробле́му.
나는 까쨔가 문제를 해결하는 것을 도와준다.

⑤ США гото́вятся проведе́ние Олимпиа́ды.
미국은 올림픽 개최를 준비하고 있다.

....

정답　1 ③ Мы не зави́дуем <u>бога́тым людя́м</u>.
　　　　⑤ США гото́вятся к <u>проведе́нию Олимпиа́ды</u>.

3.1 무인칭문의 의미상 주어

러시아어에서 동사가 아닌 다른 품사가 서술어처럼 쓰이는 경우가 있는데, 대표적으로 부사의 술어적 용법을 꼽을 수 있습니다. 이는 문법적으로 '무인칭문'이라고 분류하는데 주어를 주격으로 쓰지 않고, 행위나 상태의 주체를 여격으로 표현합니다. 또한 부사에 따라 동사 원형과 함께 쓰는 경우도 있습니다. 무인칭문의 과거 시제는 오로지 бы́ло, 미래는 бу́дет만을 사용합니다.

예	Мне о́чень жа́рко.	나는 너무 덥다.
	Сейча́с Алексе́ю ску́чно.	지금 알렉세이는 심심하다.
	Вчера́ нам бы́ло интере́сно.	우리는 어제 재미있었다.
	Со́не бу́дет тру́дно жить в А́фрике.	소냐는 아프리카에서 사는 것이 힘들 것이다.

일반적인 부사와 달리 가능, 불가능, 의무, 금지 등과 같은 뜻을 가진 단어들로 구성된 무인칭문을 따로 배워 보겠습니다. 특히 이 구문은 일상 회화 표현에서 자주 사용합니다. 의미상 주어는 마찬가지로 여격으로 쓰고, 과거와 미래 시제의 표현도 앞서 배운 내용과 동일합니다.

가능, 허가, 허용	мо́жно, возмо́жно	할 수 있다, ~해도 된다, 가능하다
불가능, 금지	нельзя́, невозмо́жно	할 수 없다, ~하면 안 된다, 불가능하다
필요, 의무	на́до, ну́жно, необходи́мо	(반드시) ~해야 한다, 필수적이다

예	Тебе́ мо́жно войти́ в ко́мнату.	너는 방에 들어가도 된다.
	Вам нельзя́ занима́ться спо́ртом.	당신은 운동을 하면 안 된다.
	В суббо́ту ма́ме на́до бы́ло купи́ть проду́кты.	토요일에 엄마는 식료품을 샀어야만 했다.
	Студе́нтам необходи́мо бу́дет сдать все экза́мены.	

학생들은 모든 시험을 통과해야 할 것이다.

3.2 나이 표현

기본 용법인 간접 목적어 역할 외에, 나이를 묻고 답하는 표현에서도 여격을 사용합니다. 나이의 주체를 여격으로 써야 하고, 과거, 미래 시제에서는 무인칭문과 동일한 문법이 적용됩니다. 성·수와 상관없이 과거 시제는 бы́ло, 미래는 бу́дет을 함께 씁니다. 또한 이 용법은 사람의 나이뿐만 아니라 지역, 건물 등이 얼마나 오래되었는지 나타내는 상황에서도 활용됩니다. 예문을 통해 나이 표현을 익히면서 앞서 배운 수사 문법도 다시 한 번 살펴보겠습니다.

예	Ско́лько вам лет?	당신의 나이는 어떻게 되시나요?
	Мне 15 лет.	저는 15살입니다.
	В сле́дующем году́ моему́ вну́ку бу́дет 3 го́да.	내년에 내 손자는 3살이 될 것이다.
	В 1992 году́ ей бы́ло 21.	1992년에 그녀는 21살이었다.
	Э́тому го́роду 500 лет.	이 도시는 500년이 되었다.

3.3 '마음에 들다(нра́виться)' 표현

한국인이 가장 많이 헷갈리는 문법 중 하나가 바로 동사 '마음에 들다(нра́виться)' 용법입니다. 마음에 들어하는 주체를 여격으로, 마음에 드는 대상을 주격으로 써야 합니다. 한국어 문법과 혼동하지 않도록 유의해야 하며, 특히 문법 상·의미상 다르게 구분되는 주체와 대상을 정확하게 파악해야 합니다.

예 Кака́я маши́на вам нра́вится?　　　　　당신에게 어떤 차가 마음에 드시나요?

Са́ше нра́вятся ру́сские блю́да.　　　　싸샤는 러시아 음식이 마음에 든다.

Коре́йским тури́стам о́чень нра́вится Москва́.　한국 관광객들은 모스크바가 매우 마음에 든다.

Нам не нра́вятся япо́нские фи́льмы.　　우리는 일본 영화가 마음에 들지 않는다.

3.4 '필요하다' 구문

여격의 마지막 특수 용법인 '필요하다' 구문은 구체적인 대상을 지칭하여 필요하다고 표현할 때 사용합니다. 이 표현도 '마음에 들다(нра́виться)' 용법처럼 한국어 문법과 다른데, 한국어는 필요한 주체를 나타낼 때 일반적인 주어처럼 명사에 '은, 는, 이, 가'를 붙여 사용합니다. 이와 같은 개념으로 러시아어에 적용해 보면 주격을 사용해야 하지만, 필요로 하는 대상을 주격, 필요한 주체를 여격으로 쓴다는 점을 기억해야 합니다.

'필요하다'라는 단어는 필요한 대상인, 즉 주격 명사의 성·수에 따라 ну́жен (남성), нужна́ (여성), ну́жно (중성), нужны́ (복수) 등 총 4가지 형태로 나뉩니다. 아래 다양한 예문을 통해 필요로 하는 주체와 대상을 문법상 어떻게 구분하는지 배워 보겠습니다.

예 Кому́ нужна́ моя́ по́мощь?　　　　　누가 내 도움이 필요한가요?

Мне нужны́ де́ньги.　　　　　　　　나는 돈이 필요하다.

Но́вой шко́льнице ну́жен но́утбук.　　새로운 학생은 노트북이 필요하다.

Ири́не ну́жно краси́вое кольцо́.　　　이리나는 예쁜 반지가 필요하다.

---

mini test

1 다음 주어진 단어를 문법에 맞게 사용하여 문장을 완성해 보세요.

1) Ско́лько (ваш дя́дя) лет?　　　　　당신의 삼촌은 몇 살인가요?

2) Почему́ (твои подру́ги) гру́стно?　왜 너의 친구들이 우울해하니?

3) Им нра́вятся (ру́сские сувени́ры).　그들은 러시아 기념품이 마음에 든다.

2 다음 중 문법상 빈칸에 알맞은 보기를 골라 적으세요.

① Ди́ма　　② Ди́ме　　③ вре́мя　　④ нужны́

1) Ему́ ну́жно _____.　　　　　그는 시간이 필요하다.

2) _____ ну́жен слова́рь.　　　지마는 사전이 필요하다.

3) Мне _____ друзья́.　　　　　나는 친구들이 필요하다.

4) И́нне нра́вится _____.　　　인나는 지마를 마음에 들어한다.

....

정답 **1** 1) Ско́лько **ва́шему дя́де** лет? 2) Почему́ **твои́м подру́гам** гру́стно? 3) Им нра́вятся **ру́сские сувени́ры**.

2 1) Ему́ ну́жно ③ **вре́мя**. 2) ② **Ди́ме** ну́жен слова́рь.

3) Мне ④ **нужны́** друзья́. 4) И́нне нра́вится ① **Ди́ма**.

Упражнения

❶ 다음 보기와 같이 주어진 정보를 이용하여 '필요하다' 표현을 만들어 보세요.

> **보기**
>
> 주체: Máша / 대상: 자동차 → Máше нужнá машúна

1) 주체: 미국 관광객들 / 대상: 가이드북 → _____

2) 주체: Сергéй / 대상: 포크 → _____

3) 주체: 여동생 / 대상: 연필들 → _____

4) 주체: 엄마 / 대상: 신선한 계란 → _____

5) 주체: 젊은 사람 / 대상: 키(열쇠) → _____

6) 주체: Владúмир / 대상: 우표 → _____

7) 주체: 나 / 대상: 우유 → _____

8) 주체: 그녀 / 대상: 과일들 → _____

❷ 다음 각 문장에서 문법상 틀린 부분을 찾아 알맞게 고쳐 보세요.

1) 너의 할아버지의 연세는 어떻게 되시니?   Скóлько твой дéдушка лет?

→ _____

2) 당신은 춥지 않나요?   Вы не хóлодно?

→ _____

3) 왜 그는 네가 쉬는 것을 방해하니?   Почемý он мешáет ты отдыхáешь?

→ _____

4) 내일 우리는 이 책을 다 읽어야 할 것이다.   Зáвтра мы нýжно прочитáть эту кнúгу.

→ _____

5) 지금 까쨔는 교수님께 가고 있다.   Сейчáс Кáтя идёт в профéссор.

→ _____

6) 내 친구는 이 TV를 마음에 들어한다.   Мой друг нрáвится этот телевúзор.

→ _____

7) 그들은 일요일마다 시골에 간다.   В воскресéнье они́ éздят в дерéвню.

   → _____

8) 이반은 큰 지도가 필요하다.   Ивáн нýжен большáя кáрта.

   → _____

📚 작문으로 만들어 보는 나만의 쏠쏠한 회화사전

A : _____   당신은 누구에게 가고 있나요?
B : _____   저는 **선생님께** 가고 있습니다.

A : _____   당신은 어떤 치마가 마음에 드나요?
B : _____   저는 **검정색 치마가** 마음에 듭니다.

A : _____   당신의 나이가 어떻게 되시나요?
B : _____   저는 **32살**입니다.

A : _____   당신은 무엇이 필요한가요?
B : _____   저는 **따뜻한 털모자가** 필요합니다.

🔎 정답 확인은 236페이지

 오늘의 도전 문장 확인!

Вчерá вéчером больнóму нáдо (нýжно) бы́ло пойти́ к врачý.

한국 기념품은 시내에 판다.
Коре́йские сувени́ры продаю́тся в це́нтре го́рода. 🔊 18강

오늘의 목표 재귀동사의 개념과 동사 인칭 변화를 익히면서, 다양한 -ся 동사 활용법을 학습해 봅니다.

오늘의 도전 문장 🖊
마샤는 10시에 씻고, 11시에 잠자리에 든다.

러시아어 동사를 공부하다 보면, 동사 원형이 '-ся'로 끝나는 경우를 적잖이 볼 수 있습니다. '-ся'는 '스스로, 자신'을 뜻하는 재귀대명사 себя의 축약어 형태입니다. 재귀대명사는 주어의 동작이 주어 스스로에게 영향을 미친다는 점을 강조하는 역할을 합니다. 그러므로 주로 '-ся'로 끝나는 동사들은 행위의 영향이 주어 자신에게 미치거나 수동적인 의미를 갖게 됩니다. 또한 이 동사들은 항상 자동사 형태이므로 직접 목적어 역할인 대격을 '-ся' 동사 다음에 목적 보어로 사용할 수 없습니다. 단, 간혹 전치사와 함께 대격을 쓰는 경우는 있습니다. '-ся' 동사의 인칭 변화 방법은 일반적인 동사 변화 규칙을 적용한 후에 마지막 철자가 자음으로 끝나면 'ся', 모음으로 끝나면 'сь'를 붙입니다. 이번 18과에서는 의미에 따라 구분되는 여러 가지 재귀동사들의 쓰임과 용법을 자세히 배워 보겠습니다.

1 순수 재귀 -ся 동사

'재귀동사'라는 이름에 걸맞게 -ся 동사의 기본적인 쓰임새는 어떠한 행동의 결과가 행위자 자신에게 직접적인 영향을 미치는 순수 재귀 용법입니다. '씻다', '옷 입다', '면도하다' 등 실생활에서 많이 활용되는 동사들이 여기에 포함되는데, 참고로 -ся를 뗀 타동사 형태로도 자주 사용됩니다.

	одева́ть (타동사: 입히다)	одева́ться (자동사: 입다)	мыть (타동사: 씻기다)	мы́ться (자동사: 씻다)
я	одева́-ю	одева́-юсь	мо́-ю	мо́-юсь
ты	одева́-ешь	одева́-ешься	мо́-ешь	мо́-ешься
он / она́ / оно́	одева́-ет	одева́-ется	мо́-ет	мо́-ется
мы	одева́-ем	одева́-емся	мо́-ем	мо́-емся
вы	одева́-ете	одева́-етесь	мо́-ете	мо́-етесь
они́	одева́-ют	одева́-ются	мо́-ют	мо́-ются
과거형	одева́-л одева́-ла одева́-ло одева́-ли	одева́-лся одева́-лась одева́-лось одева́-лись	мы́-л мы́-ла мы́-ло мы́-ли	мы́-лся мы́-лась мы́-лось мы́-лись

타동사	자동사	타동사	자동사
брить (면도시키다)	бри́ться (면도하다)	умыва́ть (세수시키다)	умыва́ться (세수하다)
причёсывать (머리 빗겨 주다)	причёсываться (머리 빗다)	раздева́ть (벗기다)	раздева́ться (벗다)
защища́ть (보호하다)	защища́ться (자신을 보호하다)	пря́тать (숨기다)	пря́таться (숨다)
купа́ть (목욕시키다)	купа́ться (목욕하다)	вытира́ть (닦다)	вытира́ться (자기 몸을 닦다)

예 Сейча́с Та́ня мо́ется.

Та́ня мо́ет мою́ мла́дшую сестру́.

Ба́бушка ча́сто причёсывает вну́чку.

Я причёсываюсь в ва́нной.

Почему́ ты пря́чешь его́ телефо́н?

Где ко́шка пря́талась?

지금 따냐는 씻고 있다.

따냐는 나의 여동생을 씻겨 준다.

할머니는 자주 손녀의 머리를 빗겨 준다.

나는 욕실에서 머리를 빗는다.

왜 너는 그의 전화기를 숨기니?

고양이가 어디에 숨었니?

📋 **mini test**

1 다음 괄호 안에 주어진 동사들 중 문법에 맞는 것을 고르세요.

1) Они́ стара́ются (защища́ть / защища́ться) ро́дину.
   그들은 조국을 지키기 위해 노력한다.

2) Где Ива́н? Он (умыва́ет / умыва́ется) в ва́нной.
   이반은 어디에 있니? 그는 욕실에서 세수하고 있어.

3) Де́ти лю́бят (купа́ть / купа́ться).
   아이들은 목욕하는 것을 좋아한다.

4) Мужчи́нам на́до (брить / бри́ться) ка́ждое у́тро.
   남자들은 아침마다 면도를 해야 한다.

5) Кто (мо́ет / мо́ется) посу́ду сейча́с?
   누가 지금 설거지를 하고 있니?

- -

정답 **1** 1) Они́ стара́ются защища́ть ро́дину.

2) Где Ива́н? Он умыва́ется в ва́нной.

3) Де́ти лю́бят купа́ться.

4) Мужчи́нам на́до бри́ться ка́ждое у́тро.

5) Кто мо́ет посу́ду сейча́с?

2 상호 재귀 -ся 동사

둘 이상의 행위자가 동시에 어떠한 행위를 함께하거나, 행위의 결과가 서로 영향을 미치는 경우 상호 재귀 용법의 -ся 동사를 사용합니다. 보통 누군가와 함께 동작이 일어나기 때문에, 이 동사들 뒤에는 'c+조격(~함께)' 구문이 따라옵니다.

상호 재귀 -ся동사	
встреча́ться - встре́титься (만나다)	догова́риваться - договори́ться (약속하다)
ви́деться - уви́деться (보다)	расстава́ться - расста́ться (헤어지다)
знако́миться - познако́миться (알게 되다)	сове́товаться - посове́товаться (조언하다)
проща́ться - попроща́ться (작별하다)	перепи́сываться - переписа́ться (서로 편지를 주고받다)
обнима́ться - обня́ться (서로 안다)	целова́ться - поцелова́ться (서로 입을 맞추다)
ссо́риться - поссо́риться (싸우다)	мири́ться - помири́ться (화해하다)

예 Я иногда́ встреча́юсь с Со́ней.   나는 가끔 소냐를 만난다.

На вокза́ле он попроща́лся с нами.   기차역에서 그는 우리와 작별 인사했다.

Мы давно́ не ви́делись.   우리는 본 지 오래되었다.

С кем ты обы́чно сове́туешься?   너는 보통 누구와 상의하니?

Я о́чень ра́да познако́миться с ва́ми.   당신을 알게 되어 저는 매우 기쁩니다.

---

mini test

1 다음 보기 중 알맞은 동사를 골라 문법에 맞게 바꾸어 빈칸을 채워 보세요.

> **보기**
> ① договори́ться   ② обнима́ться   ③ перепи́сываться   ④ ссо́риться

1) И́ра ре́дко _____ с ру́сским дру́гом.
이라는 러시아 친구와 아주 가끔 편지를 주고받는다.

2) Почему́ ты так ча́сто _____ с на́шими ученика́ми?
너는 왜 그렇게 자주 우리 학생들과 싸우니?

3) То́лько что мы _____ о встре́че.
우리는 방금 만남에 대한 약속을 했다.

4) Как ча́сто вы _____ с роди́телями?
당신은 얼마나 자주 부모님과 포옹을 하나요?

....

정답 **1** 1) ③ перепи́сывается 2) ④ ссо́ришься 3) ① договори́лись 4) ② обнима́етесь

3 수동 의미 재귀 -ся 동사

수동의 의미를 갖는 재귀 -ся 동사를 사용하는 문장에서, 주격으로 나타내는 단어가 행위를 당하는 의미의 '피동적인' 느낌을 주는 용법입니다. 한국어로 해석하면 간혹 부자연스럽게 되는 경우가 있어, 한국어 해석문에서는 주격이지만 행위의 목적어처럼 표현하기도 합니다. 실제 행위의 주체는 주로 생략되거나 조격 형태로 나타냅니다. 반대로 능동 의미를 표현하려면 -ся를 뗀 타동사 형태로 사용하고, 동사 다음에는 직접 목적어의 역할을 하는 명사나 동사 원형을 반드시 써야 합니다.

타동사	재귀동사	타동사	재귀동사
стро́ить - постро́ить (건설하다)	стро́иться - постро́иться (건설되다)	начина́ть - нача́ть (시작하다)	начина́ться - нача́ться (시작되다)
чита́ть - прочита́ть (읽다)	чита́ться - прочита́ться (읽히다)	продолжа́ть - продо́лжить (계속하다)	продолжа́ться - продо́лжиться (계속되다)
передава́ть - переда́ть (전달하다)	передава́ться - переда́ться (전달되다)	конча́ть - ко́нчить (끝내다)	конча́ться - ко́нчиться (끝나다)
продава́ть - прода́ть (팔다)	продава́ться - прода́ться (팔리다)	писа́ть - написа́ть (쓰다)	писа́ться - написа́ться (쓰이다)

예 В на́шем го́роде стро́ит**ся** но́вый универма́г (кру́пной компа́нией).
우리 도시에 (대기업에 의해) 새로운 백화점이 지어지고 있다.

В на́шем го́роде кру́пная компа́ния стро́ит но́вый универма́г.
우리 도시에서 대기업이 새로운 백화점을 짓고 있다.

На како́м этаже́ продаё**тся** де́тская оде́жда?
몇 층에 아동복이 팔리고 있나요? (몇 층에 아동복을 파나요?)

Рома́н ≪Война́ и мир≫ чита́ет**ся** во всём ми́ре.
소설 '전쟁과 평화'는 전 세계에서 읽히고 있다.

Когда́ уро́к начина́ет**ся**?
수업이 언제 시작되나요?

Дава́йте продо́лжим на́ше обсужде́ние по́сле обе́да!
점심 식사 후에 토론을 계속합시다!

1 다음 각 문장에서 문법상 맞지 않은 것을 골라 바르게 고쳐 보세요.

① Ле́тние кани́кулы продолжа́ет 2 ме́сяца.   여름 방학이 2달 동안 계속된다.

② Эта леге́нда передаю́т из поколе́ния в поколе́ние. 이 전설이 대대로 내려온다.

③ Я конча́юсь рабо́ту в 6 часо́в.   나는 6시에 일을 끝낸다.

④ Каки́е фру́кты вы продаю́тся?   당신은 어떤 과일을 파나요?

⑤ Как пи́шет сло́во «сын» по-англи́йски?   영어로 '아들'을 어떻게 쓰나요?

정답 **1** ① Ле́тние кани́кулы продолжа́<u>ются</u> 2 ме́сяца.

② Эта леге́нда переда<u>ётся</u> из поколе́ния в поколе́ние.

③ Я конча́<u>ю</u> рабо́ту в 6 часо́в.

④ Каки́е фру́кты вы прода<u>ёте</u>?

⑤ Как пи́ш<u>ется</u> сло́во «сын» по-англи́йски?

---

4 **-ся 없이는 쓸 수 없는 동사**

지금까지 살펴본 재귀동사들은 대부분 -ся를 떼어낸 형태로도 사용할 수 있는 동사들이었지만, -ся를 붙이지 않고는 절대 사용할 수 없는 동사들도 있습니다. 예외적인 경우에 속하지만, 사용 빈도가 높은 어휘들이므로 확실하게 암기하여 실수하지 않도록 해야 합니다.

-ся 없이 쓸 수 없는 동사		
нра́вить**ся** - понра́вить**ся** (마음에 들다)	смея́ть**ся** – засмея́ть**ся** + над 조격 (웃다)	ошиба́ть**ся** - ошиби́ть**ся** (실수하다)
стара́ть**ся** - постара́ть**ся** (애쓰다, 노력하다)	соглаша́ть**ся** – согласи́ть**ся** + с 조격 (동의하다)	улыба́ть**ся** - улыбну́ть**ся** (미소 짓다)
ложи́ть**ся** - лечь (눕다)	остава́ть**ся** - оста́ть**ся** (남다)	боя́ть**ся** + 생격 (또는 동사 원형) (두려워하다, 무서워하다)
горди́ть**ся** + 조격 (자랑스러워하다)	наде́ять**ся** + на 대격 (바라다, 기대하다)	труди́ть**ся** (노동하다, 일하다)

예 Мне о́чень нра́вится ру́сский язы́к.   나는 러시아어가 매우 마음에 든다.

Вы согласи́лись с на́шим предложе́нием?   당신은 우리 제안에 동의하나요?

Мы горди́мся его успе́хами.   우리는 그의 성공이 자랑스럽다.

Там ничего́ не оста́лось.   그곳에는 아무것도 남지 않았다.

Почему́ ты бои́шься враче́й?   왜 너는 의사 선생님을 무서워하니?

mini test

1 주어진 해석을 참고하여 빈칸에 알맞은 동사를 적으세요.

① Дéти л_____ спать в 9 часóв.　　　아이들은 9시에 잠자리에 든다.

② Не бóйтесь о_____!　　　실수하는 것을 두려워하지 마세요!

③ Я п_____ помирúться с ней.　　　나는 그녀와 화해하기 위해 노력하겠습니다.

④ Когдá Áнна поёт пéсни, друзья́ с_____.　안나가 노래를 부를 때마다 친구들은 웃는다.

정답 1 ① Дéти <u>ложáтся</u> спать в 9 часóв.
　② Не бóйтесь <u>ошибáться</u>!
　③ Я <u>постарáюсь</u> помирúться с ней.
　④ Когдá Áнна поёт пéсни, друзья́ <u>смеётся</u>.

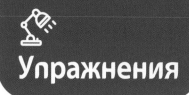

Упражнения

❶ 우리말 문장을 참고하여 빈칸에 주어진 동사를 문법에 맞게 러시아어로 적어 보세요.

1) Когда́ у меня́ появля́ются вопро́сы, я всегда́ _____상의하다_____ с Ко́лей.
   나에게 문제가 생길 때 나는 항상 꼴랴와 상의한다.

2) Ты слы́шал, что на центра́льной у́лице _____지어지다_____ метро́?
   너는 중앙대로에 지하철이 지어지고 있다는 얘기 들었니?

3) С кем вы _____만나다_____ ка́ждую сре́ду?
   당신은 매주 수요일에 누구를 만나나요?

4) Мы _____기대하다_____ на те́сное экономи́ческое сотру́дничество с Росси́ей.
   우리는 러시아와의 긴밀한 경제 협력을 기대한다.

5) По утра́м я снача́ла принима́ю душ, _____면도하다_____ и пото́м _____옷을 입다_____ .
   아침마다 나는 먼저 샤워와 면도를 하고, 그다음에 옷을 입는다.

6) Интере́сно, как они́ _____서로 인사하다_____ !
   그들이 어떻게 서로 알게 되었는지 궁금하다!

7) Бори́с не понима́ет, почему́ роди́тели не _____자랑스러워하다_____ им.
   보리스는 부모님이 왜 그를 자랑스러워하지 않으시는지 이해가 안 된다.

8) Са́ша, уже́ по́здно! К сожале́нию, о́пера _____시작되다_____ .
   싸샤, 이미 늦었어! 아쉽게도 오페라는 시작되었어.

❷ 다음 각 문장이 완성될 수 있도록 적절한 보기를 찾아 괄호 안에 넣으세요.

① на́шими выпускника́ми	② с кем
③ на повыше́ние зарпла́ты	④ соба́к
⑤ над мои́м выступле́нием	⑥ с усло́виями контра́кта

1) Объясни́те, почему́ вы засмея́лись (   )!

2) В де́тстве Ма́ша боя́лась (   ).

3) На́ша компа́ния не бу́дет соглаша́ться (   ).

4) Нам ну́жно горди́ться (   ).

5) (   ) ты договори́лся об э́том?

6) Все рабо́чие наде́ются (   ).

작문으로 만들어 보는 나만의 쏠쏠한 회화사전

A : _____   당신은 아침에 무엇을 하나요?

B : _____   먼저 저는 **세수를 하고**, 그다음에 **머리를** 빗습니다.

A : _____   당신은 누구와 편지를 주고받나요?

B : _____   저는 러시아 친구들과 **편지를 주고받습니다.**

A : _____   당신은 한국 기념품이 어디에서 파는지 아시나요?

B : _____   한국 기념품은 시내에 **팝니다.**

A : _____   당신은 실수를 자주 하네요.

B : _____   죄송합니다, 실수하지 않도록 **노력하겠습니다.**

정답 확인은 237페이지

오늘의 도전 문장 확인!

Ма́ша мо́ется в 10 часо́в и ложи́тся спать в 11 часо́в.

Урок

19

조격 심화 학습

당신은 무슨 일을 합니까?

Кем вы рабо́таете?

🔊 19강

오늘의 목표 조격 지배 전치사, 동사, 특수 용법을 익히면서 조격을 종합적으로 학습해 봅니다.

오늘의 **도전 문장** ✏️

내 아들은 외국어에 능통하다. 그래서 나는 그가 매우 자랑스럽다.

앞서 8과에서 배웠듯이 조격의 기본적인 역할은 행위에 사용되는 도구나 수단입니다. 하지만 조격은 사실상 다양한 조격 지배 전치사와 함께 쓰는 경우가 더 많습니다. 또한 보어로 조격을 필요로 하는 동사들도 많이 있습니다. 특히 18과에서 배운 재귀동사들이 조격 지배 동사 그룹에 많이 속해 있습니다. 이번 19과에서는 조격과 함께 쓰는 전치사 동사, 조격 특수 용법 등 조격의 종합적인 내용을 살펴보겠습니다.

---

1 조격 지배 전치사

조격과 함께 쓰는 전치사로는 c, ме́жду, за, над, под, пе́ред 등이 있습니다. 먼저 8과에서 이미 배웠던 전치사 c의 쓰임을 간단히 정리해 보겠습니다. 전치사 c는 '~와(과) 함께', '~와(과) 같이'라고 해석하며, 누군가와 함께 행동하는 경우에 씁니다. 또한 사물이나 음식 관련 명사와 함께 쓰면 '~을(를) 곁들인', '~을(를) 첨가한', '~을(를) 추가한'으로 해석됩니다. 이 외에도 전치사 c는 특정 명사들과 함께 결합하여 숙어처럼 활용되기도 합니다.

예 Я танцу́ю **с** Евге́ни**ем**.　　　　　나는 예브게니와 함께 춤을 춘다.

　　 Ты пьёшь чай **с** са́хар**ом**?　　　　너는 설탕을 넣어 차를 마시니?

　　 С кем он идёт в библиоте́ку?　　그는 누구와 함께 도서관에 갑니까?

с интере́сом	관심있게, 흥미를 가지고	с нетерпе́нием	초조하게, 간절히
с ра́достью	기쁘게	с трудо́м	힘들게, 어렵게
с уваже́нием	존경을 표하며	с удово́льствием	기꺼이, 만족하며

예 Мы с нетерпе́нием ждём ваш отве́т.　　우리는 당신의 답을 간절하게 기다린다.

　　 Она́ с трудо́м реши́ла пробле́му.　　그녀는 어렵게 문제를 해결했다.

전치사 над, под, пе́ред, за, ме́жду는 보통 장소 표현에 사용하는데, 순서대로 '~위에', '~아래에', '~앞에', '~뒤에', '~사이에'라는 뜻입니다. 그중 전치사 за는 구체적인 장소를 나타내는 '~뒤에' 외에도 '~뒤따라'라고 쓰거나, 동작동사 행위의 목적을 나타내는 경우도 있습니다. 전치사 пе́ред 또한 장소를 나타내는 '~앞에' 외에도, 시간적인 표현으로 '~(직)전에'라는 의미를 가지고 있습니다.

над	~(표면) 위에
под	~(표면) 아래에
пе́ред	~앞에, ~전에
ме́жду	~사이에
за	~뒤에, ~뒤따라

예 Часы́ вися́т **над** столо́м.

시계는 테이블 위에 걸려 있다.

Ко́шка лежи́т **под** дива́ном.

고양이는 소파 아래에 누워 있다.

Кто стои́т **пе́ред** зда́ни**ем** на́шего университе́та?

누가 우리 대학교 건물 앞에 서 있니?

Развива́ются отноше́ния **ме́жду** Коре́**ей** и Росси́**ей**.

한·러 관계가 발전하고 있다.

Го́сти сидя́т **за** стол**о́м**.

손님들이 테이블에 앉아 있다.

Я ходи́ла в магази́н **за** фру́кт**ами**.

나는 과일을 사러 상점에 다녀왔다.

---

mini test

1 다음 괄호 안에 문맥에 맞게 적절한 전치사를 넣으세요.

1) Он принима́ет лека́рство (   ) едо́й.   그는 식전에 약을 복용한다.

2) Ма́ма пошла́ (   ) врачо́м.   엄마는 의사를 부르러 가셨다.

3) Вы лю́бите ко́фе (   ) сиро́пом?   당신은 시럽 넣은 커피를 좋아하시나요?

4) Де́ти сидя́т (   ) де́ревом.   아이들은 나무 아래 앉아 있다.

5) Почему́ ты стои́шь (   ) на́ми?   왜 너는 우리 사이에 서 있니?

2 조격 지배 전치사를 사용하여 다음 질문에 답해 보세요.

1) Где пти́цы лета́ют?   (кры́ша)

2) С кем Ви́ктор рабо́тает?   (высо́кий гость)

3) Когда́ ты обы́чно волну́ешься?   (экза́мен)

4) За кем они́ сейча́с иду́т?   (незнако́мый челове́к)

- -

정답 **1** 1) пе́ред 2) за 3) с 4) под 5) ме́жду

     2 1) Пти́цы лета́ют над кры́шей.   새들은 지붕 위에서 날아다닌다.

       2) Он рабо́тает с высо́ким го́стем.   그는 귀빈과 함께 일한다.

       3) Я обы́чно волну́юсь пе́ред экза́меном.   나는 보통 시험 전에 긴장을 한다.

       4) Сейча́с они́ иду́т за незнако́мым челове́ком.   지금 그들은 모르는 사람 뒤를 따라가고 있다.

2 조격 지배 동사

이번에는 조격과 함께 써야 하는 동사들을 배워 보겠습니다. 많은 재귀동사(-ся)가 여기에 속하지만, 간혹 일반적인 타동사처럼 보이는 동사들도 조격을 동반하는 경우가 있습니다. 또한 반드시 조격 지배 전치사(с, за)와 함께 써야 하는 동사들도 있으니, 유형에 따라 잘 구분하여 학습해 봅시다.

пóльзоваться		이용하다, 사용하다
интересовáться		흥미를 느끼다, 관심이 있다
увлекáться		열중하다, 몰두하다
восхищáться		매혹되다, 황홀해지다
наслаждáться		즐기다, 누리다, 만족을 느끼다
любовáться	+ 조격	감탄하다, 도취되다
занимáться		~을(를) 하다, 공부하다, 종사하다
гордúться		자랑스러워하다
обмéниваться		교환하다, 바꾸다
явля́ться		~(이)다

예 Мáша интересýется рýсск**ой** истóри**ей**.　　　마샤는 러시아 역사에 흥미가 있다.

Совремéнным лю́дям нýжно чáсто занимáться спóрт**ом**.
현대인들은 자주 운동을 해야 한다.

Дéти горд**я́тся** сво**úм** пáп**ой**.　　　아이들은 자신의 아빠를 자랑스러워한다.

Мы восхищáлись красот**óй** корéйской прирóды.　우리는 한국 자연의 아름다움에 매혹되었다.

Москвá явля́ется столú**цей** Россúи.　　　모스크바는 러시아의 수도다.

다음으로 배울 동사들은 일반적인 타동사처럼 보이기 때문에 대격(목적격)을 동반한다고 혼동할 수 있습니다. 반드시 조격과 함께 쓴다는 점을 기억해 두세요.

владéть		(주로 물질명사와 함께) 소유하다, 지배하다, 잘 다루다, 능통하다
обладáть	+ 조격	(주로 비물질명사와 함께) 소유하다, 함유하다, 영원히 소유하다, 가지고 있다
управля́ть		관리하다, 운영하다, 조종하다
болéть		(질병, 질환을) 앓다, 병을 가지고 있다

예 Я знáю, что вы владéете корéйск**им** язык**óм**.
나는 당신이 한국어에 능통하다는 점을 알고 있다.

Корéя обладáет передов**ы́ми** технолóги**ями** в сфéре ИТ.
한국은 IT 분야에서 선진 기술을 가지고 있다.

Владúмир управля́ет крýпн**ой** компáни**ей**.　　　블라디미르는 큰 회사를 운영한다.

조격 지배 전치사 중 가장 많이 등장하는 전치사는 c입니다. 이번에는 전치사 c와 함께 쓰는 동사들을 배워 보겠습니다. 이 동사들의 뜻을 살펴보면 전치사 'c ~와(과) 함께'와 자연스럽게 연결되므로, 학습하는 데 크게 어려움은 없습니다. 다만 동사 'поздравля́ть 축하하다'는 전치사와 동사 의미 연결이 부자연스럽게 느껴지기 때문에, 별도로 숙어처럼 암기해야 합니다.

встреча́ться		~와(과) 만나다, 우연히 마주치다, 상봉하다
расстава́ться	+ c 조격	~와(과) 이별하다, 헤어지다
боро́ться		~와(과) 싸우다, 투쟁하다, 겨루다
знако́миться		~와(과) 알게 되다, 소개하다
поздравля́ть	+ кого + c 조격	축하하다, 축하 인사를 하다, 기념하다

예 Ты ча́сто встреча́ешься с иностра́нн**ыми** студе́нт**ами**?
너는 외국 학생들과 자주 만나니?

Прави́тельство бо́рется с ра́сов**ой** дискримина́ци**ей**.
정부는 인종 차별을 해결하기 위해 투쟁하고 있다.

Я поздравля́ю тебя́ с **днём** рожде́ния.
나는 너의 생일을 축하한다.

마지막으로 전치사 за를 동반하는 동사들을 알아보겠습니다. 이 동사들도 마찬가지로 전치사 за 뜻인 '~뒤에', '~뒤따라' 라는 의미와 연관이 있으므로, 전치사와 함께 기억해 두시면 됩니다.

наблюда́ть		관찰하다, 감시하다, 감독하다
следи́ть	+ за 조격	주시하다, 지켜보다, 추적하다
сле́довать		~뒤를 따라가다, ~을(를) 따르다, 모방하다
уха́живать		돌보다, 간호하다, 시중들다

예 Медсёстры уха́живают **за** пацие́нт**ами**.　간호사들은 환자들을 돌본다.

Почему́ вы сле́дуете **за мной**?　왜 당신은 저를 따라오시나요?

Где лу́чше наблюда́ть **за** звёзд**ами**?　어디서 별을 관찰하는 것이 더 좋은가요?

📋 mini test

1 다음 중 동사 다음에 오는 같은 문법끼리 묶은 것을 고르세요.

а. наслажда́ться	б. знако́миться	в. боле́ть	г. управля́ть
д. по́льзоваться	е. расстава́ться	ж. любова́ться	з. следи́ть

① а, б, ж　　　② в, з　　　③ а, д, ж　　　④ в, г, з　　　⑤ б, д, е

정답 1 ③ а, д, ж (+ кем / чем)

3.1 자격·신분 표현

조격의 기본적 쓰임인 '~(으)로', '~(으)로서'에서 확장된 의미로, 자격이나 신분을 나타내는 특수 용법이 있습니다. 주로 'рабо́тать', 'быть', 'стать' 이 3가지 동사들과 함께 쓰는데, 특히 'быть'와 'стать'는 장래 희망을 묻고 답하는 표현으로도 사용할 수 있습니다.

예 **Кем** вы рабо́таете? 당신은 무슨 일을 합니까?

Я рабо́таю зубны́м врачо́м. 저는 치과 의사입니다.

И́горь хо́чет стать диза́йнер**ом**. 이고르는 디자이너가 되고 싶어한다.

Тогда́ Ари́ша была́ студе́нтк**ой**. 그때 아리샤는 대학생이었다.

3.2 교통수단 표현

동작동사와 함께 쓰는 교통수단 표현은 2가지가 있습니다. '전치사 на+전치격(교통수단)'과, 전치사 없이 조격(교통수단)을 쓰는 형태입니다. 이 용법은 행위의 도구나 수단의 역할을 하는 조격의 기본적인 개념을 고려해 본다면 쉽게 이해할 수 있습니다. 그런데 유일하게 '도보로, 걸어서'라는 표현만은 조격 변화를 따로 하지 않고 부사 пешко́м을 사용합니다.

예 Моя́ дочь е́здит в шко́лу автобус**ом**. 내 딸은 버스를 타고 학교에 다닌다.

Мы е́здили в дере́вню к де́душке по́езд**ом**.
우리는 시골에 계시는 할아버지께 기차를 타고 다녀왔다.

Ты хо́дишь на рабо́ту **пешко́м**? 너는 직장에 걸어서 다니니?

3.3 행위자를 나타내는 표현

러시아어에서 피동 구문은 동사, 명사, 형동사 등 다양한 형태로 만들 수 있습니다. 피동 구문에서 문맥상 행위를 능동적으로 하는 주체 표현이 바로 조격의 또 다른 특수 용법입니다. 다만 한국어로 해석 시 자연스럽지 않은 경우가 많으므로, 상황에 따라 능동 형태로 바꿔 해석하기도 합니다.

예 Э́тот универма́г стро́ится иностра́нн**ыми** предприя́ти**ями**.
이 백화점은 외국 기업들로 인해 건설되고 있다. (이 백화점을 외국 기업들이 건설하고 있다.)

Коре́йско-росси́йский совме́стный прое́кт осуществля́ется на́ш**ей** компа́ни**ей**.
한·러 공동 프로젝트는 우리 회사로 인해 실행되고 있다. (한·러 공동 프로젝트를 우리 회사가 실행하고 있다.)

3.4 시간 표현

계절이나 시간 관련 어휘에 조격 변화를 적용하면 '~에(когда́)'라는 의미를 나타낼 수 있습니다. 별도의 전치사는 필요 없고, 조격으로 바뀐 해당 어휘만 사용하면 됩니다. 이 용법은 일상 생활에서 자주 활용되는 표현이고, 간혹 주격과 조격 쓰임을 헷갈리는 경우가 있으니 정확히 구분해야 합니다.

주격	조격	주격	조격
утро 아침	у́тром 아침에	весна́ 봄	весно́й 봄에
день 낮	днём 낮에	ле́то 여름	ле́том 여름에
ве́чер 저녁	ве́чером 저녁에	о́сень 가을	о́сенью 가을에
ночь 밤	но́чью 밤에	зима́ 겨울	зимо́й 겨울에

예 **Ле́том** в Коре́е о́чень жа́рко и вла́жно.　　한국의 여름은 매우 덥고 습하다.

Кака́я пого́да **зимо́й** в А́нглии?　　영국의 겨울은 날씨가 어떠니?

Что ты де́лал сего́дня **днём**?　　너는 오늘 낮에 무엇을 했니?

Я пое́ду к тебе́ **но́чью**.　　나는 밤에 너에게 갈 것이다.

---

mini test

1 다음 괄호 안에 있는 단어를 문법에 맞게 바꾸어 글을 완성해 보세요.

> Сейча́с я рабо́таю _____ (актёр). Когда́ я был _____ (ма́ленький),
> я хоте́л быть _____ (хоро́ший врач), как мой оте́ц.
> Но 5 лет наза́д на у́лице я случа́йно встре́тился с _____ (мой люби́мый
> актёр) и разгова́ривал с _____ (он). Тогда́ я реши́л стать _____
> (знамени́тый актёр).

2 다음 각 문장에서 밑줄 친 부분을 조격 형태로 바꿔 보세요.

1) Я люблю́ е́здить на ры́нок на тролле́йбусе.

2) Куда́ вы е́дете на по́езде?

3) Он е́здит в университе́т на авто́бусе.

정답 **1**

> Сейча́с я рабо́таю <u>актёром</u>. Когда́ я был <u>ма́леньким</u>, я хоте́л быть <u>хоро́шим врачо́м</u>, как мой
> оте́ц.
> Но 5 лет наза́д на у́лице я случа́йно встре́тился с <u>мои́м люби́мым актёром</u> и разгова́ривал с
> <u>ним</u>. Тогда́ я реши́л стать <u>знамени́тым актёром</u>.

지금 나는 배우로 일하고 있다. 어릴 때 나는 나의 아버지처럼 훌륭한 의사가 되고 싶었다. 그런데 5년 전에 길에서 우연히 내가 좋아하는 배우를 만나서 이야기를 나눴다. 그때 나는 인기있는 최고의 배우가 되기로 결심했다.

2 1) Я люблю́ е́здить на ры́нок <u>тролле́йбусом</u>.　　저는 트롤리버스를 타고 시장에 가는 것을 좋아합니다.

2) Куда́ вы е́дете <u>по́ездом</u>?　　당신은 기차를 타고 어디로 갑니까?

3) Он е́здит в университе́т <u>авто́бусом</u>.　　그는 버스를 타고 대학교를 다닙니다.

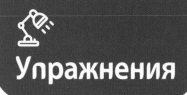

Упражнения

❶ 주어진 동사 중 의미상 적절한 동사를 골라 문법에 맞게 바꾸고, 괄호 속의 단어도 알맞은 형태로 고치세요.

<table>
<tr><td colspan="4">보기</td></tr>
<tr><td>обмéниваться</td><td>быть</td><td>болéть</td><td>явля́ться</td></tr>
<tr><td>поздравля́ть</td><td>управля́ть</td><td>стать</td><td>по́льзоваться</td></tr>
</table>

1) Мы _____ вас с (день рождéния).

2) На семинáре лю́ди _____ (мнéния) о глобализáции.

3) Сейчáс Úра в больни́це. Онá _____ (грипп).

4) Моя́ сестрá хо́чет _____ (балери́на). Это её мечтá.

5) Витáлий бизнесмéн. Он _____ (кру́пные предприя́тия).

6) Студéнты обы́чно _____ (общéственный трáнспорт).

7) Ра́ньше Мáша _____ (спортсмéнка), а сейчáс онá журнали́стка.

8) Япо́ния _____ (сосéдняя странá) Корéи.

❷ 다음 주어진 단어를 활용하여 한국어 뜻에 맞는 러시아어 문장을 만들어 보세요.

1) [гарáж, нахо́дится]   차고는 우리 집 아래에 있다.

  → _____

2) [нáчал, англи́йская]   언제 너는 영국 문학에 관심을 갖기 시작했니?

  → _____

3) [весь день, детьми́]   엄마는 하루 종일 아이들을 돌보고 계신다.

  → _____

4) [кáждый год, шко́льники]   선생님은 매년 새로운 학생들과 인사한다.

  → _____

5) [почему́, модéль]   왜 당신은 모델이 되고 싶으신가요?

  → _____

6) [землёй, о́стров Чеджудо]   외국인들이 제주도에 땅을 가지고 있다.

   → _____

7) [меша́ет, жи́знью]   무엇이 우리가 인생을 즐기는 것을 방해하나요?

   → _____

8) [Ди́ма, сиди́т]   지마는 나와 유라 사이에 앉아 있다.

   → _____

📖 작문으로 만들어 보는 나만의 쏠쏠한 회화사전

A : _____   당신은 무슨 일을 하시나요?

B : _____   저는 **변호사**입니다. (저는 변호사로 일합니다.)

A : _____   당신은 무엇에 흥미가 있으신가요?

B : _____   저는 **클래식 음악에** 흥미가 있습니다.

A : _____   당신의 여가 시간에 무엇을 합니까?

B : _____   저는 **운동**을 합니다.

A : _____   당신은 무엇이 되고 싶으신가요?

B : _____   저는 **간호사**가 되고 싶습니다.

 정답 확인은 238페이지

 **오늘의 도전 문장 확인!**

Мой сын владе́ет иностра́нными языка́ми, поэ́тому я о́чень горжу́сь им.

여기에는 화장실이 없다.
Здесь нет туалéта.

20강

오늘의 목표 생격 지배 전치사, 동사, 특수 용법을 익히면서 생격을 종합적으로 학습해 봅니다.

오늘의 도전 문장 ✏️

약국에서 기차역까지 얼마 동안 (걸어)가야 하나요?

지금까지 배운 내용에 따라 생격은 수사 문법, 날짜와 시간 표현, 비교급 등에서 다양하게 활용됨을 익혔습니다. 이번 20 과에서는 생격과 함께 쓰는 전치사와 동사, 생격 특수 용법 등 생격의 종합적인 내용을 익혀 보겠습니다. 특히 이제까지 배우지 않은 새로운 전치사들이 많이 나오는데, 먼저 생격 지배 전치사부터 꼼꼼하게 살펴보겠습니다.

1 생격 지배 전치사

먼저 주로 동작동사들과 함께 쓰는 전치사 из, с, от, до의 용법부터 배워 보겠습니다. 전치사 из, с, от의 공통점은 의미 가 행위의 시발점, 출발, 출처 등과 관련이 있다는 점입니다. 이 전치사들의 차이점은 아래 표를 참고하여 비교해 보겠습니 다. 또한 전치사 до는 장소의 도달이나 시간의 한계 수준을 나타내며 동작동사 외에 일반 동사들과도 함께 사용합니다.

전치사 из	1) 행위의 시발점 (전치사 в와 함께 쓰는 장소로부터 출발) 예 Я вы́шел **из ба́нка**. 나는 은행에서 나왔다.
	2) 출신지, 출처 예 Ма́ша прие́хала **из Коре́и**. 마샤는 한국에서 왔다.
	3) 음식이나 물건의 재료, 소재 예 Он хо́чет сала́т **из морко́ви**. 그는 당근 샐러드를 원한다.
	4) ~중에서, ~가운데 예 Кто **из твои́х друзе́й** говори́т по-ру́сски? 너의 친구들 중 누가 러시아어로 말하니?
전치사 с	1) 행위의 시발점 (전치사 на와 함께 쓰는 장소로부터 출발) 예 Они́ уе́хали **с по́чты**. 그들은 우체국에서 출발했다.
	2) 시간의 시작 (~부터) 예 Брат бу́дет рабо́тать **с четверга́**. 형은 목요일부터 일할 것이다.
	3) 하강, 아래로 내려옴. 예 На чём мо́жно ката́ться **с гор**? 무엇을 타고 산에서 내려올 수 있니?

	1) 행위의 시발점 (전치사 к와 함께 쓰는 사람으로부터 멀어짐.) 예 Я пришёл **от профéссора**. 나는 교수님에게 있다가 왔다.
	2) 거리·장소 표현의 출발 기준 예 Мой дом нахóдится недалекó **от рабóты**. 나의 집은 직장으로부터 멀지 않은 곳에 있다.
전치사 от	3) 문서, 편지의 날짜 예 письмó **от вторóго января** 1월 2일자 편지
	4) 방어, 예방 예 таблéтки **от головнóй бóли** 두통약
	5) 원인 예 Дéти ýмерли **от гóлода**. 아이들은 기아로 죽었다.
	1) 장소의 도달 예 Они доéхали **до Москвы**. 그들은 모스크바에 도달했다.
전치사 до	2) 시간의 끝 (~까지) 예 Мы рабóтаем с утрá **до вéчера**. 우리는 아침부터 저녁까지 일한다.
	3) 시간 표현 (~전에) 예 Дирéктор вернётся **до обéда**. 사장님은 점심 전에 돌아오실 것이다.

이번에는 '곁에, 주변에, 근처에' 등의 의미를 가지고 있는 전치사 у, óколо, вокрýг, мúмо를 익혀 보겠습니다. 우리는 이미 9과에서 전치사 у가 소유 구문을 나타낸다고 배웠습니다. 이외에도 전치사 у는 장소 표현으로 '~ (바로) 곁에', '옆에' 라는 뜻이 있습니다. 이와 유사한 쓰임을 가지고 있는 전치사 óколо는 '~곁에', '근처에', '부근에' 외에도 시간이나 기간 을 의미하는 명사와 함께 쓰면 '대략', '약', '대충'이라고 해석합니다. '동그라미', '원'이라는 단어 круг가 들어 있는 전치사 вокрýг는 (원형 형태의) '둘레에', '사방에'라는 뜻입니다. 그리고 전치사 мúмо는 보통 '지나치다', '통과하다' 등의 동사들 과 함께 쓰고, '옆을', '곁을', '외면하여'라고 해석할 수 있습니다.

예 Я люблю сидéть **у окнá**.	나는 창가 쪽에 앉는 것을 좋아한다.
Давáйте встрéтимся **óколо** 12 часóв.	약 12시쯤 만납시다.
Что мóжно посмотрéть **вокрýг Кремля**?	크렘린 주변에 무엇을 볼 수 있나요?
Он прошёл **мúмо меня**.	그는 내 옆을 지나갔다.

для, без, пóсле, из-за는 생격 지배 전치사 중 일상 회화 표현에서 자주 등장하는 전치사들입니다. 전치사 для는 '~을 (를) 위해', '~에게 있어서'라는 뜻으로 해석합니다. 전치사 без는 '~ 없이'라는 의미를 가지고 있고, 사물이나 사람의 부재를 나타냅니다. 또한 흔히 구어체에서 많이 쓰는 시간 표현인 '~(분) 전'이라고도 쓸 수 있습니다. 전치사 пóсле도 일반명사와 시간 표현 명사를 모두 쓸 수 있는데, 뜻은 '~후에', '다음에'입니다. 명사나 부사로 착각하기 쉬운 전치사 из-за는 부정적 결 과를 초래하는 원인을 나타내며 '~때문에'라고 해석합니다.

예 Он поёт песню **для Ки́ры**. 그는 키라를 위해 노래를 부른다.

Сейча́с **без 10** мину́т во́семь. 지금은 8시 10분 전이다.

Я пое́ду в кни́жный магази́н **по́сле уро́ков**. 수업이 끝난 후에 나는 서점에 갈 것이다.

Из-за плохо́й пого́ды они́ опозда́ли на конце́рт.
날씨가 좋지 않았기 때문에 그들은 콘서트에 늦었다.

mini test

1 다음 주어진 전치사 중 문맥에 맞는 것을 골라 보세요.

① из ② по́сле ③ для ④ от ⑤ без ⑥ до ⑦ о́коло

1) Дай мне ко́фе ( ) са́хара! 나에게 설탕 빼고(없이) 커피를 줘!

2) Я бу́ду ждать тебя́ ( ) па́рка. 나는 너를 공원 근처에서 기다릴게.

3) Мы зако́нчим рабо́ту ( ) среды́. 우리는 수요일까지 일을 끝내겠습니다.

4) Позвони́ ему́ ( ) 5 часо́в! 그에게 5시 이후에 전화해!

5) Не знал, что она́ ( ) Казахста́на. 나는 그녀가 카자흐스탄 출신인 사실을 몰랐어.

6) Э́то пода́рки ( ) дете́й. 이것은 아이들을 위한 선물이다.

7) Получи́ла откры́тку ( ) подру́ги. 친구로부터 엽서를 받았다.

2 다음 문장 중 문법이 올바르게 적용된 것을 고르세요.

1) Я прие́ду домо́й от рабо́ты в 6 часо́в ве́чера.

2) Ты пьёшь чай с лимо́на?

3) Он узна́л обо мне́ из тебя́.

4) Студе́нты стоя́т у вхо́да университе́та.

정답 **1** 1) ⑤ без 2) ⑦ о́коло 3) ⑥ до 4) ② по́сле 5) ① из 6) ③ для 7) ④ от

2 4) Студе́нты стоя́т у вхо́да университе́та.
* 1) от → с / 2) с → без / 3) из → от

176 GO! 독학 러시아어 문법

조격 지배 동사와 마찬가지로 이번에도 다양한 재귀동사(-ся)들이 등장합니다. 이 동사들의 한국어 뜻을 살펴보면 생격이 아닌 대격(목적어)과 함께 쓰는 동사라고 잘못 생각할 수 있으니, 실수하지 않도록 확실히 암기해 두어야 합니다. 우리가 배운 전치사 중 전치사 от가 생격 지배 동사들과 잘 어울린다는 점을 기억하면서 동사를 하나씩 표와 예문으로 살펴보겠습니다.

боя́ться		두려워하다, 무서워하다
добива́ться		성취하다, 달성하다
каса́ться	+ 생격	접촉하다, 언급하다, 관련이 있다
пуга́ться		깜짝 놀라다, 뒷걸음치다
опаса́ться		경계하다, 꺼려하다, 겁내다

예 Моя́ мла́дшая сестра́ бои́тся живо́тн**ых**.   내 여동생은 동물을 무서워한다.

Э́то **тебя́** не каса́ется.   이것은 너와 관련이 없다.

На́ша компа́ния опаса́ется конкуре́нц**ии** с кру́пными предприя́тиями.
우리 회사는 대기업들과의 경쟁을 꺼려한다.

Как лю́ди добива́ются сво**и́х** це́л**ей**?   사람들은 어떻게 자신의 목표를 달성하나요?

다음 동사들의 형태와 의미만 생각해 본다면 동사 뒤에 대격(목적격)을 쓴다고 착각할 수 있으니, 생격과 결합하여 쓴다는 점을 숙어처럼 암기하며 동사들을 배워 봅시다.

достига́ть		도달하다, 이르다, 달성하다
избега́ть	+ 생격	피하다, 꺼리다, 회피하다
тре́бовать		요구하다, 필요하다, 요하다
жела́ть	+ 여격 + 생격	희망하다, 바라다, 기원하다

예 Почему́ лю́ди избега́ют э́т**ой** же́нщин**ы**?   왜 사람들이 이 여자를 피하나요?

Мы не тре́буем **де́нег**.   우리는 돈을 요구하지 않습니다.

Я жела́ю вам здоро́вь**я** и успе́х**ов**.   저는 당신에게 건강과 성공을 기원합니다.

зави́сеть		~에 의존하다, 달려 있다, 의지하다
избавля́ться	+ от 생격	~(으)로부터 해방되다, 벗어나다, 구제 되다
освобожда́ться		~(으)로부터 자유로워지다, 해방되다

예 Всё зави́сит **от тебя́**.   모든 것은 너에게 달려 있다.

Неда́вно он научи́лся избавля́ться **от стре́сса и депре́ссии**.
얼마 전에 그는 스트레스와 우울증으로부터 벗어나는 것을 배웠다.

1 다음 괄호 속의 단어를 문법에 맞게 바꾸어 문장을 완성하세요.

1) Мы и́скренне жела́ем тебе́ (сча́стье и уда́ча).

2) (Что) вы тре́буете? Я тре́бую (объясне́ния).

3) Бу́дущее на́шей страны́ зави́сит (молодёжь).

4) Ка́тя бои́тся (темнота́), а я бою́сь (ого́нь).

정답 **1** 1) Мы и́скренне жела́ем тебе́ сча́стья и уда́чи. 우리는 진심으로 너의 행복과 성공을 바란다.

2) Чего́ вы тре́буете? Я тре́бую объясне́ний. 당신은 무엇을 원합니까? 나는 설명을 원합니다.

3) Бу́дущее на́шей страны́ зави́сит от молодёжи. 우리나라의 미래는 젊은이들에게 달려 있다.

4) Ка́тя бои́тся темноты́, а я бою́сь огня́. 까쨔는 어둠을 무서워하고 나는 불을 무서워한다.

3 생격 특수 용법

3.1 부정 생격

9과에 나온 소유 구문에서, 어떠한 대상을 소유하고 있을 때 특수한 형태의 술어 есть를 통해 '가지고 있다'라고 표현한다고 배웠습니다. 그렇다면 반대로 어떠한 대상을 소유하고 있지 않을 경우에는 부정어 형태의 술어인 нет(현재), не́ бы́ло(과거), не бу́дет(미래)을 써야 합니다. 이때 존재를 부정하고자 하는 대상을 생격으로 쓰는 용법이 바로 '부정 생격'입니다. 소유 구문 외에도 нет(현재), не́ бы́ло(과거), не бу́дет(미래)이 술어로 쓰이는 부정문에서는 모두 이 용법이 적용됩니다.

예 У моего́ дру́га **нет свобо́дного вре́мени**.　　내 친구는 여가 시간이 없다.

У Та́ни **не́ было ру́сских друзе́й**.　　따냐에게는 러시아 친구들이 없었다.

За́втра у студе́нтов **не бу́дет ле́кций**.　　내일 학생들은 강연이 없을 것이다.

Здесь **нет туале́та**.　　여기에는 화장실이 없다.

Вчера́ **мои́х роди́телей не́ было** до́ма.　　어제 나의 부모님은 집에 안 계셨다.

3.2 불특정수사 용법

러시아어에서는 불특정량을 표현하는 어휘들이 정해져 있습니다. мно́го, ма́ло, ско́лько, сто́лько, не́сколько, доста́точно, большинство́, меньшинство́, мно́жество 등인데요, 이들 다음에 셀 수 있는 명사가 오면 복수 생격으로, 셀 수 없는 명사가 오면 단수 생격으로 바꾸는 용법이 바로 '불특정수사 용법'입니다. 또한 '불특정수사+명사'의 결합이 문장의 주어가 되는 경우, 의미상은 복수형이어도 동사 변형은 3인칭 단수 중성형(оно́)으로 맞춰야 한다는 점을 기억하세요.

мно́го	많은, 많다	
ма́ло	적은, 적다	
ско́лько	얼마나, 몇, 얼마나 많은	
сто́лько	이만큼, 그만큼, 그리	
не́сколько	약간, 어느 정도, 몇몇	**+** 셀 수 있는 명사 (복수 생격)
доста́точно	충분히, 충분하다	셀 수 없는 명사 (단수 생격)
большинство́	대다수, 대부분, 절대 다수	
меньшинство́	소수, 소수 집단	
мно́жество	대거, 다수, 다량	

예 В го́роде мно́го краси́**вых** у́ли**ц**.   도시에는 아름다운 거리들이 많다.

Ско́лько вре́**мени** ты чита́л кни́гу?   얼마 동안 너는 책을 읽었니?

Большинство́ люд**е́й** живёт в больши́х города́х.   대부분의 사람들은 대도시에 살고 있다.

У нас бы́ло не́сколько гост**е́й**.   우리에게는 몇몇의 손님들이 있었다.

---

mini test

1   보기와 같이 주어진 문장을 부정문으로 바꿔 부정 생격 용법을 적용해 보세요.

> **보기**
>
> У неё <u>есть</u> большо́й дом.   →   У неё <u>нет</u> большо́го до́ма.

1) У меня́ была́ краси́вая маши́на.

2) У нас бу́дет ва́жное собра́ние.

3) В на́шем го́роде есть хоро́ший рестора́н.

4) В университе́те есть глубо́кое о́зеро.

5) У тури́стов бу́дет интере́сная экску́рсия.

6) В мое́й ко́мнате был кни́жный шкаф.

7) У дете́й бы́ли дома́шние зада́ния.

정답 1 1) У меня́ не́ было краси́вой маши́ны. 나에게는 예쁜 차가 없었다.

     2) У нас не бу́дет ва́жного собра́ния. 우리에게는 중요한 회의가 없을 것이다.

     3) В на́шем го́роде нет хоро́шего рестора́на. 우리의 도시에는 훌륭한 레스토랑이 없다.

     4) В университе́те нет глубо́кого о́зера. 대학교에는 깊은 호수가 없다.

     5) У тури́стов не бу́дет интере́сной экску́рсии. 관광객들에게는 재미있는 투어 프로그램이 없을 것이다.

     6) В мое́й ко́мнате не́ было кни́жного шка́фа. 나의 방에는 책장이 없었다.

     7) У дете́й не́ было дома́шних зада́ний. 아이들에게는 숙제가 없었다.

Упражнения

① 다음 괄호 속의 단어를 이용하여 문법에 맞게 각 질문에 답해 보세요.

> **보기**
>
> Откýда ты приéхала? (из, Канáда) → Я приéхала <u>из Канáды</u>.

1) Когдá родѝтели смóтрят телевѝзор? (пóсле, ýжин)

→ _____

2) Почемý друзья́ не пришлѝ в гóсти к тебé? (из-за, сѝльный дождь)

→ _____

3) Где ты стоѝшь сейчáс? (у, вход в парк)

→ _____

4) Для когó Кóля сдéлал э́то? (для, любѝмая женá)

→ _____

5) Какóй кóфе вы бýдете пить? (без, молокó)

→ _____

6) Откýда онá вернýлась домóй? (с, стадиóн)

→ _____

7) Из чегó пóвар готóвит шашлыкѝ? (из, свинѝна)

→ _____

8) От когó Жéня получѝл подáрки? (от, шкóльная подрýга)

→ _____

② 다음 각 문장에서 문법상 <u>어색한</u> 부분을 찾아 고쳐 보세요.

1) Я ѝскренне желáю вам любóвь и рáдость.

→ _____

2) Вéчером в э́том рестoрáне свобóдные стóлики мáло.

→ _____

3) Ра́ньше у него́ не была́ креди́тная ка́рта.

→ _____

4) Он ча́сто избега́ет встре́чу со мно́й.

→ _____

5) Каки́е лю́ди боя́тся переме́ну в жи́зни?

→ _____

6) В на́шей гру́ппе у́чатся не́сколько у́мной де́вочки.

→ _____

📖 작문으로 만들어 보는 나만의 쏠쏠한 회화사전

A : _____   당신은 어디 출신인가요? (어디서 오셨나요?)

B : _____   저는 **서울 출신**입니다.

A : _____   당신은 무엇을 두려워하시나요?

B : _____   저는 **병을** 두려워합니다.

A : _____   당신에게 오빠가 있습니까?

B : _____   아니요, 저는 **오빠가** 없습니다.

A : _____   당신은 무엇을 요구하나요?

B : _____   저는 **진실을** 요구합니다.

정답 확인은 239페이지

🔬 오늘의 도전 문장 확인!

Ско́лько вре́мени ну́жно (на́до) идти́ от апте́ки до вокза́ла?

우리는 매주 산에 간다.

Ка́ждую неде́лю мы хо́дим в го́ры.

🔊 21강

오늘의 목표   대격 지배 전치사, 동사, 특수 용법을 익히면서 대격을 종합적으로 학습해 봅니다.

오늘의 도전 문장 ✏️

이라는 3일 전에 산에 다녀왔고, 한 달 후에는 바다에 갈 것이다.

대격의 기본적인 쓰임이 '~을(를)' 즉, 직접 목적어의 역할이므로 보통은 타동사들과 함께 사용하는 경우가 많습니다. 하지만 이번 21과에서는 일반적인 타동사보다는, 한국어 문법과 달라 자칫 실수하기 쉬운 대격 지배 동사들 위주로 배워보겠습니다. 대격의 기본적인 쓰임 외에도, 동사 다음에 한국어로 '~에게'라는 해석이 되지만 러시아어로는 대격('~을(를)')을 수반하는 동사들이 있습니다. 또한 대격 지배 전치사와 함께 활용되는 다양한 숙어와, 시간을 나타내는 대격의 특수 용법까지 알아보겠습니다.

① 대격 지배 전치사

대격과 함께 쓰는 전치사는 в, на, за, под, че́рез, про입니다. 이미 전치격과 조격 지배 전치사 내용에서 배운 전치사도 있는데, 대격과 함께 쓰일 땐 의미가 어떻게 달라지는지 정확히 구분해야 합니다. 먼저 전치사 в, на, за, под의 쓰임을 한번에 정리해 보겠습니다. 이 전치사들은 기본적으로 'куда́ 어디로' 형태의 의미를 가지고 있는데, 전치사 в와 на 중 뒤에 나오는 명사에 따라 전치사를 선택하며 뜻은 '~(으)로'입니다. 주로 동작동사와 함께 쓰고, 이동하는 목적지나 대상을 나타냅니다. 전치사 в와 на를 구분하는 기준과 쓰임은 6과(전치격)와 16과(전치격 심화 학습)를 참고하시기 바랍니다. 전치사 за는 '~뒤로, ~너머', 전치사 под는 '~아래로, ~밑으로'라는 뜻을 가지고 있는데, 특히 이 전치사들이 조격과 함께 쓰는 경우의 용법과 혼동하지 않도록 유의해야 합니다. (19과 조격 심화 학습 참고)

예 Сейча́с я иду́ **в музе́й**.	지금 나는 박물관으로 걸어가고 있다.
Неда́вно мы перее́хали **на юг**.	얼마 전에 우리는 남쪽으로 이사했다.
Позавчера́ они́ е́здили **за́ город**.	그저께 그들은 교외로 다녀왔다.
Кни́га упа́ла **под дива́н**.	책이 소파 아래로 떨어졌다.

전치사 че́рез는 '~을(를) 건너서', '가로질러', '~을(를) 통하여'라고 해석하며, 장소 표현, 방법이나 수단을 통해 행위가 이루어지는 경우에 쓰입니다. 전치사 про는 '~에 대하여'라는 뜻으로, 전치격 지배 전치사 о의 쓰임과 유사합니다. 의미 차이는 거의 없다고 볼 수 있으며, 보통 구어체와 회화 표현에서 전치사 про를 더 자주 사용합니다.

예 Она́ перешла́ **че́рез э́ту у́лицу**.	그녀는 이 길을 건넜다.
Ива́н покупа́ет кни́ги **че́рез Интерне́т**.	이반은 인터넷을 통해 책을 구매한다.
Он ча́сто говори́л мне **про тебя́**.	그는 나에게 너에 대해 자주 말했다.

1 다음 주어진 전치사 중 문맥에 맞는 것을 골라 보세요.

> а) в ти́хую дере́вню б) в ти́хой дере́вне

1) Они́ живу́т _____ .   Они́ е́дут _____ .

> а) на класси́ческом конце́рте б) на класси́ческий конце́рт

2) Я опозда́л _____ .   Я встре́тился с ним _____ .

> а) за рубе́ж б) за рубежо́м

3) Она́ уже́ пое́хала _____ .   Она́ хо́чет учи́ться _____ .

> а) под больши́м де́ревом б) под большо́е де́рево

4) Де́ти садя́тся _____ .   Де́ти отдыха́ют _____ .

2 다음 문장에서 문맥에 맞도록 괄호 안에 적절한 전치사를 넣어 보세요.

1) Моя́ подру́га прие́хала (   ) Коре́ю (   ) Кита́й.
   내 친구는 중국을 경유하여 한국에 왔다.

2) Я нашла́ кни́гу (   ) любо́вь (   ) крова́тью.
   나는 침대 밑에서 사랑에 관한 책을 찾았다.

정답 **1** 1) Они́ живу́т **б) в ти́хой дере́вне**. / Они́ е́дут **а) в ти́хую дере́вню**.
　　　2) Я опозда́л **б) на класси́ческий конце́рт**. / Я встре́тился с ним **а) на класси́ческом конце́рте**.
　　　3) Она́ уже́ пое́хала **а) за рубе́ж**. / Она́ хо́чет учи́ться **б) за рубежо́м**.
　　　4) Де́ти садя́тся **б) под большо́е де́рево**. / Де́ти отдыха́ют **а) под больши́м де́ревом**.

　　2 1) Моя́ подру́га прие́хала **в** Коре́ю **че́рез** Кита́й.
　　　2) Я нашла́ кни́гу **про** любо́вь **под** крова́тью.

2 대격 지배 동사

대격 지배 동사 중 가장 많이 틀리는 동사들부터 먼저 배워 보겠습니다. 일상 회화 표현에서 자주 쓰는 동사이기도 하므로 반드시 정확하게 암기해야 합니다. 동사의 의미나 한국어 문법과 상관없이 숙어처럼 기억해 두는 것이 효과적입니다.

спрáшивать	**+ (у) когó + о ком / чём**	~에게 ~에 대해 묻다
просить	**+ когó + о ком / чём, что, 동사 원형**	~에게 ~에 대해 / ~을(를) / ~할 것을 요청하다, 부탁하다
благодарить	**+ когó + за 대격**	~에게 ~에 대하여 감사해하다
учить	**+ когó + чемý / + что**	~에게 ~을(를) 가르치다 / ~을(를) 배우다

> **예** Мы благодарим **их** за пóмощь.   (우리는) 도와주셔서 그들께 감사 드린다.
>
> Профéссор спрáшивал **меня** о плáнах на бýдущее.
> 교수님은 나에게 미래에 대한 계획에 대해 물어보셨다.
>
> О чём ты спрáшиваешь **Волóдю**?   너는 발로쟈에게 무엇에 대해 물어보고 있니?
>
> Я прошý **вас** прекратить спор.   저는 당신께 논쟁을 중단해 줄 것을 요청 드립니다.
>
> Виктор ýчит **моих детéй** математике.   빅토르는 내 아이들에게 수학을 가르친다.

이번에는 대격 지배 전치사들과 함께 쓰는 동사들을 알아보겠습니다. 이 중에서 일부는 동사 형태를 바꾸면, 전치사와의 결합 없이 동사 의미가 피동에서 능동으로 바뀌기도 합니다.

надéяться	**+ на 대격**	기대하다, 바라다, 희망하다
жáловаться		불평하다, 호소하다, 고통을 말하다
обижáть	**+ 대격**	~을(를) 기분 나쁘게 하다, 무례하게 대하다
обижáться	**+ на 대격**	~에 기분이 나쁘다, 모욕감을 느끼다, 불쾌해하다
сердить	**+ 대격**	~을(를) 성나게 하다, 약 오르게 하다, 화나게 하다
сердиться	**+ на 대격**	~에 화내다, 성나다, 성질 내다

> **예** Я надéюсь **на** дальнéйш**ее** сотрýдничеств**о** с вáми.
> 저는 당신과의 향후 협력을 기대합니다.
>
> Почемý ты всегдá обижáешься **на неё**?   왜 항상 너는 그녀에게 기분 나빠하니?
>
> Он жáлуется **на мáленькую зарплáту**.   그는 적은 임금에 불만이 있다.
>
> Весь день брат сердился **на меня**.   오빠는 하루 종일 나에게 화를 냈다.

играть	+ в 대격 (스포츠 종목)	(스포츠 종목) 운동하다
вы́йти за́муж	+ за 대격	(여자가) 결혼하다

예 Ру́сские лю́бят игра́ть **в футбо́л**.　　　러시아인들은 축구하는 것을 좋아한다.

Я хочу́ вы́йти за́муж **за тебя́**.　　　나는 너와 결혼하고 싶다.

📋 **mini test**

1 다음 각 문장에서 문법상 <u>어색한</u> 부분을 찾아 고치세요.

1) Я и́скренне благодарю́ вам тёплый приём.

2) Како́й предме́т вы у́чите им?

3) С кем твоя́ тётя вы́шла за́муж?

4) Скажи́те, пожа́луйста, что вы жа́луете?

- -

정답 **1** 1) Я и́скренне благодарю́ **вас за** тёплый приём. 따뜻하게 환대해 주셔서 진심으로 감사 드립니다.

2) Как**о́му** предме́т**у** вы у́чите **их**? 당신은 그들에게 어떤 과목을 가르치나요?

3) **За кого́** твоя́ тётя вы́шла за́муж? 너의 고모(이모)는 누구와 결혼을 하셨니?

4) Скажи́те, пожа́луйста, **на** что вы жа́луете**сь**? 당신은 무엇에 불만이 있는지 말씀해 주세요.

대표적인 대격 특수 용법은 바로 '시간 관련 표현'입니다. 대격 지배 전치사를 비롯한 다양한 전치사들과 결합하여 쓰는데, 각각의 형태와 활용법을 익혀 보겠습니다. 또한 전치사 없이 오로지 시간, 계절, 기간 관련 어휘만으로도 나타낼 수 있는 용법도 자세히 살펴보겠습니다.

전치사 **в**: ~요일에, ~시간에, ~에	1) 시각 예 в 2 часá 2시에 2) 요일 예 в сре́ду 수요일에 3) ~시간에 예 в свобо́дное вре́мя 여가 시간에
전치사 **на** (예정된 기간): ~동안, ~에	1) ~ 동안 예 на ме́сяц 한 달 동안 2) ~ 에 예 на како́е число́ ~ 며칠에
전치사 **за**: ~만에 (~동안)	예 за 5 дней 5일 만에
전치사 **че́рез**: ~후에	예 че́рез неде́лю 1주일 후에
전치사 **наза́д**: ~전에 * 전치사 어순 주의	예 час наза́д 1시간 전에
전치사 없는 표현(일정 시간 / 기간): ~동안	1) 시간 예 30 мину́т 30분 동안 2) 기간 예 10 лет 10년 동안 예 весь день 하루 종일

예 **В понеде́льник** я верну́лась домо́й **в 10 часо́в**. — 월요일에 나는 10시에 집에 돌아왔다.

На ско́лько вре́мени вы прие́хали в Росси́ю? — 당신은 얼마 동안(예정으로) 러시아에 왔습니까?

Он прочита́л кни́гу **за час**. — 그는 1시간 만에 책을 다 읽었다.

Ма́ша пое́дет к нему́ **че́рез 2 дня**. — 마샤는 2일 후에 그에게 갈 예정이다.

Они́ перее́хали в США **5 лет наза́д**. — 그들은 5년 전에 미국으로 이민 갔다.

Мы учи́лись в Япо́нии **4 ме́сяца**. — 우리는 일본에서 4개월 동안 공부했다.

전치사 없이 사용하는 용법 중 형용사 'ка́ждый 매 ~, ~마다'와 시간이나 기간, 계절 어휘와 결합하면 일정한 주기를 나타낼 수 있는 용법이 있습니다. 전치사는 없지만 '형용사+명사' 모두 대격 변화를 한다는 점을 꼭 기억해야 합니다.

예 **Ка́ждую неде́лю** мы хо́дим в го́ры.　　우리는 매주 산에 간다.

Ка́ждый день он встреча́ется с ней.　　그는 매일 그녀를 만난다.

Ка́ждое ле́то роди́тели е́здят в Сиби́рь.　　매년 여름 부모님은 시베리아에 가신다.

 mini test

1 **해석을 참고하여 주어진 단어를 적절한 표현으로 바꾸어 문장을 완성하세요.**

1) Что вы де́лаете (свобо́дное вре́мя)?　　여가 시간에 당신은 무엇을 합니까?

2) (Ско́лько вре́мени) ты спал?　　너는 얼마 동안 잠을 잔 거니?

3) Позвони́ ей (10 мину́т)!　　10분 후에 그녀에게 전화해 봐!

4) (Ка́ждая ночь) он пи́шет письмо́ мне.　　매일 밤에 그는 내게 편지를 쓴다.

5) Я хочу́ купи́ть биле́т (6 часо́в ве́чера).　　저는 저녁 6시 표를 사고 싶어요.

6) Где Да́ша жила́ (20 лет)?　　다샤는 20년 전에 어디에 살았니?

7) Сын сде́лал дома́шние зада́ния (2 часа́).　　아들은 2시간 만에 숙제를 다 했다.

8) (Выходны́е) мы обы́чно смо́трим фи́льмы.　　우리는 보통 주말에 영화를 본다.

정답 1 1) Что вы де́лаете в свобо́дное вре́мя?

2) Ско́лько вре́мени ты спал?

3) Позвони́ ей че́рез 10 мину́т!

4) Ка́ждую ночь он пи́шет письмо́ мне.

5) Я хочу́ купи́ть биле́т на 6 часо́в ве́чера.

6) Где Да́ша жила́ 20 лет наза́д?

7) Сын сде́лал дома́шние зада́ния за 2 часа́.

8) В выходны́е мы обы́чно смо́трим фи́льмы.

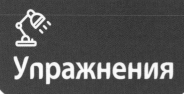

Упражнения

① 다음 괄호 속의 단어를 이용하여 각 질문에 문법에 맞게 답해 보세요.

> **보기**
>
> Куда́ вы идёте? (ры́нок) → Я иду́ <u>на ры́нок</u>.

1) Кого́ шко́льники спра́шивают об э́том?　(но́вая учи́тельница)

→ _____

2) Во что он иногда́ игра́ет?　(бадминто́н)

→ _____

3) Как ча́сто ты хо́дишь в библиоте́ку?　(ка́ждая пя́тница)

→ _____

4) Когда́ ва́ша дочь око́нчит университе́т?　(3 неде́ли)

→ _____

5) Во ско́лько вре́мени мы встре́тимся?　(4 часа́)

→ _____

6) Про что вы лю́бите смотре́ть фи́льмы?　(ру́сская исто́рия)

→ _____

7) За кого́ де́вушка хо́чет вы́йти за́муж?　(симпати́чный челове́к)

→ _____

8) На что совреме́нные лю́ди жа́луются?　(головна́я боль)

→ _____

❷ 다음 주어진 내용이 완전한 문장이 될 수 있도록, 문법에 맞는 내용을 골라 연결하세요.

На стадио́не спортсме́ны игра́ют •   • 3 часа́ наза́д?

Куда́ ты хо́чешь пое́хать •   • на экску́рсию в Ру́сский музе́й.

Ви́ка у́чит англи́йскому языку́ •   • в баскетбо́л.

Где они́ бы́ли •   • че́рез 2 го́да?

За́втра мы пое́дем •   • шко́льниц.

 **작문으로 만들어 보는 나만의 쏠쏠한 회화사전**

A : _____ 당신은 어디로 가고 있습니까?

B : _____ 저는 **수업에 가고** 있습니다.

A : _____ 당신은 누구에게 이것에 대해 물어보시나요?

B : _____ 저는 **친한 친구들에게** 물어봅니다.

A : _____ 당신은 얼마 동안 음악을 들었습니까?

B : _____ 저는 **한 시간 동안** 들었습니다.

A : _____ 당신은 얼마 동안 (예정으로) 미국에 가나요?

B : _____ 저는 **1주일 동안** 갑니다.

정답 확인은 240페이지

🔬 **오늘의 도전 문장 확인!**

3 дня наза́д И́ра ходи́ла в го́ры, а че́рез ме́сяц пое́дет на мо́ре.

공원에서 나를 기다려!
Жди́ меня́ в па́рке!

22강

오늘의 목표 동사에 따라 달라지는 명령형의 형태와 용법을 익혀 봅니다.

오늘의 도전 문장 ✏️

새로운 프로젝트를 논의해 보자!

명령형(повели́тельное наклоне́ние)은 주로 청자가 어떠한 행위를 하도록 화자가 직접 지시하거나 요청 또는 충고의 목적으로 사용됩니다. 이번 과에서는 러시아어 동사로 명령문을 만드는 방법을 알아보고, 동사의 상에 따라 달라지는 명령문 용법도 함께 익혀 보겠습니다. 특히 명령문을 배우기에 앞서, 각 동사의 인칭 변화형과 강세 위치, 동사의 상을 구분하는 내용을 모두 확실하게 학습해 두는 것이 좋습니다. 먼저 러시아어 동사를 명령형으로 바꾸는 법을 배워 보겠습니다.

1 명령형 기본

1.1 명령형 바꾸기: 어미 –й(те)

명령형을 만들기 위해서는 먼저 동사를 3인칭 복수형(они́) 형태로 변화시켜야 합니다. 이어서 3인칭 복수형 어미 (-ют, -ут, -ят, -ат)를 떼낸 후 마지막 철자가 모음인 경우에 명령형 어미 ‘-й’를 붙입니다. 여기에 청자가 복수형이거나 존칭의 의미를 나타낼 땐 ‘-те’가 추가됩니다. чита́ть(읽다) 동사로 예를 들면, 3인칭 복수 형태인 ‘чита́ют’에서 ‘-ют’를 떼고 마지막 철자가 모음 ‘а’이므로, ‘-й’를 붙이면 ‘чита́й(읽어라!) / чита́йте(읽으세요!)’가 만들어집니다. -ся로 끝나는 동사는 명령형으로 바꾸면 ‘-йся’ 또는 ‘-йтесь’ 형태가 됩니다.

동사 원형	3인칭 복수형(они́)	모음 + й (те)
рабо́тать	рабо́та-**ют**	рабо́тай (те) 일해라! (일하세요!)
гуля́ть	гуля́-**ют**	гуля́й (те) 산책해라! (산책하세요!)
рисова́ть	рису́-**ют**	рису́й (те) 그려라! (그리세요!)
петь	по-**ю́т**	по́й (те) 노래 불러라! (노래 부르세요!)
возвраща́ться	возвраща́-**ются**	возвраща́йся (тесь) 돌아와! (돌아와요!)

예 **Слу́шай** класси́ческую му́зыку! 클래식 음악을 들어라!

Открыва́й дверь! 문을 열어라!

Принима́йте душ! 샤워하세요!

Возвраща́йтесь домо́й! 집으로 돌아오세요!

1.2 명령형 바꾸기: 어미 -и(те)

이번에는 동사의 3인칭 복수형 어미(-ют, -ут, -ят, -ат)를 떼낸 후의 마지막 철자가 자음인 경우를 살펴보겠습니다. 강세 위치를 확인해야 하는 절차가 추가됩니다. 1인칭 단수형(я) 형태에서 강세가 어미(-ю, -у)에 있으면 명령형 어미 '-и'를 붙입니다. 마찬가지로 청자가 복수형이거나 존칭의 의미를 나타낼 때는 '-те'가 추가됩니다. говори́ть(말하다) 동사로 예를 들면, 3인칭 복수 형태인 'говоря́т'에서 '-ят'를 떼고 마지막 철자가 자음(р)인 것을 확인합니다. 그리고 1인칭 단수형인 'говорю́'에서 강세가 어미 '-ю'에 있으니 명령형 어미 '-и'를 붙이면 'говори́(말해!) / говори́те(말하세요!)'가 만들어집니다. -ся로 끝나는 동사는 명령형으로 바꾸면 '-ись' 또는 '-итесь' 형태가 됩니다.

동사 원형	3인칭 복수형(они́)	1인칭 단수형(я)	자음+и(те)
смотре́ть	смо́тр-**ят**	смотр-**ю́**	смотри́ (те) 보아라! (보세요!)
ждать	жд-**у́т**	жд-**у́**	жди́ (те) 기다려라! (기다리세요!)
писа́ть	пи́ш-**ут**	пиш-**у́**	пиши́ (те) 써라! (쓰세요!)
учи́ться	у́ч-**атся**	уч-**у́сь**	учи́сь (тесь) 공부해라! (공부하세요!)

예 **Жди́** меня́ в па́рке!   공원에서 나를 기다려!

Не смотри́ телеви́зор!   TV를 보지 말아라!

Купи́ сы́ну игру́шки!   아들에게 장난감을 사 줘라!

Ложи́тесь спать в 9 часо́в!   9시에 잠자리에 드세요!

1.3 명령형 바꾸기: 어미 -ь(те)

그렇다면 명령형 어미 '-ь'는 언제 붙이면 될까요? 동사의 3인칭 복수형 어미(-ют, -ут, -ят, -ат)를 뗀 후 마지막 철자가 자음인 것을 확인하는 단계까지는 동일합니다. 1인칭 단수형(я) 형태에서 강세가 어미가 아닌 어간에 있는 경우에 명령형 어미 '-ь'를 붙입니다. 이 명령형 또한 청자가 복수형이거나 존칭의 의미를 나타낼 때는 '-те'가 추가됩니다. 예를 들면, гото́вить(준비하다, 요리하다)의 3인칭 복수 형태인 'гото́вят'에서 '-ят'를 떼어 내고 마지막 철자가 자음(в)인 것을 확인합니다. 그리고 1인칭 단수형인 'гото́влю'에서 강세가 어간('-о-')에 있으니 명령형 어미 '-ь'를 붙이면 'гото́вь(준비해!) / гото́вьте(준비하세요!)'가 만들어집니다. -ся로 끝나는 동사는 명령형으로 바꾸면 '-ься' 또는 '-ьтесь' 형태가 됩니다.

동사 원형	3인칭 복수형(они́)	1인칭 단수형(я)	자음+ь(те)
отве́тить	отве́т-**ят**	отве́ч-у	отве́ть (те) 답해라! (답하세요!)
забы́ть	забу́д-**ут**	забу́д-у	забу́дь (те) 잊어라! (잊으세요!)
встать	встан-**ут**	вста́н-у	вста́нь (те) 일어나라! (일어나세요!)
оста́ться	оста́н-**утся**	оста́н-усь	оста́нься (тесь) 남아라! (남으세요!)

예 **Отве́тьте** на вопро́сы!   질문에 답하세요!

Не забу́дь нас!   우리를 잊지 마!

Встре́тьте её обяза́тельно!   그녀를 반드시 만나세요!

Познако́мьтесь с Анто́ном!   안톤과 인사 나누세요!

1.4 명령형 특수형

지금까지 배운 명령형 만들기 규칙과 상관없이, 독특하게 명령형으로 바뀌는 동사들도 있습니다. 이들은 그야말로 특수형에 속하므로 기존에 익힌 방법을 고려하지 말고, 형태 그대로 암기하는 것이 좋습니다. 특히 명령형 특수형은 '-авать' 동사나 동사의 접두사가 'вы-'인 경우가 많습니다.

동사 원형	3인칭 복수형(они)	명령형
передава́ть	переда-**ют**	передава́**й** (те) 전해 줘라! (전해 주세요!)
встава́ть	вста-**ют**	встава́**й** (те) 일어나라! (일어나세요!)
вы́брать	вы́бер-**ут**	вы́бер**и** (те) 골라라! (고르세요!)
выходи́ть	выхо́д-**ят**	выходи́**й** (те) 나가라! (나가세요!)
пить	пь-**ют**	пе́**й** (те) 마셔라! (마시세요!)
есть	ед-**я́т**	е́ш**ь** (те) 먹어라! (드세요!)

---

 mini test

1 다음 문장에서 *이탤릭체*로 표시된 동사의 명령형을 만들어 보세요.

1) Ка́ждый день Ма́ша *повторя́ла* ру́сские слова́. 마샤는 매일 러시아 단어들을 복습했다.

2) Он *показа́л* нам интере́сные фотогра́фии. 그는 우리에게 흥미로운 사진들을 보여 줬다.

3) Мы *жи́ли* в Росси́и 2 го́да. 우리는 2년 동안 러시아에 살았다.

4) Когда́ ты *встал* сего́дня? 너는 오늘 언제 일어났니?

5) Почему́ Ки́ра *бои́тся* твоего́ отца́? 키라는 왜 너의 아버지를 무서워하니?

6) Что вы *продаёте*? 당신은 무엇을 파나요?

7) Они́ *помога́ли* мне найти́ доро́гу. 그들은 내가 길 찾는 것을 도와줬다.

8) Кто *вошёл* в аудито́рию? 누가 강의실에 들어왔나요?

정답 **1** 1) повторя́**й** (те) 2) покаж**и́** (те) 3) жив**и́** (те) 4) вста́**нь** (те)
5) бо́**йся** (тесь) 6) продава́**й** (те) 7) помога́**й** (те) 8) войди́ (те)

명령형 심화

2.1 권유형 용법

화자가 청자에게 직접적으로 지시하는 명령이 아닌, 어떤 행위를 함께 하자고 제안하는 형태의 권유형 용법이 있습니다. 이때는 дава́ть(주다) 동사의 명령형인 дава́й(те)를 이용하는데, 동사의 본연의 의미와는 상관없이 '~하자' 또는 '~합시다'라는 뜻을 가지게 됩니다. дава́й(те) 표현 다음에는 불완료상(НСВ) 동사의 원형이나 완료상(СВ) 동사의 1인칭 복수형(мы)을 사용합니다.

> 예 **Дава́й** игра́ть в футбо́л! 축구하자!
>
> **Дава́йте** пойдём вме́сте в музе́й! 박물관에 같이 갑시다!
>
> **Дава́й** посмо́трим ру́сский бале́т! 러시아 발레를 보자!
>
> **Дава́йте** танцева́ть! 춤을 춥시다!

2.2 3인칭 명령형 용법

화자가 2인칭 형태(ты, вы)가 아닌 3인칭 단수 또는 복수형의 청자에게 어떤 행동을 하도록 명령하는 용법으로서, 주로 '~에게 ~을(를) 하게 하다'라고 해석합니다. 3인칭 명령형을 만드는 방법은 매우 간단합니다. 'пусть'라는 단어를 문장의 맨 앞에 배치한 다음, 3인칭 단수 또는 복수형을 주어로 하는 완전한 문장을 그대로 쓰면 됩니다.

> 예 **Пусть** они́ ждут меня́! 그들이 나를 기다리게 하세요!
>
> **Пусть** ребёнок ложи́тся спать ра́но! 아이가 일찍 잠자리에 들게 해라!
>
> **Пусть** она́ не идёт в шко́лу сего́дня! 오늘 그녀가 학교에 가지 못하게 하세요!

📋 mini test

1 다음 주어진 동사를 활용하여 한국어 문장을 러시아어로 작문해 보세요.

1) 6시에 레스토랑에서 만나자! (встре́титься)
→ _____

2) 한국 음악을 들어 봅시다! (слу́шать)
→ _____

3) 우리와 함께 바다에 갑시다! (пое́хать)
→ _____

4) 그들이 나에게 오게 하세요! (прие́хать)
→ _____

5) 알렉세이가 집에 돌아가게 하세요! (верну́ться)
→ _____

....

정답 **1** 1) Дава́й встре́тимся в 6 часо́в в рестора́не!
2) Дава́йте слу́шать коре́йскую му́зыку!
3) Дава́йте пое́дем на мо́ре с на́ми!
4) Пусть они́ прие́дут ко мне́!
5) Пусть Алексе́й вернётся домо́й!

3 동사의 상에 따른 명령문 용법

우리는 이미 러시아어의 동사에는 '상'이라는 개념이 있고, 대부분의 동사는 '불완료(НСВ)-완료(СВ)'의 한 쌍으로 이루어져 있다는 점을 배웠습니다. 명령문 또한 동사의 상을 고려해서, 각 용법에 따라 구분하여 사용해야 합니다. 그렇지만 이제부터 배우게 될 단 몇 가지의 용법으로 모든 명령문을 구분할 수는 없습니다. 대화가 이루어지는 상황과 앞뒤 맥락, 뉘앙스에 따라 조금씩 달라질 수 있으며 예외가 있다는 사실을 염두에 두어야 합니다.

3.1 불완료상 동사 명령형

불완료상 동사는 일반적으로 행위 그 자체의 의미를 전달하거나, 반복적 또는 계속적으로 행위가 이루어지는 경우에 사용합니다. 명령형도 이 용법을 그대로 따르게 됩니다. 그야말로 일반적인 명령을 나타내거나, 청자가 어떤 행위를 반복적으로 또는 계속적으로 하도록 지시하는 경우에 불완료상 동사로 명령형을 만들어 사용합니다. 또한 매우 긴박한 상황에 처해 있을 때도 '지금 즉시, 곧바로' 행위를 이행하라는 의미를 내포하며 불완료상 동사 명령형을 씁니다. 부정 명령문은 행위의 불필요함이나 금지를 나타낼 때 사용됩니다.

> **예** **Говори́те** погро́мче! Я пло́хо слы́шу.
> 더 크게 말씀해 주세요! 잘 들리지 않아요. (상대방이 더 크게 말하도록 지시하는 일반적인 명령)
>
> **Пиши́** пи́сьма друзья́м ка́ждый ме́сяц!
> 매달 친구들에게 편지를 써라! (매달 이루어지는 반복적 행위를 위한 명령)
>
> **Чита́й** текст да́льше!
> 텍스트를 더 읽어라! (계속적 행위를 위한 명령)
>
> **Звони́те** в поли́цию!
> 경찰에 전화하세요! (급박한 상황에서 신속한 행위 이행을 위한 명령)
>
> **Не приноси́те** во́дку! Я не пью.
> 보드카를 가져오지 마세요! 저는 술을 안 마셔요. (불필요함을 나타내는 부정 명령)
>
> **Не кури́те** здесь!
> 여기서 담배 피우지 마세요! (금지를 나타내는 부정 명령)

3.2 완료상 동사 명령형

행위의 결과나 완료 여부가 강조되는 상황에서 주로 완료상 동사를 이용한 명령형을 씁니다. 또한 일회성을 나타내는 완료상 동사의 용법에 걸맞게, 명령형도 일회적인 지시나 요청, 부탁을 하는 경우에 사용합니다. 부정문에서는 강력한 경고나 우려를 나타내는 상황 또는 행위의 불가능을 표현합니다.

> **예** **Откро́йте** окно́ сейча́с!
> 지금 창문을 여세요! (행위 결과를 기대하는 명령)
>
> **Покажи́те** биле́ты, пожа́луйста!
> 표를 보여 주세요! (행위 결과를 기대하는 명령)
>
> **Позвони́** мне сего́дня ве́чером!
> 오늘 저녁에 나에게 전화해! (일회적으로 일어나는 행위를 위한 명령)
>
> **Да́ша! Не забу́дь** вы́ключить свет в ко́мнате пе́ред сном!
> 다샤! 자기 전에 방에서 불 끄는 것을 잊어버리지 말아라! (강력한 경고를 나타내는 부정 명령)
>
> **Не потеря́йте** зонт! Ско́ро бу́дет си́льный до́ждь.
> 우산을 잃어버리지 마세요! 곧 강한 비가 올 거예요. (우려를 나타내는 부정 명령)

1 다음 괄호 안에 있는 동사 중 문맥에 맞는 명령형을 골라 보세요.

1) (Выключа́й – Вы́ключи) телеви́зор, когда́ ты выхо́дишь из до́ма!
집에서 나갈 때는 TV를 꺼라!

2) Не (броса́йте – бро́сьте) му́сор в мо́ре!
바다에 쓰레기를 버리지 마시오!

3) Мо́жно заказа́ть? (Дава́йте – Да́йте) мне чёрный чай и пирожки́ на десе́рт!
주문해도 될까요? 디저트로 홍차와 파이를 주세요!

4) (Принима́й – Прими́) э́то лека́рство по вечера́м пе́ред сно́м!
이 약을 저녁마다 자기 전에 복용해라!

5) Не (забыва́йте – забу́дьте) о сего́дняшнем собра́нии! Э́то о́чень ва́жно.
오늘 미팅을 잊지 마세요! 아주 중요한 일입니다.

6) Ко́ля! Уже́ 8 часо́в. (Встава́й – Вста́нь) сейча́с!
꼴랴! 벌써 8시야. 이제 일어나렴!

정답 **1** 1) **Выключа́й** телеви́зор, когда́ ты выхо́дишь из до́ма!

2) Не **броса́йте** му́сор в мо́ре!

3) Мо́жно заказа́ть? **Да́йте** мне чёрный чай и пирожки́ на десе́рт!

4) **Принима́й** э́то лека́рство по вечера́м пе́ред сно́м!

5) Не **забу́дьте** о сего́дняшнем собра́нии! Э́то о́чень ва́жно!

6) Ко́ля! Уже́ 8 часо́в. **Вста́нь** сейча́с!

Упражнения

❶ 다음 보기와 같이 주어진 단어를 이용하여 명령문을 만들어 보세요.

> **보기**
>
> Пока́зывать — показа́ть (ей) го́род.
> → Покажи́(те) ей го́род!   Не пока́зывай(те) ей го́род!

1) Ждать — подожда́ть   (Ю́ру)

→ _____

2) Передава́ть — переда́ть   (им приве́т)

→ _____

3) Ста́вить — поста́вить   (уче́бник на по́лку)

→ _____

4) Петь — спеть   (пе́сню)

→ _____

5) Находи́ть – найти́   (её су́мку)

→ _____

6) Закрыва́ть — закры́ть   (дверь)

→ _____

7) Догова́риваться — договори́ться   (о встре́че)

→ _____

8) Приходи́ть — прийти́   (сюда́)

→ _____

❷ 괄호 안에 있는 동사 중 문법에 맞는 형태를 골라 명령형으로 바꾸세요.

1) Э́то секре́т. Никому́ не (говори́ть – сказа́ть)!

2) (Писа́ть – Написа́ть) снача́ла э́ту откры́тку, а пото́м иди́ гуля́ть!

3) О́чень интере́сно! (Расска́зывать – Рассказа́ть) да́льше!

4) Зна́ешь, ско́лько сейча́с вре́мени? Уже́ час но́чи. Не (звони́ть – позвони́ть) Со́не!

5) (Повторя́ть – Повтори́ть) ру́сские глаго́лы ка́ждый день!

6) Ты си́льно заболе́л. Не (идти́ – пойти́) никуда́!

📖 작문으로 만들어 보는 나만의 쏠쏠한 회화사전

A : _____ 당신은 점심 식사로 무엇을 원하나요?

B : _____ 초콜릿이 들어간 블린과 사과 주스를 **주세요!**

A : _____ 사진 찍어도 되나요?

B : _____ 여기서는 안 됩니다. 사진 **찍지 마세요!**

A : _____ 죄송합니다. 제가 수업에 늦었습니다.

B : _____ 앞으로 더 이상 수업에 **늦지 마세요!**

A : _____ 방 안이 너무 답답하네요.

B : _____ 저도 그래요. 창문을 **여세요!**

정답 확인은 241페이지

 오늘의 도전 문장 확인!

Дава́й обсу́дим но́вый прое́кт!

Урок 23 관계대명사 & 접속사 심화 학습

나는 러시아에서 온 새로운 운동선수를 안다.

Я зна́ю но́вого спортсме́на, кото́рый прие́хал
из Росси́и.

🔊 23강

오늘의 목표 관계대명사 'кото́рый'의 개념을 익히고, 여러 접속사를 이용하여 복문을 만들어 봅니다.

오늘의 도전 문장 ✏

만약 당신이 원한다면, 제가 일했던 도시에 대해 이야기해 드리겠습니다.

두 절 이상의 문장을 구성할 때는 주절과 종속절을 연결해 주는 접속사나 관계대명사가 반드시 필요합니다. 이번 23과에서는 대표적인 관계대명사인 'кото́рый' 구문과 의문사를 활용한 접속사 용법을 포함하여 다양한 복문 구성 방법을 배워 보겠습니다. 먼저 형용사 어미와 동일한 형태를 갖춘 관계대명사 'кото́рый' 내용부터 자세히 알아보겠습니다.

1 관계대명사 кото́рый

관계대명사는 두 문장을 한 문장으로 연결하면서 특정 단어에 대한 부가 설명을 해 주는 역할이므로, 항상 선행사가 존재합니다. 사람이나 사물, 장소 등 모든 명사가 선행사가 될 수 있으며 이 선행사의 문법적 형태(성, 수)에 따라 관계대명사 кото́рый의 형태가 정해집니다. 하지만 격 변화는 관계대명사가 속한 절에서의 역할에 따라 달라집니다. 바로 이 부분이 кото́рый 구문에서 가장 헷갈리기 쉬운 내용입니다. 참고로 кото́рый의 문법적 변화는 형용사의 변화 형태와 동일합니다. 이제 다양한 예문을 통해 좀 더 꼼꼼히 살펴보겠습니다.

예 Э́то но́вый *спортсме́н*.　　　　　*Спортсме́н* прие́хал из Росси́и.
→ Э́то но́вый спортсме́**н**(선행사: 남성 단수 주격), кото́**рый**(주격) прие́хал из Росси́и.
이 사람은 러시아에서 온 새로운 운동선수(남)다.

Я зна́ю но́вого *спортсме́на*.　　　　*Спортсме́н* прие́хал из Росси́и.
→ Я зна́ю но́вого спортсме́н**а**(선행사: 남성 단수 대격), кото́**рый**(주격) прие́хал из Росси́и.
나는 러시아에서 온 새로운 운동선수(남)를 안다.

Ма́ша лю́бит *Ива́на*.　　　　　Ма́ша ча́сто звони́т *Ива́ну*.
→ Ма́ша лю́бит Ива́н**а**(선행사: 남성 단수 대격), кото́**рому**(여격) она́ ча́сто звони́т.
마샤는 자주 전화하는 이반을 사랑한다.

Мы беспоко́имся о *до́чери*.　　　　*Дочь* живёт в Кита́е.
→ Мы беспоко́имся о **до́чери**(선행사: 여성 단수 전치격), кото́**рая**(주격) живёт в Кита́е.
우리는 중국에 살고 있는 딸에 대한 걱정을 한다.

Они́ встре́тились с *иностра́нцами*.　　*Иностра́нцам* о́чень нра́вятся коре́йские пе́сни.
→ Они́ встре́тились с иностра́нц**ами**(선행사: 복수 조격), кото́**рым**(여격) о́чень нра́вятся коре́йские пе́сни.
그들은 한국 노래를 매우 좋아하는 외국인들을 만났다.

У *Ка́ти* есть дво́е дете́й.　　　　*Ка́тя* вы́шла за́муж 5 лет наза́д.
→ У Ка́т**и**(선행사: 여성 단수 생격), кото́**рая**(주어 → 주격) вы́шла за́муж 5 лет наза́д, есть дво́е дете́й.
5년 전에 결혼한 까쨔에게는 2명의 아이들이 있다.

관계대명사로 연결되어 있는 종속절에서 문법상 кото́рый를 전치사와 함께 써야 하는 경우도 있습니다. 이때는 전치사를 кото́рый 앞에 쓰고, 해당 전치사에 맞는 용법에 따라 кото́рый를 변화시키면 됩니다.

예 Вы зна́ете *ру́сских*?　　　　　　　　Сего́дня я познако́мился с *ру́сскими*.
→ Вы зна́ете ру́сск**их**(선행사: 복수 대격), с кото́р**ыми**(조격) я познако́мился сего́дня?
당신은 제가 오늘 소개받은 러시아인들을 아나요?

Ка́ждый день я хожу́ в *универма́г*.　　В *универма́ге* я купи́ла су́мку неда́вно.
→ Ка́ждый день я хожу́ в универма́г(선행사: 남성 단수 대격), **в** кото́р**ом**(전치격) я купи́ла су́мку неда́вно.
얼마 전에 가방을 샀던 백화점에 나는 매일 간다.

Ско́лько лет *учи́телю*?　　　　　　　У *учи́теля* тро́е дете́й.
→ Ско́лько лет учи́тел**ю** (선행사: 남성 단수 여격), **у** кото́р**ого**(생격) тро́е дете́й?
세 명의 자녀가 있는 선생님의 연세(나이)는 어떻게 되나요?

📋 mini test

1 다음 빈칸에 관계대명사 **кото́рый**를 문법에 맞게 적절한 형태로 바꾸어 빈칸을 채우세요.

1) Ты уже́ был в Ру́сском музе́е, ＿＿＿＿＿＿＿＿ приезжа́ют мно́го иностра́нцев?
너는 많은 외국인들이 가는 러시아 박물관에 이미 가 보았니?

2) Я расскажу́ о жи́зни в Новосиби́рске, ＿＿＿＿＿＿＿＿ я учи́лась год.
제가 1년 동안 공부했던 노보시비르스크에서의 생활에 대해 이야기해 줄게요.

3) Ско́ро у Ви́ктора бу́дут кани́кулы, ＿＿＿＿＿＿＿＿ он плани́рует пое́хать в США.
빅토르가 미국에 갈 계획인 방학이 곧 다가온다.

4) Что вы подари́ли своему́ профе́ссору, ＿＿＿＿＿＿＿＿ вы уважа́ете?
당신이 존경하는 교수님께 무엇을 선물했나요?

2 다음 각 문장에 주어진 **кото́рый** 형태를 바르게 고쳐 보세요.

1) Я хочу́ посмотре́ть но́вый фильм, *кото́рый* мой люби́мый актёр сыгра́л гла́вную роль.

2) Где живу́т твои́ роди́тели, *кото́рые* ты написа́л письмо́?

3) Авто́бус пришёл на остано́вку, на *кото́рую* бы́ло не́сколько мужчи́н.

정답 **1** 1) в кото́рый　　　2) в кото́ром
　　 3) на кото́рых　　4) кото́рого

　　2 1) Я хочу́ посмотре́ть но́вый фильм, **в кото́ром** мой люби́мый актёр сыгра́л гла́вную роль.
　　　　 나는 내가 좋아하는 배우가 주인공 역할을 한 새 영화를 보고 싶다.

　　 2) Где живу́т твои́ роди́тели, **кото́рым** ты написа́л письмо́?
　　　　 네가 편지를 쓴 부모님께서는 어디에 사시니?

　　 3) Авто́бус пришёл на остано́вку, **на кото́рой** бы́ло не́сколько мужчи́н.
　　　　 몇몇의 남자들이 있던 정류장에 버스가 도착했다.

복문을 만드는 방법을 크게 두 가지로 나누어 배워 보겠습니다. 하나는 의문사를 활용하여 복문 만들기, 다른 하나는 종속접속사를 이용하여 복문 만들기입니다. 종속접속사는 원인, 목적, 가정, 양보 시간 등 여러 가지 용법에 따라 구분됩니다. 먼저이미 2과에서 배운 기본적인 의문사(кто, что, где, когда́, как, почему́)를 이용하여 복문을 만들어 보겠습니다.

2.1 의문사를 활용한 복문

의문사가 주절과 종속절을 연결하는 경우에는 별다른 접속사가 필요하지 않으며, 의문사는 종속절의 맨 앞에 써야 합니다. 6격 변화 학습에서 이미 언급한 바와 같이, 의문사 중 кто, что는 문장 안에서의 역할에 따라 명사처럼 격 변화를합니다. 이 용법은 복문을 구성하는 경우에도 동일하게 적용됩니다.

> **예** Мы не зна́ем, **кто** (주격) э́то.　　　우리는 이 사람이 누구인지를 모른다.
>
> Ты слы́шал, **кого́** (대격) Ю́ра лю́бит?　　너는 유라가 누구를 사랑하는지 들었니?
>
> Она́ не поняла́, **что** (대격) я хочу́.　　그녀는 내가 무엇을 원하는지 이해하지 못했다.
>
> Они́ хотя́т узна́ть, **о чём** (전치격) Ма́ша пи́шет.
> 그들은 마샤가 무엇에 관해 쓰고 있는지 알고 싶어한다.
>
> Скажи́те, пожа́луйста, **где** нахо́дится Кра́сная пло́щадь!
> 붉은 광장이 어디에 (위치해) 있는지 말씀해 주세요!
>
> Я забы́ла, **как** тебя́ зову́т.　　　나는 너의 이름이 무엇인지 잊어버렸다.
>
> Вы по́мните, **когда́** Ари́ша пое́дет в Росси́ю?
> 당신은 아리샤가 언제 러시아에 가는지 기억하나요?
>
> Объясни́ мне, пожа́луйста, **почему́** ты не пришёл на уро́к!
> 왜 네가 수업에 오지 않았는지 나에게 설명해 보렴!

2.2 종속접속사를 활용한 복문

2.2.1 접속사 что

접속사로서의 что는 앞서 배운 의문사 что와는 다른 역할을 하게 됩니다. 여기서 что는 종속절에서의 필수 문장 성분이 아닌, 단순히 주절과 연결을 해 주는 기능을 합니다. 다시 말해, 설령 접속사 что를 생략한다 해도 종속절은 하나의 완벽한 문장이 되어야 한다는 점이 매우 중요합니다.

> **예** Муж сказа́л, что он купи́т жене́ цветы́.　남편은 아내에게 꽃을 사 주겠다고 말했다.
>
> Вы зна́ете, что за́втра бу́дет снег?　　당신은 내일 눈이 온다는 사실을 알고 있나요?
>
> Я ду́маю, что тебе́ понра́вится ру́сский бале́т.
> 나는 네가 러시아 발레를 마음에 들어할 것이라고 생각한다.

2.2.2 원인을 나타내는 접속사

, потому́ что	Я изуча́ю ру́сский язы́к, **потому́ что** живу́ в Росси́и. 나는 러시아에 살고 있기 때문에 러시아어를 공부한다.
так как	Ты сдашь экза́мен, **так как** хорошо́ подгото́вился к нему́! 너는 시험을 잘 준비했기 때문에 시험을 통과할 거야!
из-за того́, что * 부정적 결과 초래	Ма́ша простуди́лась **из-за того́, что** она была́ в ле́тней оде́жде. 마샤는 여름옷을 입었기 때문에 감기에 걸렸다.
благодаря́ тому́, что * 긍정적 결과 초래	Ви́ктор доби́лся успе́хов **благодаря́ тому́, что** он рабо́тал день и ночь. 빅토르는 밤낮으로 일했기 때문에(덕분에) 성공을 했다.

2.2.3 목적을 나타내는 접속사

행위의 목적이나 바람, 희망을 표현할 땐 접속사 что́бы를 사용하고, '~하기 위하여', '~하도록'이라고 해석합니다. 접속사 что́бы 구문은 무엇보다도 종속절에서의 동사 사용에 주의해야 합니다. 주절과 종속절의 행위 주체가 동일한 경우에는 접속사 что́бы 다음에 동사 원형을 사용합니다. 하지만 행위 주체가 다르면, 해당 문장 시제와 상관없이 접속사 что́бы 다음에 동사의 과거 시제를 써야 합니다.

> **예** Мой брат поступи́л в медици́нский институ́т, **что́бы** стать хоро́шим врачо́м.
> 내 형은 훌륭한 의사가 되기 위하여 의대에 입학했다. (주절과 종속절의 행위 주체 동일)
>
> Ви́ка показа́ла нам свою́ фотогра́фию, **что́бы** мы узна́ли её в аэропорту́.
> 비카는 우리가 공항에서 그녀를 알아볼 수 있도록 자신의 사진을 보여 주었다.
> (주절과 종속절의 행위 주체 동일하지 않음.)
>
> Я хочу́, **что́бы** ты вы́шла за́муж за Са́шу.
> 나는 네가 싸샤와 결혼하길 바란다. (주절과 종속절의 행위 주체 동일하지 않음.)
>
> Студе́нты пое́хали во Фра́нцию, **что́бы** занима́ться францу́зским языко́м.
> 학생들은 프랑스어를 공부하기 위해 프랑스로 갔다. (주절과 종속절의 행위 주체 동일)

2.2.4 가정이나 조건을 나타내는 접속사

러시아어 가정법은 비교적 간단한 편인데, 먼저 접속사 е́сли를 기억해야 합니다. е́сли는 '(만약) ~라면', '~한다면'이라는 뜻의 가정이나 조건적인 상황을 나타냅니다. 실현 가능성이 있는 일반적인 조건을 표현하는 경우에 접속사 е́сли를 쓰면 됩니다. 반면 이미 지나간 일에 대한 가정이나 실현 가능성이 희박한, 막연한 상황을 가정할 때는 접속사 е́сли와 주절과 종속절에 가정 소사인 бы를 모두 써야 하며, 모든 동사는 과거 시제로 표현합니다.

> **예** **Е́сли** ты хо́чешь, дава́й пойдём вме́сте гуля́ть в парк!
> 만약에 네가 원한다면 산책하러 공원에 함께 가자!
>
> **Е́сли** за́втра бу́дет си́льный дождь, шко́льники не пое́дут на экску́рсию.
> 만약에 내일 강한 비가 온다면 학생들은 견학에 가지 않을 것이다.

Éсли у Иры **бы́ло бы** мно́го де́нег, она́ **бы помогла́** бе́дным лю́дям.
만약에 이라가 돈이 많다면 가난한 사람들을 도와줬을 것이다.

Éсли бы я хорошо́ учи́лась в шко́ле, мой оте́ц **бы не руга́л** меня́.
만약에 내가 공부를 잘했다면 나의 아버지는 나를 혼내지 않았을 것이다.

2.2.5 양보를 나타내는 접속사

'비록 ~이지만', '~에도 불구하고'라는 의미를 가진 양보의 접속사로 хотя́가 있습니다. 또한 전치사구인 'несмотря́(~에도 불구하고) на+대격' 표현을 접속사절로 바꾸어 'несмотря́ на то, что'를 쓰면 접속사 хотя́ 표현과 동일한 용법으로 사용됩니다.

> **예** **Хотя́** теа́тр нахо́дится далеко́ от моего́ о́фиса, я пошёл туда́ пешко́м.
> 극장이 나의 사무실에서 멀리 있음에도 불구하고, 나는 걸어서 극장에 갔다.

> **Несмотря́ на то, что** Влади́мир си́льно заболе́л, он уча́ствовал в совеща́нии.
> 비록 블라디미르는 심하게 아팠지만, 회의에 참석했다.

> Мно́го люде́й собра́лось на пло́щади, **несмотря́ на то, что** на у́лице бы́ло о́чень хо́лодно.
> (날씨는) 매우 추웠지만, 많은 사람들이 광장에 모였다.

2.2.6 시간 관련 접속사

когда́ (~때, ~하는 동안)	**Когда́** Ди́ма у́чит слова́, он всегда́ и́щет их в словаре́. 지마는 단어 공부할 때 항상 사전에서 단어를 찾는다.
как то́лько (~하자마자)	**Как то́лько** Та́ня верну́лась в Коре́ю, она́ пошла́ встре́титься с Андре́ем. 따냐가 한국에 돌아오자마자 안드레이를 만나러 갔다.
до того́, как (~하기 전에)	Я пло́хо говори́ла по-ру́сски **до того́, как** я прие́хала в Росси́ю. 나는 러시아에 오기 전에 러시아어로 말을 잘 못했다.
по́сле того́, как (~한 후에)	**По́сле того́, как** Ма́ша начала́ писа́ть кни́гу, друзья́ не ви́дели её. 마샤가 책을 쓰기 시작한 이후에 친구들은 그녀를 보지 못했다.
пока́ ~ не (~할 때까지)	**Пока́** Серге́й **не** зако́нчил рабо́ту, я ждала́ его́ в кафе́. 세르게이가 일을 끝낼 때까지 나는 그를 카페에서 기다렸다.

1 다음 보기 중 적절한 접속사를 골라 빈칸을 채워 보세요.

① что	② кому	③ Несмотря́ на то, что	④ до того́, как	⑤ о ко́м

1) Мы поу́жинали в рестора́не _____ спекта́кль начался́.
   우리는 공연이 시작되기 전에 레스토랑에서 저녁을 먹었다.

2) Ты ду́маешь, _____ Коре́я ма́ленькая страна́?
   너는 한국이 작은 나라라고 생각하니?

3) Я не реши́л, _____ я помогу́.
   나는 누구를 도와줘야 할지 못 정했다.

4) _____ Ли́за вы́шла из до́ма ра́но у́тром, она́ опозда́ла на рабо́ту.
   리자는 아침 일찍 집에서 나갔음에도 불구하고, 회사에 지각했다.

5) Он понима́ет, _____ вы говори́те?
   당신이 누구에 관해 말하고 있는지 그가 이해하고 있나요?

정답 **1** 1) ④ до того́, как

2) ① что

3) ② кому́

4) ③ Несмотря́ на то, что

5) ⑤ о ко́м

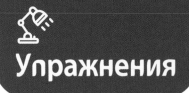

Упражнения

❶ 다음 주어진 두 문장을 관계대명사 кото́рый를 사용하여 한 문장으로 만들어 보세요.

1) Студе́нты за́втракают в недорого́й столо́вой. Столо́вая студе́нтам о́чень нра́вится.

　→ _____

2) У меня́ есть до́брые друзья́. Я ча́сто обща́юсь с друзья́ми.

　→ _____

3) Где нахо́дится общежи́тие? Она́ живёт в общежи́тии.

　→ _____

4) Как зову́т ученика́? Преподава́тель посове́товал ученику́ поступи́ть в МГУ.

　→ _____

5) Тури́сты ходи́ли по магази́нам. В магази́нах продаю́т ру́сские сувени́ры.

　→ _____

6) Сейча́с я е́ду к свое́й ба́бушке. Я всегда́ беспоко́юсь о ба́бушке.

　→ _____

7) Здесь идёт ле́кция по литерату́ре. Ка́тя о́чень лю́бит литерату́ру.

　→ _____

8) Анто́н не смог войти́ в теа́тр. У Анто́на не́ было биле́та на бале́т.

　→ _____

❷ A, B 상자에서 적절한 접속사와 종속절을 골라 주어진 각 문장들을 완성해 보세요.

A

а. когда б. чтóбы в. éсли бы г. так как д. благодаря́ томý, что е. как тóлько

B

ㄱ. Кóля стал профéссором.

ㄴ. у тебя́ был мобúльный телефóн.

ㄷ. я óчень устáла.

ㄹ. послéдний урок закóнчился.

ㅁ. он интенсúвно трениро́вался кáждый день.

ㅂ. мы встречáлись рáньше.

1) _____, ты бы срáзу позвонúл мне.

2) _____, шкóльники пошлú в библиотéку.

3) Извинúте, я не пóмню, _____.

4) Родúтели хотя́т, _____.

5) Я бýду спать весь день, _____.

6) Кóстя получúл золотýю медáль на Олимпиáде, _____.

🔬 정답 확인은 243페이지

🦕 **오늘의 도전 문장 확인!**

Éсли вы хотúте, я расскажý о гóроде, в котóром я рабóтал (-а).

24

형동사

그는 집에서 쉬고 있는 마샤에게 전화한다.

Он звони́т Ма́ше, отдыха́ющей до́ма. 🔊 24강

오늘의 목표 형동사의 개념을 익히고, 능동, 피동 형태와 시제에 따라 달라지는 어미를 학습해 봅니다.

> ### 오늘의 도전 문장 🖊
> 나는 지금 우리 집에 오고 있는 손님들을 기다린다.

러시아어 문법의 독특한 형태인 형동사(прича́стие)는 동사에 형용사 기능을 부여해서 만들어집니다. 모양은 형용사 어미를 갖추고 있고, 형용사의 역할인 명사 수식과 술어 역할을 모두 합니다. 수식하는 명사의 성, 수, 격에 따라 형동사 도 변화하는데, 형용사의 격 변화 어미를 그대로 따릅니다. 형동사는 크게 능동형동사와 피동형동사로 나뉘는데, 시제와 도 관련이 있어 더 정확히는 능동형동사 현재, 능동형동사 과거, 피동형동사 현재, 피동형동사 과거 이렇게 총 4가지로 구분됩니다. 참고로 형동사는 앞서 배운 관계대명사절인 кото́рый 구문으로 바꾸어 쓸 수 있습니다. 이번 24과에서는 각각의 형동사를 만드는 방법과 어미를 배워 보겠습니다. 먼저 능동형동사 현재형부터 살펴보겠습니다.

▣ 능동형동사 현재 (действи́тельное прича́стие настоя́щего вре́мени)

능동형동사 현재형은 '~하고 있는'이라는 의미를 가지고 있고, 시제가 현재형이므로 오로지 불완료 동사로만 만들 수 있습니 다. 능동형동사 현재형 어미는 남성형 기준 '-ющий(-ущий), -ящий(-ащий)' 이고, 동사의 종류(1식, 2식, 특수형 등) 에 따라 형태가 나뉩니다. 만드는 방법은 동사의 3인칭 복수형(они́) 형태에서 마지막 철자인 '-т'를 떼고 '-щий'를 붙이 면 됩니다. 'рабо́тать(일하다)' 동사로 예를 들어 보면, 3인칭 복수 형태인 'рабо́тают'에서 '-т'를 떼고 '-щий'를 붙여 'рабо́тающий'가 되며, 이 형동사는 '일하고 있는'이라고 해석합니다. -ся로 끝나는 동사는 기존의 방법대로 형동사를 만들고 난 후에 -ся를 붙입니다.

동사	3인칭 복수형	능동형동사 현재	
чита́ть	чита́ю-т	чита́**ющий**	읽고 있는
писа́ть	пи́шу-т	пи́ш**ущий**	쓰고 있는
говори́ть	говоря́-т	говоря́**щий**	말하고 있는
крича́ть	крича́-т	крича́**щий**	소리치고 있는
учи́ться	у́ча-тся	уча́**щийся**	공부하고 있는

형용사의 기능을 하는 형동사가 명사와 결합하면, 수식받는 명사의 성, 수, 격에 따라 형용사의 격 변화 어미로 바뀝니다.

> **예** игра́ющ**ие** де́т**и** (선행사 де́ти: 복수 주격)   놀고 있는 아이들
>
> пла́чущ**ая** де́вочк**а** (선행사 де́вочка: 여성 단수 주격)   울고 있는 소녀
>
> гуля́ющ**ий** дру**г** (선행사 друг: 남성 단수 주격)   산책하고 있는 친구

이번에는 형동사를 이용하여 두 문장을 한 문장으로 만들어 보겠습니다. 복문에서는 형동사가 관계대명사의 역할을 하며 바로 앞에 있는 명사가 선행사가 됩니다.

예 Э́то *студе́нтка*.　　　　　　*Студе́нтка* изуча́ет ру́сский язы́к.
　　→ Э́то студе́нтк**а**, изуча́ющ**ая** ру́сский язы́к. (선행사 студе́нтка: 여성 단수 주격)
　　　　이 사람은 러시아어를 공부하는 학생(여)이다.

　　Я зна́ю *Анто́на*.　　　　　　*Анто́н* занима́ется в библиоте́ке.
　　→ Я зна́ю Анто́н**а**, занима́ющ**его**ся в библиоте́ке. (선행사 Анто́на: 남성 단수 대격)
　　　　나는 도서관에서 공부하고 있는 안톤을 알고 있다.

　　Ско́лько лет *вну́кам*?　　　　*Вну́ки* смо́трят мультфи́льмы.
　　→ Ско́лько лет вну́к**ам**, смотря́щ**им** мультфи́льмы? (선행사 вну́кам: 복수 여격)
　　　　만화 영화를 보고 있는 손자들은 몇 살입니까?

형동사절을 кото́рый 구문으로 바꾸는 경우에는 형동사 용법과 кото́рый 용법을 정확히 구분하여 사용해야 합니다. 형동사는 선행사의 성, 수, 격에 모두 맞춰 바뀌지만 кото́рый는 선행사의 성, 수만 맞추고, 격 변화는 кото́рый절에서의 역할에 따라 바뀝니다. 예문을 통해 자세히 살펴보겠습니다.

예 Э́то мой *сын*.　　　　　　　*Сын* говори́т по-ру́сски.
　　→ Э́то мой сы**н**, говоря́щ**ий** по-ру́сски.
　　→ Э́то мой сы**н**, кото́р**ый** (주어) говори́т по-ру́сски.
　　　　러시아어를 말하고 있는 사람은 내 아들이다. (선행사 сын: 남성 단수 주격)

　　Он звони́т *Ма́ше*.　　　　　　*Ма́ша* отдыха́ет до́ма.
　　→ Он звони́т Ма́ше, отдыха́ющ**ей** до́ма.
　　→ Он звони́т Ма́ше, кото́р**ая** (주어) отдыха́ет до́ма.
　　　　그는 집에서 쉬고 있는 마샤에게 전화한다. (선행사 Ма́ше: 여성 단수 여격)

　　Мы ча́сто е́здим в *универма́г*.　*Универма́г* нахо́дится в це́нтре го́рода.
　　→ Мы ча́сто е́здим в универма́г, находя́щ**ий**ся в це́нтре го́рода.
　　→ Мы ча́сто е́здим в универма́г, кото́р**ый** (주어) нахо́дится в це́нтре го́рода.
　　　　우리는 시내에 (위치해) 있는 백화점에 자주 간다. (선행사 универма́г: 남성 단수 대격)

mini test

1　다음 보기와 같이 주어진 동사를 명사에 맞추어 형동사로 바꾸세요.

보기

(чита́ть)　дочь　→　чита́ющая дочь

1) (разгова́ривать)　го́сти　→ ＿＿＿＿＿＿＿＿＿＿＿＿＿＿＿

2) (танцева́ть)　　　ма́льчик　→ ＿＿＿＿＿＿＿＿＿＿＿＿＿＿＿

3) (петь)　　　　　дочь　→ ＿＿＿＿＿＿＿＿＿＿＿＿＿＿＿

4) (улыба́ться)　　　де́вушка　→ ＿＿＿＿＿＿＿＿＿＿＿＿＿＿＿

정답 **1** 1) разгова́ривающие го́сти 이야기 나누고 있는 손님들　　2) танцу́ющий ма́льчик 춤추고 있는 소년
　　　　3) пою́щая дочь 노래 부르고 있는 딸　　　　　　　　4) улыба́ющаяся де́вушка 미소 짓고 있는 아가씨

② 능동형동사 과거 (действи́тельное прича́стие проше́дшего вре́мени)

능동형동사 과거형은 동사의 상에 따라 두 가지로 나뉩니다. 불완료상 동사로 만들어지는 형동사는 '~하고 있던', 완료상 동사로 만들어지는 형동사는 '~을(를) (다) 한'이라는 의미를 가지고 있습니다. 능동형동사 과거형 어미는 동사의 상과 관련없이 동사의 형태에 따라 '-вший, -ший'가 붙습니다. 만드는 방법은 동사의 과거형이 일반적인 과거 시제 접미사인 '-л (남성형)'로 끝나면 '-л'을 떼고 '-вший', 과거형이 '-л'로 끝나지 않으면 그대로 '-ший'를 붙이면 됩니다. 예를 들면, 'чита́ть(읽다)' 동사의 과거형은 'чита́л'이므로 '-л'를 떼고 '-вший'를 붙이면 'чита́вший'가 됩니다. -ся로 끝나는 동사는 기존의 방법대로 형동사를 만들고 난 후에 -ся를 붙입니다.

불완료동사	과거형	능동형동사 과거	
говори́ть	говори́-л	говори**вший**	말하고 있던
писа́ть	писа́-л	писа**вший**	쓰고 있던
смея́ться	смея́-лся	смея**вшийся**	웃고 있던
мочь	мо-г	мо́**гший**	할 수 있던
расти	ро-с	ро́**сший**	성장했던

예 Я встре́тился с *учи́телем*.   *Учи́тель* отдыха́л в па́рке.
→ Я встре́тился с учи́тел**ем**, отдыха́**вшим** в па́рке. (선행사 учи́телем: 남성 단수 조격)
나는 공원에서 쉬고 있던 선생님을 만났다.

Он подошёл к *Ка́те*.   *Ка́тя* занима́лась спо́ртом.
→ Он подошёл к Ка́те, занима́вш**ей**ся спо́ртом. (선행사 Ка́те: 여성 단수 여격)
그는 운동을 하던 까쨔에게 다가갔다.

완료동사	과거형	능동형동사 과거	
вы́пить	вы́пи-л	вы́пи**вший**	다 마신
написа́ть	написа́-л	написа**вший**	다 쓴
откры́ться	откры́-лся	откры**вшийся**	열린
привы́кнуть	привы́-к	привы́**кший**	익숙해진
лечь	лё-г	лё**гший**	누운

예 Как зову́т *де́вочку*?   *Де́вочка* написа́ла письмо́.
→ Как зову́т де́воч**ку**, написа́вш**ую** письмо́? (선행사 де́вочку: 여성 단수 대격)
편지를 다 쓴 소녀의 이름은 무엇인가요?

Где остана́вливаются *тури́сты*?   *Тури́сты* прие́хали из Росси́и.
→ Где остана́вливаются тури́ст**ы**, прие́хавш**ие** из Росси́и? (선행사 тури́сты: 복수 주격)
러시아에서 온 관광객들은 어디서 묵나요?

이번에도 마찬가지로 кото́рый 구문으로 바꿔 보겠습니다. кото́рый 구문에서 동사의 상을 잘 구분하여 과거 시제에 맞춰 사용하면 됩니다.

Вы зна́ете *актёров*? *Актёры* сиде́ли ря́дом со мно́й.

→ Вы зна́ете актёр**ов**, сиде́вш**их** ря́дом со мно́й?

→ Вы зна́ете актёр**ов**, кото́р**ые** (주어) сиде́ли ря́дом со мно́й?

당신은 내 바로 옆에 앉아 있던 배우들을 아시나요? (선행사 актёров: 복수 대격)

동사 원형의 형태가 '-ти'로 끝나는 동사들은 능동형동사 과거형 어미 앞에 '-д' 또는 '-т'가 붙는 특수한 경우가 있습니다.

동사	과거형	능동형동사 과거	
идти́	шёл	ше́**д**ший	간
вести́	вёл	ве́**д**ший	가져온
прийти́	пришёл	прише́**д**ший	도착한, 온
цвести́	цвёл	цве́**т**ший	꽃이 핀 (피어난)

1 다음 주어진 문장에서 кото́рый 대신 능동형동사 과거형으로 바꿔 보세요.

1) Ты ду́маешь о молодо́м челове́ке, кото́рый подари́л тебе́ цветы́?
   → Ты ду́маешь о молодо́м челове́ке, (　　　　　　) тебе́ цветы́?

2) Отку́да прие́хали тури́сты, кото́рые собра́лись на пло́щади?
   → Отку́да прие́хали тури́сты, (　　　　　　) на пло́щади?

3) Ма́ма позвони́ла свое́й до́чери, кото́рая не пришла́ домо́й во́время.
   → Ма́ма позвони́ла свое́й до́чери, не (　　　　　　) домо́й во́время.

4) Кем рабо́тает ваш брат, кото́рый мечта́л стать космона́втом в де́тстве?
   → Кем рабо́тает ваш брат, (　　　　　　) стать космона́втом в де́тстве?

정답 1 1) Ты ду́маешь о молодо́м челове́ке, подари́вшем тебе́ цветы́?
너는 너에게 꽃을 선물한 젊은 청년에 대해 생각하고 있니?

2) Отку́да прие́хали тури́сты, собра́вшиеся на пло́щади?
광장에 모인 관광객들은 어디에서 왔니?

3) Ма́ма позвони́ла свое́й до́чери, не прише́дшей домо́й во́время.
엄마는 제시간에 집으로 돌아오지 않은 딸에게 전화했다.

4) Кем рабо́тает ваш брат, мечта́вший стать космона́втом в де́тстве?
어렸을 때 우주 비행사를 꿈꿨던 당신의 형(오빠)은 무슨 일을 하나요?

3 피동형동사 현재 (страда́тельное прича́стие настоя́щего вре́мени)

피동형동사는 어떤 대상이 행위나 동작을 받는 상태를 나타내며, 오로지 타동사로만 만들어집니다. 또한 형용사와 마찬가지로 수식 역할을 하는 장어미형과 술어의 기능을 가지고 있는 단어미형이 있습니다. 먼저 현재형부터 살펴보면, 당연히 피동형동사 현재형은 불완료상 타동사로만 만듭니다. 피동형동사 현재형 어미는 남성형 기준 '-емый, -имый' 이고, '~되고 있는', '~하여지는'이라는 뜻을 가지고 있습니다. 동사의 1인칭 복수형(мы) 형태에서 형용사 어미(-ый)를 붙인다고 생각하면 됩니다. 'чита́ть(읽다)' 동사로 예를 들면, 1인칭 복수 형태인 'чита́ем'에서 '-ый'를 붙여 'чита́емый'가 되며, '읽히고 있는'이라는 뜻이 됩니다. 피동 형태는 한국어로 해석하다 보면 어색하게 느껴지는 경우가 종종 있어, 해석 시 능동 형태로 바꾸기도 합니다. 피동형동사 현재형은 회화에서는 거의 쓰이지 않습니다.

동사	1인칭 복수형	피동형동사 현재	
люби́ть	люб-им	люби́мый	사랑받는
изуча́ть	изуча́-ем	изуча́емый	연구되고 있는
ви́деть	ви́д-им	ви́димый	보여지는
рисова́ть	рису́-ем	рису́емый	그려지고 있는
слу́шать	слу́ша-ем	слу́шаемый	들리고 있는

피동형동사를 사용하는 문장에서 행위의 주체는 조격으로 나타내지만, кото́рый 구문에서는 조격으로 표현했던 행위의 주체를 반드시 주격으로 바꿔야 합니다.

예 Она́ хо́чет купи́ть *портре́т*.　　　　Изве́стный худо́жник рису́ет *портре́т*.
→ Она́ хо́чет купи́ть портре́т, рису́ем**ый** изве́стн**ым** худо́жником.
→ Она́ хо́чет купи́ть портре́т, кото́р**ый** (목적어) рису́ет изве́стный худо́жник.
그녀는 유명한 화가로 인해 그려지고 있는(유명한 화가가 그리고 있는) 초상화를 사고 싶어한다.

Мы бу́дем жить в но́вой *кварти́ре*.　　Ва́ша компа́ния стро́ит *кварти́ру*.
→ Мы бу́дем жить в но́вой кварти́р**е**, стро́им**ой** ва́ш**ей** компа́нией.
→ Мы бу́дем жить в но́вой кварти́р**е**, кото́р**ую** (목적어) стро́ит ва́ш**а** компа́ния.
우리는 당신의 회사로 인해 지어지고 있는(당신의 회사가 짓고 있는) 새로운 아파트에서 살 것이다.

이번에는 피동형동사 현재형의 예외를 살펴보겠습니다. 동사 원형 어미가 '-авать'로 끝나는 동사들은 1인칭 복수형(мы)이 아닌 동사 원형에서 '-ть'를 떼고 형동사 어미를 붙여야 합니다. 대표적으로 'дава́ть(주다)' 동사를 보면, 1인칭 복수 형태인 'даём'이 아닌 'дава́ть'에서 '-ть'를 떼고 형동사 어미를 붙이면 'дава́емый'가 됩니다. 이러한 동사들은 продава́ть, передава́ть, признава́ть, издава́ть, сдава́ть 등이 있습니다. 또 다른 예로는 불완료형 타동사임에도 불구하고 피동형동사를 만들 수 없는 동사들이 있습니다. 여기에는 жда́ть, писа́ть, пе́ть, бра́ть, пи́ть, е́сть 등이 있습니다.

예 Я расскажу́ вам о *сове́тах*.　　　　Врач даёт мне *сове́ты*.
→ Я расскажу́ вам о сове́т**ах**, дава́ем**ых** мне врачо́м.
→ Я расскажу́ вам о сове́т**ах**, кото́р**ые** (목적어) мне даёт врач.
나는 당신에게 의사로 인해 나에게 주어지는 충고들 (의사가 나에게 해 주는 충고들)에 대해 이야기하겠습니다.

1 다음 주어진 문장을 피동형동사 대신 **кото́рый** 구문으로 바꿔 보세요.

1) Она́ хо́чет посмотре́ть коре́йские фи́льмы, люби́мые иностра́нцами.
   → Она́ хо́чет посмотре́ть коре́йские фи́льмы, (   ).

2) Вы зна́ете му́зыку, слу́шаемую коре́йской молодёжью?
   → Вы зна́ете му́зыку, (   )?

3) Мы дово́льны кни́гами, издава́емыми ва́шим университе́том.
   → Мы дово́льны кни́гами, (   ).

4) Я уже́ написа́ла дома́шние зада́ния, де́лаемые Серге́ем сейча́с.
   → Я уже́ написа́ла дома́шние зада́ния, (   ).

정답 **1** 1) Она́ хо́чет посмотре́ть коре́йские фи́льмы, <u>кото́рые лю́бят иностра́нцы</u>.
       그녀는 외국인들이 좋아하는 한국 영화를 보고 싶다.

      2) Вы зна́ете му́зыку, <u>кото́рую слу́шает коре́йская молодёжь</u>?
       당신은 한국 젊은이들이 듣는 음악을 아시나요?

      3) Мы дово́льны кни́гами, <u>кото́рые издаёт ваш университе́т</u>.
       우리는 당신의 학교에서 출판하는 책이 만족스럽다.

      4) Я уже́ написа́ла дома́шние зада́ния, <u>кото́рые де́лает Серге́й сейча́с</u>.
       지금 세르게이가 하고 있는 숙제를 나는 이미 다 했다.(썼다.)

---

4 피동형동사 과거 (страда́тельное прича́стие проше́дшего вре́мени)

피동형동사 과거형은 완료상 타동사로만 만듭니다. 뜻은 일반적으로 '~된, ~하여진'이고, 단어미로 쓰일 때는 술어로 해석됩니다. 피동형동사 과거형 어미는 -нный, -енный, -ённый, -тый 등 다양한 형태입니다. 다른 형동사들에 비해 예외가 많고 강세 변화가 일어나는 경우가 있으므로 주의하여 학습해야 합니다. 그럼 이제 유형별로 살펴보겠습니다.

4.1 동사 원형의 어미가 -ать / -ять인 경우

동사 원형에서 '-ть'를 뗀 다음 '-нный'를 붙입니다. 'прочита́ть(읽다)' 동사로 예를 들면, '-ть'를 떼고 형동사 어미를 붙이면 'прочи́танный'가 됩니다.

동사	피동형동사 과거	동사	피동형동사 과거
написа́ть	напи́санный	переда́ть	пе́реданный
избра́ть	и́збранный	сде́лать	сде́ланный
нарисова́ть	нарисо́ванный	показа́ть	пока́занный
сказа́ть	ска́занный	заказа́ть	зака́занный

예 Он купи́л *матрёшку*.   Продаве́ц показа́л ему́ *матрёшку*.
   → Он купи́л матрёшк**у**, пока́занн**ую** ему́ продавц**о́м**.
   → Он купи́л матрёшк**у**, кото́**рую** (목적어) ему́ показа́л продаве́ц.
   그는 상인으로 인해 보여진 마트료슈카(상인이 보여준 마트료슈카)를 샀다.

4.2 동사 원형의 어미가 -ить / -еть인 경우

동사 원형에서 '-ить / еть'를 뗀 후 '-енный' 또는 '-ённый'를 붙입니다. 이 유형은 동사별로 형동사 어미를 각각 암기하는 것이 좋습니다. 'получи́ть(받다)' 동사로 예를 들면, '-ить'를 떼고 형동사 어미 '-енный'를 붙이면 'полу́ченный'가 됩니다. 또한 일부 동사들은 피동형동사 과거형으로 바뀌면서 자음이 추가되거나 교체되기도 합니다. 다음의 표로 정리해 보겠습니다.

동사	피동형동사 과거	동사	피동형동사 과거
прове́рить	прове́ренный	реши́ть	решённый
постро́ить	постро́енный	заключи́ть	заключённый
посмотре́ть	посмо́тренный	соверши́ть	совершённый

자음 전환	동사 원형	피동형동사 과거
б → <u>бл</u>	вы́рубить 모두 베어 버리다	вы́рубленный
в → <u>вл</u>	удиви́ть 놀라게 하다	удивлённый
д → <u>ж</u> 또는 <u>жд</u>	обсуди́ть 토론하다	обсуждённый
з → <u>ж</u>	вы́разить 표현하다	вы́раженный
м → <u>мл</u>	познако́мить 소개하다	познако́мленный
п → <u>пл</u>	купи́ть 사다	ку́пленный
с → <u>ш</u>	пригласи́ть 초대하다	приглашённый
ст → <u>щ</u>	прости́ть 용서하다	прощённый
т → <u>ч</u> 또는 <u>щ</u>	встре́тить 만나다 сократи́ть 줄이다	встре́ченный сокращённый

예 Мы нашли́ мно́го оши́бок в *догово́ре*.   Две страны́ заключи́ли *догово́р*.
→ Мы нашли́ мно́го оши́бок в догово́ре, заключённ<u>ом</u> двумя́ стра́нами.
→ Мы нашли́ мно́го оши́бок в догово́ре, кото́р**ый** (목적어) заключи́ли две страны́.
우리는 양 국가로 인해 체결된 조약(양 국가가 체결한 조약)에서 많은 오류를 발견했다.

Вы поду́мали об *экологи́ческих пробле́мах*?
Специали́сты обсуди́ли *экологи́ческие пробле́мы* на семина́ре.
→ Вы поду́мали об экологи́ческих пробле́м<u>ах</u>, обсуждённ<u>ых</u> специали́ст<u>ами</u> на семина́ре?
→ Вы поду́мали об экологи́ческих пробле́м<u>ах</u>, кото́р<u>ые</u> (목적어) специали́сты обсуди́ли на семина́ре?
당신은 세미나에서 전문가들로 인해 토론된(전문가들이 토론했던) 환경 문제에 대해 생각해 보셨나요?

4.3 형동사의 어미가 '-тый'인 경우

'дости́гнуть(다다르다)', 'сверну́ть(돌다)', 'застегну́ть(단추 등을 채우다)'와 같이 동사 원형의 어미가 '-уть'인 경우 '-тый'를 붙이면 'дости́гнутый', 'свёрнутый', 'застёгнутый'가 됩니다. 또한 'приня́ть(받아들이다)', 'поня́ть(이해하다)', 'заня́ть(차지하다)'처럼 동사 원형이 '-ять'로 끝나는 일부 동사에도 '-тый'를 붙여 'при́нятый', 'по́нятый', 'за́нятый'가 만들어집니다. 또한 동사 원형의 어미가 '-ыть'인 경우 즉, 'забы́ть(잊다)', 'откры́ть(열다)', 'закры́ть(닫다)' 같은 동사들의 형동사 어미도 '-тый'입니다. 피동형동사 과거형으로 바꾸면 'забы́тый', 'откры́тый', 'закры́тый'가 됩니다.

4.4 피동형동사의 단어미형

피동형동사의 단어미 형태는 주로 과거형에서 사용합니다. 형용사의 단어미형과 동일하게 주어의 성, 수와 일치시키고 격 변화를 하지 않으며, 오로지 술어의 기능만 합니다. 형동사 장어미형에서 어미(-ый)를 떼고, 남성은 그대로(또는 출몰모음 추가), 여성은 а, 중성은 о, 복수형은 ы를 붙이면 단어미형이 만들어집니다.

> **예** Сего́дня но́вый рестора́н откры́т.   오늘 새로운 식당이 오픈했다(오픈되었다).
>
> Э́та краси́вая карти́на нарисо́вана мое́й ма́мой.
> 이 아름다운 그림은 나의 엄마가 그렸다(나의 엄마로 인해 그려졌다).

---

 mini test

1 다음 문장에서 괄호 안에 주어진 피동형동사를 문법에 맞게 바꾸세요.

1) Ско́лько лет но́вому президе́нту, (и́збранный) населе́нием ва́шей страны́?

2) Ма́ша е́здит на рабо́ту на маши́не, (пода́ренный) ей роди́телями.

3) Студе́нты хотя́т познако́миться с профе́ссором, (приглашённый) ре́ктором университе́та недавно.

4) Она́ уже́ попро́бовала ру́сские блю́да, (пригото́вленный) изве́стным по́варом.

....

정답 **1** 1) Ско́лько лет но́вому президе́нту, и́збранному населе́нием ва́шей страны́?
  당신의 나라 국민들이 뽑은 새로운 대통령의 나이는 어떻게 되나요?

2) Ма́ша е́здит на рабо́ту на маши́не, пода́ренной ей роди́телями.
  마샤는 부모님이 선물해 주신 차를 타고 직장에 다닌다.

3) Студе́нты хотя́т познако́миться с профе́ссором, приглашённым ре́ктором университе́та неда́вно.
  학생들은 얼마 전에 대학교 총장님의 초청으로 오신 교수님과 인사를 나누고 싶어한다.

4) Она́ уже́ попро́бовала ру́сские блю́да, пригото́вленные изве́стным по́варом.
  그녀는 유명한 쉐프가 요리한 러시아 음식을 이미 맛보았다.

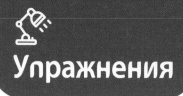

Упражнения

1 주어진 문장의 해석을 참고하여 괄호 안의 동사를 형동사의 적절한 형태로 바꾸세요.

1) Инна скучает по нашей преподавательнице, (жить) в Испании.

   인나는 스페인에 사는 우리의 선생님(여)을 그리워한다.

   → _____

2) Давай пойдём на выставку, (организовать) правительством Кореи!

   한국 정부가 주최한 박람회에 가 보자!

   → _____

3) Он получил письмо от подруги, (переехать) в Сеул.

   그는 서울로 이사간 친구(여)로부터 편지를 받았다.

   → _____

4) Ты помнишь кафе, раньше (находиться) недалеко от моего дома?

   너는 예전에 우리 집 가까이에 있었던 카페를 기억하니?

   → _____

5) Я интересуюсь музыкой, (любить) пожилыми людьми.

   나는 나이가 지긋하신 분들이 좋아하는 음악에 관심이 있다.

   → _____

6) Кто пригласил учёных, (участвовать) в конференции?

   컨퍼런스에 참석했던 학자들은 누가 초대한 건가요?

   → _____

7) Почему вы пошли в галерею, (закрыть) уже в прошлом месяце?

   왜 당신은 이미 지난달에 문 닫은 갤러리에 갔다 왔나요?

   → _____

8) Кинозвёзды живут в гостинице, (построить) крупной компанией недавно.

   영화배우들은 대기업이 얼마 전에 지은 호텔에 살고 있다.

   → _____

❷ 다음 문장에서 괄호 안에 주어진 형동사들 중 적절한 것을 골라 문법에 맞게 바꾸세요.

1) Я не зна́ю ма́льчика, (слу́шающий / слу́шаемый) класси́ческую му́зыку.

   → _____

2) Ты посмотре́л но́вости, (переда́вший / пе́реданный) по телеви́зору?

   → _____

3) Куда́ пошли́ твои́ друзья́, (лю́бящий / люби́мый) фотографи́ровать приро́ду?

   → _____

4) Лю́ди хотя́т встре́титься с однокла́ссниками, (учи́вшийся / учи́вший) вме́сте
   с ни́ми в шко́ле.

   → _____

5) Мы послу́шали пе́сню, (сочини́вший / сочинённый) на́шим преподава́телем.

   → _____

6) Что вы лю́бите бо́льше всего́ из всех предме́тов, (изуча́ющий / изуча́емый) в
   университе́те?

   → _____

7) Ка́тя уже́ была́ на фестива́ле, (нача́вшийся / начина́ющий) в суббо́ту?

   → _____

8) У меня́ есть спи́сок книг, (пи́шущий / напи́санный) Достое́вским.

   → _____

정답 확인은 244페이지

🖋 **오늘의 도전 문장 확인!**

Я жду госте́й, приходя́щих сейча́с ко мне́ домо́й.

아빠는 TV를 보면서 신문을 읽었다.
Смотря́ телеви́зор, па́па чита́л газе́ту.

🔊 25강

오늘의 목표 부동사의 개념을 익히고, 동사의 상에 따라 구분되는 부동사 어미를 학습해 봅니다.

오늘의 도전 문장 ✏️
러시아 유학을 떠나면서 나는 부모님께 자주 전화 드리겠다고 약속했다.

부동사(дееприча́стие)는 동사에 부사 기능이 들어간 품사로서, 반드시 복문에서만 사용됩니다. 주절과 종속절의 주체는 같아야 하며, 부동사의 상에 따라 행위의 시점과 의미가 달라집니다. 성, 수, 격에 따른 변화가 없는 부사의 특징을 부동사도 그대로 따르기 때문에 어떠한 경우에도 형태는 바뀌지 않습니다. 그럼 먼저 불완료상 부동사에 대해 알아보겠습니다.

1 불완료상 부동사 (дееприча́стие несоверше́нного ви́да)

불완료상 부동사는 행위 주체의 동시동작을 나타낼 때 사용하며, '~하면서'라는 의미를 가지고 있습니다. 만드는 방법은 불완료상 동사의 3인칭 복수형(они́) 형태에서 어미인 '-ют(ут) / -ят(ат)'를 떼어 내고 '-я'를 붙이면 됩니다. -ся로 끝나는 동사는 기존의 방법대로 부동사를 만들고 난 후에 -сь를 붙입니다.

동사	3인칭 복수형	부동사
чита́ть	чита́-ют	чита́я 읽으면서
учи́ть	у́ч-ат	уча́ 공부하면서
говори́ть	говор-я́т	говоря́ 말하면서
смотре́ть	смо́тр-ят	смотря́ 보면서
идти́	ид-у́т	идя́ 걸어가면서
рисова́ть	рису́-ют	рису́я 그리면서
встреча́ться	встреча́-ются	встреча́ясь 만나면서

💡 **꼭 기억하세요!**

간혹 불완료상 부동사의 어미가 -я가 아닌 -а가 오는 이유는 정자법 규칙을 적용한 결과입니다. 자음 г, к, х, ж, ш, щ, ч 다음에는 я가 올 수 없고 반드시 а만 써야 합니다. -ся로 끝나는 동사는 동일하게 -сь를 붙이면 됩니다.

예 Смотря́ телеви́зор, па́па чита́л газе́ту.　아빠는 TV를 보면서 신문을 읽었다.

Ища́ рабо́ту, она гото́вилась к экза́мену.　그녀는 일자리를 찾으면서 시험을 준비했다.

Возвраща́ясь домо́й, я звони́ла подру́ге.　나는 집으로 가면서 친구(여)에게 전화했다.

이번에는 불완료상 부동사의 예외를 살펴보겠습니다. 동사 원형 어미가 '-авать'인 동사들은 3인칭 복수형(они)이 아닌 동사 원형에서 '-ть'를 떼고 부동사 어미를 붙여야 합니다. 대표적으로 'дава́ть(주다)' 동사를 보면, 3인칭 복수 형태인 'даю́т'이 아닌 'дава́ть'에서 '-ть'를 떼고 부동사 어미를 붙이면 'дава́я'가 됩니다. 이와 유사한 동사들은 узнава́ть(부동사: узнава́я), встава́ть(부동사: встава́я), продава́ть(부동사: продава́я), передава́ть(부동사: передава́я), сдава́ть(부동사: сдава́я) 등이 있습니다.

예 Сдава́я экза́мены, мо́жно по́льзоваться словарём.　시험을 보면서 사전을 사용할 수 있다.

Дава́я отве́т на вопро́с, ма́ма гото́вила у́жин.　엄마는 질문에 대답을 하면서 저녁을 준비했다.

---

mini test

1 다음 보기와 같이 주어진 문장을 부동사를 이용하여 바꾸어 보세요.

> **보기**
>
> Мы отдыха́ем в па́рке и слу́шаем му́зыку.
> → Отдыха́я в па́рке, мы слу́шаем му́зыку.

1) Анто́н ду́мал о Ки́ре и писа́л стихи́.
　→ _____

2) Ма́ша занима́ется спо́ртом и пьёт во́ду.
　→ _____

3) Муж танцева́л с жено́й и пел пе́сню.
　→ _____

4) Они́ ды́шат све́жим во́здухом и гуля́ют на берегу́ мо́ря.
　→ _____

정답 **1** 1) Ду́мая о Ки́ре, Анто́н писа́л стихи́.　안톤은 키라에 대해 생각하면서 시를 썼다.
　2) Занима́ясь спо́ртом, Ма́ша пьёт во́ду.　마샤는 운동을 하면서 물을 마신다.
　3) Танцу́я с жено́й, муж пел пе́сню.　남편은 아내와 춤을 추면서 노래를 불렀다.
　4) Дыша́ све́жим во́здухом, они́ гуля́ют на берегу́ мо́ря.　그들은 신선한 공기를 마시면서 바닷가를 산책한다.

2 완료상 부동사 (дееприча́стие соверше́нного ви́да)

완료상 부동사는 종속절의 행위가 주절의 행위보다 먼저 행해진 경우에 사용하며, '~하고 나서'라는 의미를 가지고 있습니다. 만드는 방법은 완료상 동사의 과거형이 일반적인 과거 시제 접미사인 '-л (남성형)'로 끝나면 '-л'을 뗀 다음 '-в', 과거형이 '-л'로 끝나지 않으면 그대로 '-ши'를 붙이면 됩니다. -ся로 끝나는 동사는 기존의 방법 그대로 부동사를 만들고 난 후에 -вшись를 붙입니다.

동사	과거형	부동사	
прочита́ть	прочита́-л	прочита́**в**	다 읽고 나서
вы́учить	вы́учи-л	вы́учи**в**	익힌 후에
сказа́ть	сказа́-л	сказа́**в**	말하고 나서
лечь	лёг	лёг**ши**	눕고 나서
умере́ть	у́мер	уме́р**ши**	죽고 나서
верну́ться	верну́-лся	верну́**вшись**	돌아오고 나서
нача́ться	нача-лся́	нача́**вшись**	시작된 후에

예 <u>Сде́лав</u> дома́шние зада́ния, дочь легла́ спать.
딸은 숙제를 다 하고 나서 잠자리에 들었다.

<u>Прочита́в</u> текст, студе́нт отве́тил на вопро́сы к нему́.
텍스트를 읽고 나서 학생은 질문에 대해 답했다.

<u>Встре́ти**вшись**</u> с дру́гом, я подари́л ему́ ша́пку.
나는 친구를 만난 후에 그에게 털모자를 선물했다.

완료상 부동사의 예외는 간단합니다. 동작동사인 идти́(가다)의 접두사가 붙은 동사들을 부동사로 만드는 경우 -в 대신 -я를 붙여야 합니다. 앞서 배운 불완료상 부동사 어미와 동일하기 때문에, 동사의 상과 형태를 정확히 구분하면서 부동사를 사용해야 합니다.

동사	과거형	부동사	
войти́	воше́-л	войд**я́**	들어온 후에
вы́йти	вы́ше-л	вы́йд**я**	나간 후에
уйти́	уше́-л	уйд**я́**	떠난 후에
прийти́	прише́-л	придя́	도착 후에
перейти́	переше́-л	перейд**я́**	이동한 후에
подойти́	подоше́-л	подойд**я́**	다가온 후에

예 <u>Прид**я́**</u> домо́й, он на́чал занима́ться дома́шними дела́ми.
그는 집으로 도착한 후에 집안일을 하기 시작했다.

<u>Войд**я́**</u> в ко́мнату, я уви́дела но́вое краси́вое пла́тье на крова́ти.
나는 방에 들어와서 침대 위에 있는 예쁜 새 원피스를 보았다.

1 다음 한국어 문장을 참고하여 괄호 안에 주어진 동사 원형을 부동사로 바꾸세요.

1) (вернýться) с вéчера, мы срáзу легли́ спать.
파티에서 돌아온 후에 우리는 곧바로 잠자리에 들었다.
→ _____

2) (вы́учить) стихи́ Пу́шкина, мой сын прочита́л их наизу́сть на уро́ке.
내 아들은 어제 푸시킨의 시를 다 외우고 나서 수업 시간에 암송하였다.
→ _____

3) Я пошла́ купи́ть проду́кты в магази́н, (вы́йти) из о́фиса.
나는 사무실에서 나와서 식료품을 사러 상점으로 갔다.
→ _____

4) (приня́ть) душ, муж срáзу лёг спать.
남편이 샤워를 하고 나서 곧바로 잠자리에 들었다.
→ _____

정답 1 1) **Верну́вшись** с вéчера, мы срáзу легли́ спать.
2) **Вы́учив** стихи́ Пу́шкина, мой сын прочита́л их наизу́сть на уро́ке.
3) Я пошла́ купи́ть проду́кты в магази́н, **вы́йдя** из о́фиса.
4) **Приня́в** душ, муж срáзу лёг спать.

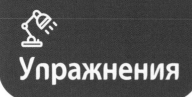
Упражнения

❶ 주어진 문장의 해석을 참고하여 괄호 안의 부동사 중 올바른 것을 고르세요.

1) (Читáя / Прочитáв) откры́тку му́жа, женá улыбáлась.

   아내는 남편의 엽서를 읽으면서, 미소를 지었다.

2) (Осмáтривая / Осмотрéв) музéй Эрмитáж, тури́сты пошли́ на вокзáл.

   관광객들은 에르미타쥐 박물관을 다 둘러보고 나서, 기차역으로 (걸어)갔다.

3) (Вставáя / Встáв) с кровáти, онá смотрéла на настéнные часы́.

   그녀는 침대에서 일어나면서 벽시계를 뚫어지게 쳐다봤다.

4) Мáша тóлько смотрéла фильм, (не обращáя / не обрати́в) внимáния на меня́.

   마샤는 내 말에 집중하지 않으면서 영화만 보았다.

5) Учи́тель уéхал в Москву́, (прощáясь / попрощáвшись) с нáми.

   선생님은 우리와 작별 인사를 하고 난 후에 모스크바로 떠났다.

6) (Идя́ / Пойдя́) по бéрегу реки́, Антóн фотографи́ровал пейзáж.

   안톤은 강가를 걸어가면서 풍경 사진을 찍었다.

7) (Готóвясь / Подготóвившись) к вступи́тельному экзáмену, шкóльники не могли́ спать

   всю ночь.

   학생들은 입학 시험을 준비하면서 밤새 한숨도 잘 수 없었다.

8) (Переезжáя / Перейдя́) дорóгу, они́ сéли на автóбус.

   그들은 길을 건넌 후에 버스를 탔다.

❷ 다음 보기와 같이 *이탤릭체*로 된 표현의 반대 형태의 부동사를 적어 보세요.

> **보기**
>
> *Слу́шая* корéйские пéсни, я мечтáла стать певи́цей.　→　<u>Послу́шав</u>

1) *Рассказáв* о моéй семьé, я началá плáкать.

   → _____

2) *Познакóмившись* с Сóней, молодóй человéк предложи́л ей потанцевáть вмéсте.

   → _____

3) *Смотря́ фильм о Росси́и,* друзья́ вспомина́ли об учёбе в Росси́и.

→ _____

4) *Не устава́я,* она пла́вала в бассе́йне весь день.

→ _____

5) *Подойдя́ ко мне́,* Са́ша спроси́л меня́, отку́да я прие́хала.

→ _____

6) *Пуга́ясь незнако́мого мужчи́ны в свое́й ко́мнате,* ба́бушка гро́мко закрича́ла.

→ _____

 정답 확인은 244페이지

🔬 오늘의 도전 문장 확인!

Уезжа́я учи́ться в Росси́ю, я обеща́л (-а) роди́телям ча́сто звони́ть.

정답

УРОК 1

[연습 문제 정답]

❶ 1) врéмя   →   онó / временá

     брáтья   →   он / брат

     язы́к   →   он / языки́

     столи́ца   →   онá / столи́цы

     дéвочка   →   онá / дéвочки

     местá   →   онó / мéсто

     статья́   →   онá / статьи́

     поездá   →   он / пóезд

     задáния   →   онó / задáние

     учи́тельница   →   онá / учи́тельницы

     именá   →   онó / и́мя

     врачи́   →   он / врач

     кафетéрий   →   он / кафетéрии

     окнó   →   онó / óкна

     преподавáтель   →   он / преподавáтели

❷ 1) врéмя (모두 여성 명사, врéмя는 중성 명사)

     2) семья́ (모두 중성 복수형, семья́는 여성 단수형 명사)

     3) дочь (모두 남성 명사, дочь는 여성 명사)

     4) пáрки (모두 여성 복수형, пáрки는 남성 복수형 명사)

     5) здáния (모두 단수형, здáния는 복수형 명사)

     6) водá (모두 복수형, водá는 단수형 명사)

УРОК 2

[연습 문제 정답]

❶ 1) Твоя́ (вáша) мать? Онá здесь.

     너희(당신의) 어머니? 그녀는 여기에 계셔.

     2) Егó женá? Онá здесь.

     그의 아내? 그녀는 여기에 있어.

     3) Твоё (вáше) мя́со? Онó здесь.

     너의(당신의) 고기? 여기에 있어.

     4) Мой (наш) профéссор? Он здесь.

     제(우리의) 교수님이요? 그는 여기에 있어요.

     5) Мои́ тетрáди? Они́ здесь.

     나의 공책들? 여기에 있어.

6) Твои́ (ва́ши) студе́нты? Они́ здесь.
　너의(당신의) 학생들? 그들은 여기에 있어.

7) Моё (на́ше) письмо́? Оно́ здесь.
　제(우리) 편지요? 여기에 있어요.

8) Её семья́? Она́ здесь.
　그녀의 가족? 여기에 있어.

9) Моё кре́сло? Оно́ здесь.
　내 안락의자? 여기에 있어.

10) Их маши́ны? Они́ здесь.
　그들의 자동차? 여기에 있어.

❷ 1) Они́ мои́ де́ти.
　2) Э́то пи́во твоё.
　3) Где твой дом?
　4) Вади́м твой дя́дя?
　5) Чьё э́то ме́сто?
　6) Э́та маши́на ва́ша?

[작문으로 만들어 보는 나만의 쏠쏠한 회화사전]

1. A: Чей э́то журна́л?
　B: Э́то мой журна́л.
2. A: Чья э́то дочь?
　B: Э́то его́ дочь.
3. A: Чьё э́то письмо́?
　B: Э́то ва́ше письмо́.
4. A: Э́ти кни́ги твои́?
　B: Да, они́ мои́.

УРОК 3

[연습 문제 정답]

❶ 1) Како́й э́то о́фис?　　　　Э́то хоро́ший о́фис.
　　이것은 어떤 사무실인가요?　이것은 좋은 사무실입니다.
　2) Кака́я э́то о́пера?　　　　Э́то интере́сная о́пера.
　　이것은 어떤 오페라입니까?　이것은 재미있는 오페라입니다.
　3) Каки́е э́то часы́?　　　　Э́то дороги́е часы́.
　　이것은 어떤 시계입니까?　이것은 비싼 시계입니다.

4) Како́е э́то пальто́?
이것은 어떤 외투입니까?
Э́то си́нее пальто́.
이것은 파란 외투입니다.

5) Кака́я э́то ша́пка?
이것은 어떤 모자입니까?
Э́то чёрная ша́пка.
이것은 검은 모자입니다.

6) Каки́е э́то фру́кты?
이것은 어떤 과일입니까?
Э́то све́жие фру́кты.
이것은 신선한 과일입니다.

7) Како́й э́то актёр?
이 사람은 어떤 배우입니까?
Э́то коре́йский актёр.
이 사람은 한국 배우입니다.

8) Како́е э́то зда́ние?
이것은 어떤 건물입니까?
Э́то краси́вое зда́ние.
이것은 아름다운 건물입니다.

9) Кака́я э́то пе́сня?
이것은 어떤 노래입니까?
Э́то популя́рная пе́сня.
이것은 인기있는 노래입니다.

10) Како́й э́то слова́рь?
이것은 어떤 사전입니까?
Э́то большо́й слова́рь.
이것은 큰 사전입니다.

❷ 1) горя́чий　　2) дома́шний　　3) коро́ткий　　4) до́брый
5) золото́й　　6) плохо́й　　7) тала́нтливый　　8) широ́кий

[작문으로 만들어 보는 나만의 쏠쏠한 회화사전]

1. A: Како́й э́то дом?
   B: Э́то но́вый дом.
2. A: Кака́я э́то студе́нтка?
   B: Э́то у́мная студе́нтка.
3. A: Каки́е э́то лю́ди?
   B: Э́то хоро́шие лю́ди.
4. A: Ва́ше пальто́ чёрное?
   B: Нет, оно́ си́нее.

УРОК 4

[연습 문제 정답]

❶ 1) Q : Где вы рабо́таете?
    A : Я рабо́таю до́ма.
   2) Q : Что де́ти чита́ют?
    A : Они́ чита́ют рома́н.
   3) Q : Кто говори́т по-япо́нски?
    A : Све́та говори́т по-япо́нски.
   4) Q : Где вы гуля́ете?
    A : Мы гуля́ем на у́лице.

당신은 어디에서 일하십니까?
저는 집에서 일합니다.
아이들은 무엇을 읽습니까?
그들은 소설을 읽습니다.
누가 일본어로 말하나요?
스베따가 일본어로 말합니다.
너희는 어디에서 산책하니?
우리는 거리에서 산책해.

5) Q : Что ма́ма де́лает? 엄마는 무엇을 하나요?
   A : Она́ отдыха́ет. 그녀는 쉬고 있어요.
6) Q : Когда́ ты встаёшь ? 너는 언제 일어나니?
   A : Я по́здно встаю́. 나는 늦게 일어나.
7) Q : Почему́ Ю́ра танцу́ет? 유라는 왜 춤을 추나요?
   A : Потому́ что он лю́бит танцева́ть. 왜냐하면 그는 춤추는 것을 좋아하기 때문입니다.
8) Q : Что лю́ди слу́шают? 사람들은 무엇을 듣나요?
   A : Они́ слу́шают ру́сское ра́дио. 그들은 러시아 라디오를 듣습니다.

❷ 1) Ка́тя хо́чет зелёный чай.
    까쨔는 녹차를 원합니다.
2) Почему́ друзья́ устаю́т ка́ждый день?
    친구들은 왜 매일 피곤해하나요?
3) Я гото́влю вку́сный суп.
    나는 맛있는 스프를 요리합니다.
4) Мы рису́ем мо́ре.
    우리는 바다를 그립니다.
5) Ты о́чень лю́бишь ко́фе.
    너는 커피를 정말 좋아하는구나.
6) Я пло́хо ви́жу.
    나는 잘 안 보인다. (시력이 좋지 않다.)
7) Оле́г ре́дко да́рит мне цветы́.
    올렉은 나에게 이따금 꽃을 선물한다.
8) Вади́м и И́ра у́чат англи́йские слова́.
    바짐과 이라는 영어 단어를 공부한다.

[작문으로 만들어 보는 나만의 쏠쏠한 회화사전]

1. A: Что вы де́лаете?
   B: Я отдыха́ю.
2. A: Что вы чита́ете?
   B: Я чита́ю журна́л.
3. A: Что вы смо́трите?
   B: Я смотрю́ фильм.
4. A: Что вы хоти́те?
   B: Я хочу́ ко́фе.

[연습 문제 정답]

❶ 1) 과거 : Ты слу́шал (-а) ра́дио. / 미래 : Ты бу́дешь слу́шать ра́дио.

2) 과거 : Ма́ша люби́ла гуля́ть. / 미래 : Ма́ша бу́дет люби́ть гуля́ть.

3) 과거 : Я ви́дел (-а) свет. / 미래 : Я бу́ду ви́деть свет.

4) 과거 : Мы отдыха́ли до́ма. / 미래 : Мы бу́дем отдыха́ть до́ма.

5) 과거 : Вы зна́ли э́то. / 미래 : Вы бу́дете знать э́то.

6) 과거 : Что учи́ли иностра́нные студе́нты? / 미래 : Что бу́дут учи́ть иностра́нные студе́нты?

7) 과거 : Де́душка встава́л в 6 часо́в. / 미래 : Де́душка бу́дет встава́ть в 6 часо́в.

8) 과거 : Где ты жи́л (-а́)? / 미래 : Где ты бу́дешь жить?

❷ 1) Ты бу́дешь в Япо́нии?
  너는 일본에 있을 거야?

2) Кольцо́ бу́дет здесь.
  반지는 여기에 있을 것이다.

3) Мы бу́дем там.
  우리는 그곳에 있을 것이다.

4) Ви́ка! Ты была́ в кафе́?
  비카! 너는 카페에 있었니?

5) Де́ти бы́ли до́ма.
  아이들은 집에 있었다.

6) Где вы бы́ли?
  당신은 어디에 있었나요?

[작문으로 만들어 보는 나만의 쏠쏠한 회화사전]

1. A: Что вы де́лали вчера́?
  B: Вчера́ я чита́л (-а) журна́л.

2. A: Где вы бы́ли у́тром?
  B: У́тром я был (-а́) до́ма.

3. A: Что вы бу́дете де́лать за́втра?
  B: За́втра я бу́ду писа́ть письмо́.

4. A: Вы бу́дете смотре́ть телеви́зор?
  B: Нет, я не бу́ду смотре́ть телеви́зор.

УРОК 6

[연습 문제 정답]

❶ 1) на 2) в 3) об 4) обо 5) на

❷ 1) Я смотрю́ бале́т в большо́м и совреме́нном теа́тре.
나는 크고 현대적인 극장에서 발레를 본다.

2) Я говорю́ об э́той коре́йской студе́нтке.
나는 이 한국 대학생(여)에 대해 말하고 있다.

3) Он обы́чно у́жинает в его люби́мом рестора́не.
그는 보통 그가 좋아하는 레스토랑에서 저녁을 먹는다.

4) Они́ рабо́тают на на́шем ма́леньком заво́де.
그들은 우리의 작은 공장에서 일한다.

5) Э́та статья́ о твое́й ста́ршей сестре́.
이 기사는 너의 언니(누나)에 대한 것이다.

6) Я покупа́ю проду́кты на э́том центра́льном ры́нке.
나는 이 중앙시장에서 식료품을 산다.

7) Они́ живу́т в э́тих ста́рых общежи́тиях.
그들은 이 오래된 기숙사에 산다.

8) Я ду́маю о мои́х бли́зких подру́гах.
나는 나의 친한 친구들(여)에 대해 생각한다.

9) Она́ мно́го зна́ет об э́том изве́стном актёре.
그녀는 이 유명한 배우에 대해 많이 알고 있다.

10) Они́ обе́дают в её но́вом кафе́.
그들은 그녀의 새로운 카페에서 점심을 먹는다.

[작문으로 만들어 보는 나만의 쏠쏠한 회화사전]

1. A: Где вы живёте?
   B: Я живу́ в Коре́е.
2. A: Где вы рабо́таете?
   B: Я рабо́таю в Большо́м теа́тре.
3. A: Где вы обы́чно гуля́ете?
   B: Я люблю́ гуля́ть на краси́вой у́лице Арба́т.
4. A: О ком вы ча́сто ду́маете?
   B: Я ча́сто ду́маю о мое́й семье́.

УРОК 7

[연습 문제 정답]

❶ 1) Я расска́зываю мое́й семье́ о пла́нах на кани́кулы.

2) Ма́ма купи́ла перча́тки бе́дным сосе́дям.

3) Я хочу́ подари́ть коре́йские сувени́ры ру́сским шко́льникам.

4) Све́та написа́ла письмо́ люби́мому учи́телю.

5) Гид показа́л краси́вые карти́ны весёлой же́нщине.

❷ 1) Помоги́те, пожа́луйста, <u>мне</u> написа́ть упражне́ния!
내가 연습 문제를 푸는 것을 도와주세요!

2) Скажи́те <u>ему́</u>, пожа́луйста, где нахо́дится ста́нция метро́!
지하철역이 어디에 (위치해) 있는지 그에게 말해 주세요!

3) Купи́, пожа́луйста, <u>ми́лой де́вочке</u>, краси́вые игру́шки!
사랑스러운 소녀에게 예쁜 장난감을 사 줘라!

4) Покажи́ <u>нам</u>, пожа́луйста, твои́ статьи́!
우리에게 너의 기사들을 보여 줘!

5) Расскажи́те, пожа́луйста, <u>мои́м ро́дственникам</u>, о ра́зных ру́сских города́х!
나의 친척들에게 다양한 러시아 도시들에 대해 이야기해 주세요!

6) Да́йте, пожа́луйста, <u>иностра́нным гостя́м</u>, са́мые дешёвые матрёшки!
외국 손님들에게 가장 싼 마트료슈카를 주세요!

7) Позвони́те, пожа́луйста, <u>Алексе́ю</u>, сего́дня ве́чером!
알렉세이에게 오늘 저녁에 전화해 주세요!

8) Пообеща́йте, пожа́луйста, <u>ва́шей до́брой жене́</u> прийти́ домо́й ра́но!
집에 일찍 오겠다고 당신의 착한 아내에게 약속하세요!

[작문으로 만들어 보는 나만의 쏠쏠한 회화사전]

1. A: Кому́ вы звони́те?
   B: Я звоню́ профе́ссору.
2. A: Кому́ вы написа́ли письмо́?
   B: Я написа́л (-a) письмо́ бли́зкому дру́гу (бли́зкой подру́ге).
3. A: Кому́ вы показа́ли мои́ фотогра́фии?
   B: Я показа́л (-a) ва́ши фотогра́фии ва́шим студе́нтам.
4. A: Кому́ вы рассказа́ли о Коре́е?
   B: Я рассказа́л (-a) о Коре́е ру́сским тури́стам.

> **УРОК 8**

[연습 문제 정답]

❶ 1) С чем Ма́ша лю́бит сала́т? Ма́ша лю́бит сала́т с морепроду́ктами.

2) С чем ру́сские пьют йо́гурт на за́втрак? Ру́сские пьют йо́гурт с фру́ктами на за́втрак.

3) С кем Ива́н занима́ется спо́ртом на стадио́не? Ива́н занима́ется спо́ртом на стадио́не с Ви́ктором.

4) Чем вы пи́шете дневни́к? Я пишу́ дневни́к но́вой ру́чкой.

5) С кем вы у́читесь в МГУ? Я учу́сь в МГУ с иностра́нными студе́нтами.

❷ 1) С кем вы игра́ли в ша́хматы?
당신은 누구와 함께 체스를 두었나요?

2) С чем Ка́тя хо́чет блины́?

까쨔는 무엇이 들어간 블린을 원하나요?

3) Чем (каки́ми карандаша́ми) де́ти лю́бят рисова́ть?

아이들은 무엇으로 (어떤 색연필로) 그림을 그리는 것을 좋아하나요?

4) С кем муж поу́жинал в хоро́шем рестора́не?

남편은 누구와 함께 좋은 레스토랑에서 저녁을 먹었나요?

5) Чем (каки́м ме́лом) учи́тель пи́шет упражне́ния на доске́?

선생님은 칠판에 무엇으로 (어떤 분필로) 연습 문제를 적나요?

6) С чем вы заказа́ли пирожки́?

당신은 무엇이 들어간 파이를 주문했나요?

[작문으로 만들어 보는 나만의 쏠쏠한 회화사전]

1. A: Чем вы пи́шете письмо́?

    B: Я пишу́ письмо́ карандашо́м.

2. A: Чем вы рису́ете карти́ны?

    B: Я рису́ю карти́ны кра́сными кра́сками.

3. A: С кем вы рабо́таете?

    B: Я рабо́таю с у́мными экономи́стами.

4. A: С чем вы лю́бите пирожки́?

    B: Я люблю́ пирожки́ с карто́шкой.

УРОК 9

[연습 문제 정답]

❶ 1) На полу́ лежа́т докуме́нты моего́ ста́ршего бра́та.

2) В э́той шко́ле у́чится дочь э́той учи́тельницы.

3) Я нашёл на у́лице телефо́н на́шего по́вара.

4) Она́ вы́пила молоко́ твое́й люби́мой ко́шки.

5) У меня́ есть уче́бники мои́х шко́льных друзе́й.

6) Ру́сский язы́к зна́ет сын мое́й бли́зкой сосе́дки.

❷ 1) Я чита́ю рома́ны ру́сских писа́телей.

2) У популя́рной худо́жницы есть больша́я галере́я.

3) Он забы́л до́ма кни́ги люби́мых сынове́й.

4) У меня́ есть сцена́рий э́того хоро́шего режиссёра.

5) Вы хоти́те узна́ть разме́ры э́тих ко́мнат?

6) Мы не зна́ем вкус э́того ара́бского блю́да.

[작문으로 만들어 보는 나만의 쏠쏠한 회화사전]

1. A: Чьи стихи́ вы лю́бите?

   B: Я люблю́ стихи́ коре́йских поэ́тов.

2. A: У кого́ есть ключ?

   B: У мое́й ста́ршей сестры́ есть ключ.

3. A: У вас есть де́ти?

   B: Да, у меня́ есть сын и дочь.

4. A: Чья э́то кварти́ра?

   B: Э́то кварти́ра на́шей тёти.

УРОК 10

[연습 문제 정답]

❶ 1) Ты по́мнишь э́тих ле́кторов?

   너는 이 강연자들을 기억하니?

   2) Как зову́т э́того челове́ка?

   이 사람의 이름은 무엇입니까?

   3) Я чита́ла э́ту статью́.

   나는 이 기사를 읽었다.

   4) Вы понима́ете э́тих писа́тельниц?

   당신은 이 작가(여)들을 이해하나요?

   5) Мы не мо́жем реши́ть э́ту пробле́му.

   우리는 이 문제를 해결할 수 없다.

   6) Где Ма́ша купи́ла э́ти украше́ния?

   마샤는 이 액세서리들을 어디서 샀니?

❷ 1) Я люблю́ пить холо́дную во́ду.   [ж]

   나는 차가운 물을 마시는 것을 좋아한다.

   2) В шко́ле мы изуча́ем мирову́ю эконо́мику.   [в]

   우리는 학교에서 세계 경제를 배우고 있다.

   3) Ка́ждый день брат чита́ет у́тренние газе́ты.   [б]

   형(오빠)은 매일 아침 신문을 읽는다.

   4) Муж подари́л жене́ краси́вую ро́зу.   [а]

   남편은 아내에게 예쁜 장미를 선물했다.

   5) Сего́дня в кинотеа́тре они́ ви́дели популя́рных актёров. [е]

   오늘 그들은 극장에서 인기있는 배우들을 보았다.

   6) Ка́ждый год в университе́т приглаша́ют на́ших лу́чших выпускнико́в. [г]

   매년 우리의 훌륭한 졸업생들을 대학교에 초대한다.

   7) Иногда́ мы не понима́ем на́шего иностра́нного профе́ссора. [з]

   우리는 가끔 우리의 외국 교수님을 이해하지 못한다.

8) В магазине мама купила свежие фрукты.   [д]
   엄마는 가게에서 맛있는 과일을 샀다.

[작문으로 만들어 보는 나만의 쏠쏠한 회화사전]

1. A: Кого вы хорошо знаете?
   B: Я хорошо знаю русских художников.
2. A: Что вы хотите заказать?
   B: Я хочу заказать свежий салат.
3. A: Какую музыку вы обычно слушаете?
   B: Я обычно слушаю классическую музыку.
4. A: Каких людей вы часто встречаете?
   B: Я часто встречаю добрых людей.

УРОК 11

[연습 문제 정답]

❶ 1) Зимние каникулы более длинные (длиннее), чем летние(летних).
   2) Я видел (-а) самого высокого (высочайшего) мужчину в нашей школе.
   3) Вода в море более солёная (солонее), чем (вода) в реке.
   4) Ноутбук у Саши лучше, чем у меня.
   5) Мы ищем самое тихое (тишайшее) место в этом городе.
   6) Метро быстрее (более быстрое), чем автобус (автобуса).
   7) Юра женился на самой красивой (красивейшей) девушке в Москве.
   8) В Корее американские песни популярнее русских. / более популярные, чем русские.

❷ 1) широкий   2) хороший
   3) сложный   4) строгий
   5) скорый   6) трудный
   7) плохой   8) большой
   9) важный   10) поздний

❸ 1) умная девочка   2) новая газета
   3) крепкий чай   4) смелый герой
   5) добрый ученик   6) сладкие конфеты

[작문으로 만들어 보는 나만의 쏠쏠한 회화사전]

1. A: Это ваш сын. Какой он человек?
   B: Он добрый и умный.

2. А: Росси́я больша́я страна́?

   В: Да, она́ са́мая больша́я страна́ в ми́ре.

3. А: Вы ста́рше И́нны?

   В: Нет, я моло́же её.

4. А: Како́й рома́н ваш са́мый люби́мый?

   В: Мой са́мый люби́мый рома́н – «Война́ и мир».

УРОК 12

[연습 문제 정답]

❶ 1) Обы́чно Ка́тя встаёт в 8 часо́в, а сего́дня она́ вста́ла в 10 часо́в.

   2) Вчера́ мы до́лго гуля́ли по у́лице.

   3) Как ча́сто вы покупа́ете проду́кты в магази́не?

   4) Э́тот текст о́чень большо́й. Я ещё не прочита́л(а) его́.

   5) Ка́ждый день де́ти ложа́тся спа́ть в 9 часо́в.

   6) Ве́сь де́нь он де́лал дома́шние зада́ния. Наконе́ц он написа́л все упражне́ния.

   7) С кем они́ разгова́ривают сейча́с?

   8) Ты за́нят? Е́сли нет, я спрошу́ тебя́ об Алексе́е.

❷ 1) Ты бу́дешь смотре́ть фильм?   너는 영화를 볼 거니?

   → Нет, я уже́ посмотре́л (-а) его.   아니, 나는 이미 다 봤어.

   2) Вы бу́дете учи́ть ру́сскую грамма́тику?   당신은 러시아 문법을 공부할 건가요?

   → Нет, я уже́ вы́учил (-а) её.   아뇨, 저는 이미 공부 다 했어요.

   3) Вы бу́дете стро́ить кварти́ру?   너희는 아파트를 지을 예정이니?

   → Нет, мы уже́ постро́или её.   아니, 우리는 이미 다 지었어.

   4) И́ра бу́дет покупа́ть зонт?   이라는 우산을 살 예정이니?

   → Нет, она́ уже́ купи́ла его́.   아니, 그녀는 이미 다 샀어.

   5) Пётр бу́дет фотографи́ровать мо́ре?   표트르는 바다를 찍을 예정이니?

   → Нет, он уже́ сфотографи́ровал его́.   아니, 그는 이미 다 찍었어.

   6) Ты бу́дешь дава́ть ей сове́т?   너는 그녀에게 조언을 해 줄 거니?

   → Нет, я уже́ дал(а́) его́.   아니, 나는 이미 그녀에게 조언해 주었어.

[작문으로 만들어 보는 나만의 쏠쏠한 회화사전]

1. А: Что вы де́лаете ка́ждый ве́чер?

   В: Ка́ждый ве́чер я смотрю́ но́вости.

2. А: Как до́лго вы учи́ли ру́сские слова́?

   В: Я учи́л (-а) их весь день.

3. А: Вы послу́шали ру́сское ра́дио?

   В: Ещё нет. Я послу́шаю его́ ве́чером.

4. A: Вы уже́ сде́лали дома́шние зада́ния!

   B: Да, я уже́ сде́лал (-а). Обы́чно я де́лаю дома́шние зада́ния у́тром.

УРОК 13

[연습 문제 정답]

❶ 1) ① пять   ② пять языко́в   ③ пять иностра́нных языко́в

    2) ① две   ② две кни́ги   ③ две интере́сные (интере́сных) кни́ги

    3) ① восемна́дцать   ② восемна́дцать пи́сем   ③ восемна́дцать но́вых пи́сем

    4) ① четы́ре   ② четы́ре бра́та   ③ четы́ре мла́дших бра́та

    5) ① со́рок два   ② со́рок два сло́ва   ③ со́рок два ру́сских сло́ва

    6) ① две́сти одна́   ② две́сти одна́ маши́на   ③ две́сти одна́ ста́рая маши́на

    7) ① семь   ② семь пла́тьев   ③ семь краси́вых пла́тьев

    8) ① шестьдеся́т три   ② шестьдеся́т три го́рода   ③ шестьдеся́т три больши́х го́рода

    9) ① де́сять   ② де́сять писа́телей   ③ де́сять молоды́х писа́телей

    10) ① одно́   ② одно́ о́зеро   ③ одно́ глубо́кое о́зеро

❷ 1) О́ба гла́вн**ых** геро́**я** лю́бят геро́йню.

    2) Тогда́ <u>их бы́ло</u> пя́теро.

    3) Я зна́ю <u>одно́**го**</u> изве́стн**ого** музыка́нта.

    4) Он позвони́л <u>**двум**</u> о́пытн**ым** журнали́стк**ам**.

    5) Сто оди́ннадцать иностра́нц**ев** рабо́тают в на́шей компа́нии.

    6) Мы посмотре́ли четы́ре интере́сн**ых** фи́льм**а**.

[작문으로 만들어 보는 나만의 쏠쏠한 회화사전]

1. A: Ско́лько дете́й у вас есть?

    B: У меня́ дво́е дете́й.

2. A: Кого́ вы лю́бите?

    B: Я люблю́ одного́ краси́вого ма́льчика.

УРОК 14

[연습 문제 정답]

❶ 1) семьсо́т шесто́й

    2) шесто́е ию́ня

    3) ты́сяча девятьсо́т три́дцать восьмо́й год

    4) в три́дцать мину́т (полови́не) девя́того (=полдевя́того)

5) второ́го января́ две ты́сячи восемна́дцатого го́да

6) сто деся́тый пода́рок

7) два́дцать пе́рвый эта́ж

8) тре́тьего декабря́

9) че́тверть седьмо́го (шесть часо́в пятна́дцать минут)

10) в ты́сяча восемьсо́т шестьдеся́т второ́м году́

❷ 1) Сего́дня шестна́дцатое июля.

오늘은 7월 16일이다.

2) Они́ прие́хали в Коре́ю тридца́того апре́ля.

그들은 4월 30일에 한국에 왔다.

3) Он верну́лся домо́й в (оди́н) час со́рок минут (без двадцати́ два).

그는 1시 40분에 집에 돌아왔다.

4) Сейча́с три часа́ три́дцать минут (полови́на четвёртого, полчетвёртого).

지금은 3시 30분이다.

5) Я на́чал(а́) изуча́ть ру́сский язы́к в две ты́сячи пя́том году́.

나는 2005년도에 러시아어를 공부하기 시작했다.

6) Она́ родила́сь два́дцать тре́тьего октября́ ты́сяча девятьсо́т со́рок пе́рвого го́да.

그녀는 1941년 10월 23일에 태어났다.

[작문으로 만들어 보는 나만의 쏠쏠한 회화사전]

1. А: На како́м этаже́ вы живёте?

    В: Я живу́ на пя́том этаже́.

2. А: Како́е сего́дня число́?

    В: Сего́дня девя́тое (число́) февраля́.

3. А: В кото́ром часу́ вы встаёте?

    В: Я встаю́ в полови́не восьмо́го (полвосьмо́го).

4. А: Когда́ вы око́нчили университе́т?

    В: Я око́нчил(а) университе́т в две ты́сячи деся́том году́.

УРОК 15

[연습 문제 정답]

❶ 1) Са́ши нет до́ма. Он **уе́хал** в аэропо́рт.

싸샤는 집에 없다. 그는 공항으로 떠났다.

2) Я обы́чно **перехожу́** у́лицу по пешехо́дному перехо́ду.

나는 보통 횡단보도로 길을 건넌다.

3) Она́ пое́дет домо́й на тролле́йбусе и по доро́ге **заéдет** в кни́жный магази́н.

그녀는 트롤리 버스를 타고 집으로 갈 것이고, 가는 길에 서점에 잠시 들를 것이다.

4) Маши́на немно́го **отъе́хала** от зда́ния и останови́лась.

　　자동차는 건물로부터 조금 멀어지고 나서 멈췄다.

5) Лю́ди стоя́ли до́лго, а пото́м **пошли́** вперёд.

　　사람들은 오랫동안 서 있었고, 그 후에 앞으로 갔다.

6) Ка́ждую о́сень мой друзья́ **приезжа́ют** в Сеу́л.

　　매년 가을에 내 친구들은 서울에 온다.

7) Он **везёт** А́ню на мотоци́кле.

　　그는 오토바이를 타고 아냐를 데리고 간다.

8) Ка́ждый день круи́зное су́дно **пла́вает** из Норве́гии в Шве́цию.

　　노르웨이에서 스웨덴으로 가는 유람선이 매일 다닌다.

❷ 1) Куда́ ты бежи́шь сейча́с?

2) Пловцы́ плыву́т на о́стров Сахали́н.

3) Вы ча́сто хо́дите на вы́ставки?

4) По вечера́м Ви́ка во́дит соба́ку в парк.

5) Почему́ она́ несёт большо́й рюкза́к на рабо́ту?

6) Ма́ленькая пти́ца лети́т на юг.

7) В суббо́ту на́ша семья́ пое́дет во Вьетна́м.

8) Куда́ Алексе́й е́здил ле́том?

[작문으로 만들어 보는 나만의 쏠쏠한 회화사전]

1. A: Куда́ вы идёте (е́дете)?

　B: Я иду́ (е́ду) в кафе́.

2. A: Куда́ вы ходи́ли (е́здили) вчера́?

　B: Я ходи́л (-а) и́ли е́здил(а) в центр го́рода.

3. A: Когда́ вы обы́чно прихо́дите (приезжа́ете) домо́й?

　B: Обы́чно я прихожу́ (приезжа́ю) домо́й в 6 часо́в.

4. A: Куда́ вы пойдёте (пое́дете) за́втра?

　B: За́втра я пойду́ (пое́ду) на ры́нок.

УРОК 16

[연습 문제 정답]

❶ 1) Моя́ галере́я нахо́дится на ста́рой у́лице.

　　나의 갤러리는 오래된 거리에 (위치해) 있다.

2) Он жени́лся на у́мной де́вушке.

　　그는 똑똑한 아가씨와 결혼했다.

3) Я родила́сь в январе́.

　　나는 1월에 태어났다.

4) Она́ пришла́ ко мне́ в я́ркой блу́зке.

    그녀는 화려한 블라우스를 입고 나에게 왔다.

5) Я си́льно беспоко́юсь о мои́х сыновья́х.

    나는 내 아들들을 크게 걱정하고 있다.

6) Она́ сейча́с сомнева́ется в слова́х му́жа.

    그녀는 지금 남편의 말을 의심하고 있다.

7) Но́вый оте́ль располага́ется на берегу́ мо́ря.

    새로운 호텔은 바닷가에 (위치해) 있다.

8) Он жил в 19(-ом) ве́ке.

    그는 19세기에 태어났다.

❷ 1) Почему́ де́вочки стоя́т на мосту́?

2) Он встре́тил бли́зкого дру́га в аэропорту́.

3) Я пое́ду к вам на э́той неде́ле.

4) Сестра́ в ю́бке, а брат в футбо́лке.

5) Авто́бус не остана́вливается на э́той остано́вке.

6) Ма́ма лю́бит гуля́ть в лесу́.

[작문으로 만들어 보는 나만의 쏠쏠한 회화사전]

1. А: На ком вы хоти́те жени́ться?

    B: Я хочу́ жени́ться на Све́те.

2. А: В чём вы пришли́ на рабо́ту вчера́?

    B: Вчера́ я пришла́ на рабо́ту в пла́тье.

3. А: В како́м году́ вы око́нчили университе́т?

    B: Я око́нчил (-а) университе́т в 2018(-ом) году́.

4. А: Где вы сиди́те?

    B: Я сижу́ на берегу́ реки́.

УРОК 17

[연습 문제 정답]

❶ 1) Америка́нским тури́стам ну́жен путеводи́тель.

    미국 관광객들은 가이드북이 필요하다.

2) Серге́ю нужна́ ви́лка.

    세르게이는 포크가 필요하다.

3) Мла́дшей сестре́ нужны́ карандаши́.

    여동생은 연필들이 필요하다.

4) Ма́ме ну́жно све́жее яйцо́.

    엄마는 신선한 계란이 필요하다.

5) Молодо́му челове́ку ну́жен ключ.
   젊은 사람은 열쇠가 필요하다.
6) Влади́миру нужна́ ма́рка.
   블라디미르는 우표가 필요하다.
7) Мне ну́жно молоко́.
   나는 우유가 필요하다.
8) Ей нужны́ фру́кты.
   그녀는 과일이 필요하다.

❷ 1) Ско́лько твоему́ де́душке лет?
   2) Вам не хо́лодно?
   3) Почему́ он меша́ет тебе́ отдыха́ть?
   4) За́втра нам ну́жно бу́дет прочита́ть э́ту кни́гу.
   5) Сейча́с Ка́тя идёт к профе́ссору.
   6) Моему́ дру́гу нра́вится э́тот телеви́зор.
   7) По воскресе́ньям они́ е́здят в дере́вню.
   8) Ива́ну нужна́ больша́я ка́рта.

[작문으로 만들어 보는 나만의 쏠쏠한 회화사전]

1. A: К кому́ вы идёте?
   B: Я иду́ к учи́телю.
2. A: Кака́я ю́бка вам нра́вится?
   B: Мне нра́вится чёрная ю́бка.
3. A: Ско́лько вам лет?
   B: Мне 32 го́да.
4. A: Что вам ну́жно?
   B: Мне нужна́ тёплая ша́пка.

УРОК 18

[연습 문제 정답]

❶ 1) Когда́ у меня́ появля́ются вопро́сы, я всегда́ <u>сове́туюсь</u> с Ко́лей.
   2) Ты слы́шал, что на центра́льной у́лице <u>стро́ится</u> метро́?
   3) С кем вы <u>встреча́етесь</u> ка́ждую сре́ду?
   4) Мы <u>наде́емся</u> на те́сное экономи́ческое сотру́дничество с Росси́ей.
   5) По утра́м я снача́ла принима́ю душ, <u>бре́юсь</u> и пото́м <u>одева́юсь</u>.
   6) Интере́сно, как они́ <u>познако́мились</u>?
   7) Бори́с не понима́ет, почему́ роди́тели не <u>гордя́тся</u> им.
   8) Са́ша, уже́ по́здно! К сожале́нию, о́пера <u>начала́сь</u>.

❷ 1) Объясни́те, почему́ вы засмея́лись ⑤ над мои́м выступле́нием!
제 발표를 듣고 왜 웃으셨는지 설명해 주세요!

2) В де́тстве Ма́ша боя́лась ④ соба́к.
마샤는 어렸을 때 강아지를 무서워했다.

3) На́ша компа́ния не бу́дет соглаша́ться ⑥ с усло́виями контра́кта.
우리 회사는 계약 조건에 동의하지 않을 것이다.

4) Нам ну́жно горди́ться ① на́шими выпускника́ми.
우리는 우리 졸업생들을 자랑스러워해야 한다.

5) ② С кем ты договори́лся об э́том?
너는 이것에 대해 누구와 합의했니?

6) Все рабо́чие наде́ются ③ на повыше́ние зарпла́ты.
모든 노동자들은 임금 인상을 바란다.

[작문으로 만들어 보는 나만의 쏠쏠한 회화사전]

1. A: Что вы де́лаете у́тром?
   B: Снача́ла я умыва́юсь, а пото́м причёсываюсь.
2. A: С кем вы перепи́сываетесь?
   B: Я перепи́сываюсь с ру́сскими друзья́ми.
3. A: Вы зна́ете, где продаю́тся коре́йские сувени́ры?
   B: Они́ продаю́тся в це́нтре го́рода.
4. A: Вы так ча́сто ошиба́етесь.
   B: Извини́те, я постара́юсь бо́льше не ошиба́ться.

УРОК 19

[연습 문제 정답]

❶ 1) Мы поздравля́ем вас с днём рожде́ния.
우리는 당신의 생일을 축하 드립니다.

2) На семина́ре лю́ди обме́ниваются мне́ниями о глобализа́ции.
세미나에서 사람들은 세계화에 관한 의견을 나눕니다.

3) Сейча́с И́ра в больни́це. Она́ боле́ет гри́ппом.
지금 이라는 병원에 있습니다. 그녀는 독감에 걸렸습니다.

4) Моя́ сестра́ хо́чет стать балери́ной. Э́то её мечта́.
내 여동생(여자 형제)은 발레리나가 되고 싶어합니다. 그녀의 꿈입니다.

5) Вита́лий бизнесме́н. Он управля́ет кру́пными предприя́тиями.
비탈리는 사업가입니다. 그는 대기업들을 운영합니다.

6) Студе́нты обы́чно по́льзуются обще́ственным тра́нспортом.
학생들은 보통 대중교통을 이용합니다.

7) Ра́ньше Ма́ша была́ спортсме́нкой, а сейча́с она́ журнали́стка.
예전에 마샤는 운동선수였지만, 지금은 기자입니다.

8) Япо́ния явля́ется сосе́дней страно́й Коре́и.
일본은 한국의 이웃 국가입니다.

❷ 1) Гара́ж нахо́дится под на́шим до́мом.

2) Когда́ ты на́чал интересова́ться англи́йской литерату́рой?

3) Весь день ма́ма уха́живает за детьми́.

4) Ка́ждый год учи́тель знако́мится с но́выми шко́льниками.

5) Почему́ вы хоти́те быть (стать) моде́лью?

6) Иностра́нцы владе́ют землёй на о́строве Чеджудо.

7) Что нам меша́ет наслажда́ться жи́знью?

8) Ди́ма сиди́т ме́жду мной и Ю́рой.

[작문으로 만들어 보는 나만의 쏠쏠한 회화사전]

1. A: Кем вы рабо́таете?
   B: Я рабо́таю адвока́том.
2. A: Чем вы интересу́етесь?
   B: Я интересу́юсь класси́ческой му́зыкой.
3. A: Чем вы занима́етесь в свобо́дное вре́мя?
   B: Я занима́юсь спо́ртом.
4. A: Кем вы хоти́те стать (быть)?
   B: Я хочу́ стать (быть) медсестро́й.

УРОК 20

[연습 문제 정답]

❶ 1) Роди́тели смо́трят телеви́зор по́сле у́жина.
   부모님은 저녁 식사 후에 TV를 보신다.

2) Они́ не пришли́ в го́сти ко мне из-за си́льного дождя́.
   그들은 비가 많이 와서 나의 집에 놀러 오지 않았다.

3) Сейча́с я стою́ у вхо́да в парк.
   지금 나는 공원 입구에 서 있다.

4) Он сде́лал э́то для люби́мой жены́.
   그는 사랑하는 아내를 위해 이것을 했다.

5) Я бу́ду пить ко́фе без молока́.
   나는 우유를 넣지 않은 커피를 마실 겁니다.

6) Она́ верну́лась домо́й со стадио́на.
   그녀는 경기장에서 집으로 돌아왔다.

7) Он гото́вит шашлыки́ из свини́ны.

그는 돼지고기로 만든 샤슬릭을 요리한다.

8) Он получи́л пода́рки от шко́льной подру́ги.

그는 학창 시절의 친구(여)로부터 선물을 받았다.

❷ 1) Я и́скренне жела́ю вам любви́ и ра́дости.

나는 진심으로 당신에게 사랑과 기쁨이 가득하길 바랍니다.

2) Ве́чером в э́том рестора́не свобо́дных сто́ликов ма́ло.

저녁에 이 레스토랑에는 빈 테이블이 적다.

3) Ра́ньше у него́ не́ было креди́тной ка́рты.

예전에 그에게는 신용 카드가 없었다.

4) Он ча́сто избега́ет встреч со мно́й.

그는 나와의 만남을 자주 피한다.

5) Каки́е лю́ди боя́тся переме́н в жи́зни?

어떤 사람들이 삶의 변화를 두려워하나요?

6) В на́шей гру́ппе у́чится не́сколько у́мных де́вочек.

우리 그룹에는 똑똑한 몇 명의 소녀들이 공부한다.

[작문으로 만들어 보는 나만의 쏠쏠한 회화사전]

1. A: Отку́да вы (прие́хали)?

   B: Я прие́хал (-а) из Сеу́ла.

2. A: Чего́ вы бои́тесь?

   B: Я бою́сь боле́зней.

3. A: У вас есть ста́рший брат?

   B: Нет, у меня́ нет ста́ршего бра́та.

4. A: Чего́ вы тре́буете?

   B: Я тре́бую пра́вды.

УРОК 21

[연습 문제 정답]

❶ 1) Шко́льники спра́шивают но́вую учи́тельницу об э́том.

학생들은 이것에 대해 새로 오신 선생님께 여쭤본다.

2) Он иногда́ игра́ет в бадминто́н.

그는 가끔 배드민턴을 친다.

3) Я хожу́ в библиоте́ку ка́ждую пя́тницу.

나는 매주 금요일에 도서관을 간다.

4) Моя́ дочь око́нчит университе́т че́рез 3 неде́ли.

내 딸은 3주 후에 대학교를 졸업한다.

5) Давай встретимся в 4 часа!

4시에 만나자!

6) Я люблю смотреть фильмы про русскую историю.

나는 러시아 역사 영화를 보는 것을 좋아한다.

7) Она хочет выйти замуж за симпатичного человека.

그녀는 매력적인 사람과 결혼하기를 원한다.

8) Они жалуются на головную боль.

그들은 두통을 호소한다.

❷ 1) На стадионе спортсмены играют в баскетбол.

경기장에서 운동선수들이 농구를 한다.

2) Куда ты хочешь поехать через 2 года?

너는 2년 후에 어디로 가고 싶니?

3) Вика учит английскому языку школьниц.

비까는 (초중고) 학생들에게 영어를 가르친다.

4) Где они были 3 часа назад?

그는 3시간 전에 어디에 있었니?

5) Завтра мы поедем на экскурсию в Русский музей.

우리는 내일 러시아 박물관으로 견학을 갈 것이다.

[작문으로 만들어 보는 나만의 쏠쏠한 회화사전]

1. A: Куда вы идёте?

   B: Я иду на урок.

2. A: Кого вы спрашиваете об этом?

   B: Я спрашиваю близких друзей.

3. A: Сколько времени вы слушали музыку?

   B: Я слушал (-а) музыку час.

4. A: На сколько времени вы поедете в США?

   B: Я поеду на неделю.

УРОК 22

[연습 문제 정답]

❶ 1) Подожди (те) Юру! Не жди (те) Юру!

유라를 기다려(기다리세요)! 유라를 기다리지 말아라(기다리지 마세요)!

2) Передай (те) им привет! Не передавай (те) им привет!

그들에게 안부를 전해 줘(전해 주세요)! 그들에게 안부를 전하지 말아라(전하지 마세요)!

3) Поставь (те) учебник на полку! Не ставь (те) учебник на полку!

교과서를 선반에 세워라(세우세요)! 교과서를 선반에 세우지 말아라(세우지 마세요)!

4) Спой (те) песню! Не пой (те) песню!
노래를 불러라(부르세요)! 노래를 부르지 말아라(부르지 마세요)!

5) Найди (те) её сумку! Не находи (те) её сумку!
그녀의 가방을 찾아 줘(찾아 주세요)! 그녀의 가방을 찾지 말아라(찾지 마세요)!

6) Закрой (те) дверь! Не закрывай (те) дверь!
문을 닫아라(닫으세요)! 문을 닫지 마(닫지 마세요)!

7) Договорись (тесь) о встрече! Не договаривайся (тесь) о встрече!
만남에 대해 약속해라(약속하세요)! 만남에 대해 약속하지 말아라(약속하지 마세요)!

8) Приди (те) сюда! Не приходи (те) сюда!
여기로 와(오세요)! 여기로 오지 마(오지 마세요)!

❷ 1) Это секрет. Никому не говори (те)!
이것은 비밀이다. 아무에게도 말하지 말아라! (마세요)

2) Напиши сначала эту открытку, а потом иди гулять!
먼저 이 엽서를 다 쓰고 나서 산책하러 가라!

3) Очень интересно! Рассказывай (те) дальше!
정말 재미있다! 계속 이야기해 줘! (이야기해 주세요)

4) Знаешь, сколько сейчас времени? Уже час ночи. Не звони Соне!
지금이 몇 시인지 아니? 벌써 새벽 1시야. 소냐에게 전화하지 말아라!

5) Повторяй (те) русские глаголы каждый день!
매일 러시아어 동사를 복습해라! (복습하세요)

6) Ты сильно заболел. Не иди никуда!
너는 많이 아프잖아. 아무 데도 가지 말아라!

[작문으로 만들어 보는 나만의 쏠쏠한 회화사전]

1. A: Что вы хотите на обед?
   B: Дайте мне пожалуйста, блины с шоколадом и яблочный сок!
2. A: Можно фотографировать?
   B: Здесь нельзя. Не фотографируйте!
3. A: Извините, я опоздал (-а) на занятие.
   B: Никогда больше не опаздывайте на занятия!
4. A: В комнате очень душно.
   B: Мне тоже. Откройте окно!

[연습 문제 정답]

❶ 1) Студе́нты за́втракают в недорого́й столо́вой, кото́рая им о́чень нра́вится.

학생들은 그들이 매우 좋아하는 비싸지 않은 식당에서 아침을 먹는다.

2) У меня́ есть до́брые друзья́, с кото́рыми я ча́сто обща́юсь.

나에게는 내가 자주 교류하는 착한 친구들이 있다.

3) Где нахо́дится общежи́тие, в кото́ром она́ живёт?

그녀가 살고 있는 기숙사는 어디에 위치해 있니?

4) Как зову́т ученика́, кото́рому преподава́тель посове́товал поступи́ть в МГУ?

선생님이 모스크바국립대학교에 입학하는 것을 추천해 주신 학생의 이름은 무엇이니?

5) Тури́сты ходи́ли по магази́нам, в кото́рых продаю́т ру́сские сувени́ры.

관광객들은 러시아 기념품을 파는 가게들을 돌아다녔다.

6) Сейча́с я е́ду к свое́й ба́бушке, о кото́рой я всегда́ беспоко́юсь.

항상 내가 걱정을 하고 있는 할머니께 지금 나는 가고 있다.

7) Здесь идёт ле́кция по литерату́ре, кото́рую Ка́тя о́чень лю́бит.

여기에서 까쨔가 매우 좋아하는 문학 강연이 진행되고 있다.

8) Анто́н, у кото́рого не́ было биле́та на бале́т, не смог войти́ в теа́тр.

발레 표가 없었던 안톤은 극장에 들어갈 수 없었다.

❷ 1) A: в, B: ㄴ

Е́сли бы у тебя́ был моби́льный телефо́н, ты бы сра́зу позвони́л мне.

만약 네가 핸드폰을 가지고 있었다면, 나에게 바로 전화했을 것이다.

2) A: е, B: ㄹ

Как то́лько после́дний урок зако́нчился, шко́льники пошли́ в библиоте́ку.

마지막 수업이 끝나자마자 학생들은 도서관으로 갔다.

3) A: а, B: ㅂ

Извини́те, я не по́мню, когда́ мы встреча́лись ра́ньше.

죄송하지만, 저는 예전에 우리가 언제 만났는지 기억이 나지 않아요.

4) A: б, B: ㄱ

Роди́тели хотя́т, что́бы Ко́ля стал профе́ссором.

부모님은 꼴랴가 교수가 되기를 원한다.

5) A: г, B: ㄷ

Я бу́ду спать весь день, так как я о́чень уста́ла.

나는 너무 피곤하기 때문에 하루 종일 잘 것이다.

6) A: д, B: ㅁ

Ко́стя получи́л золоту́ю меда́ль на Олимпиа́де благодаря́ тому́, что он интенси́вно тренирова́лся ка́ждый день.

꼬스쨔는 매일 열심히 훈련한 덕분에 올림픽에서 금메달을 땄다.

[연습 문제 정답]

❶ 1) Йнна скуча́ет по на́шей преподава́тельнице, живу́щей в Испа́нии.

2) Дава́й пойдём на вы́ставку, организо́ванную прави́тельством Коре́и!

3) Он получи́л письмо́ от подру́ги, перее́хавшей в Сеу́л.

4) Ты по́мнишь кафе́, ра́ньше находи́вшееся недалеко́ от моего́ до́ма?

5) Я интересу́юсь му́зыкой, люби́мой пожилы́ми людьми́.

6) Кто пригласи́л учёных, уча́ствовавших в конфере́нции?

7) Почему́ вы пошли́ в галере́ю, закры́тую уже́ в про́шлом ме́сяце?

8) Кинозвёзды живу́т в гости́нице, постро́енной кру́пной компа́нией неда́вно.

❷ 1) Я не зна́ю ма́льчика, слу́шающего класси́ческую му́зыку.
나는 클래식 음악을 듣고 있는 소년을 모른다.

2) Ты посмотре́л но́вости, пе́реданные по телеви́зору?
너는 TV에 나오는 (TV를 통해 전달된) 뉴스를 보았니?

3) Куда́ пошли́ твои́ друзья́, любя́щие фотографи́ровать приро́ду?
자연을 찍는 것을 좋아하는 너의 친구들은 어디로 갔니?

4) Лю́ди хотя́т встре́титься с однокла́ссниками, учи́вшимися вме́сте с ни́ми в шко́ле.
사람들은 함께 (초중고) 학교에 다녔던 동창생들을 만나고 싶어한다.

5) Мы послу́шали пе́сню, сочинённую на́шим преподава́телем.
우리는 우리 선생님이 작곡하신 (우리 선생님에 의해 작곡된) 노래를 들었다.

6) Что вы лю́бите бо́льше всего́ из всех предме́тов, изуча́емых в университе́те?
당신은 대학교에서 공부하고 있는 모든 과목들 중 무엇을 가장 좋아하나요?

7) Ка́тя уже́ была́ на фестива́ле, нача́вшемся в суббо́ту?
까쨔는 토요일에 시작된 축제에 이미 가 보았니?

8) У меня́ есть спи́сок книг, напи́санных Достое́вским.
나에게는 도스토옙스키가 쓴 (도스토옙스키로 인해 쓰여진) 책들의 목록이 있다.

[연습 문제 정답]

❶ 1) Чита́я откры́тку му́жа, жена́ улыба́лась.

2) Осмотре́в музе́й Эрмита́ж, тури́сты пошли́ на вокза́л.

3) Встава́я с крова́ти, она́ смотре́ла на насте́нные часы́.

4) Ма́ша то́лько смотре́ла фильм, не обраща́я внима́ния на меня́.

5) Учи́тель уе́хал в Москву́, попроща́вшись с на́ми.

6) Идя́ по бе́регу реки́, Анто́н фотографи́ровал пейза́ж.

7) Гото́вясь к вступи́тельному экза́мену, шко́льники не могли́ спать всю ночь.

8) Перейдя́ доро́гу, они́ се́ли на авто́бус.

❷ 1) Расска́зывая
2) Знако́мясь
3) Посмотре́в
4) Не уста́в
5) Подходя́
6) Испуга́вшись

시원스쿨
러시아어
커리큘럼

러시아의 '러'자도 모른다면 필수!
알파벳부터 차근차근
쉽고 재미있게 공부하자!

복잡한 군더더기 설명 NO!
깔끔 명쾌한 강의!
단기간에 확실히 기초를 다지자!

	왕초보, 입문 (~6개월)	기초 (6개월~9개월)
왕초보	왕초보 탈출 1탄	왕초보 탈출 3탄
	왕초보 탈출 2탄	러시아인처럼 말하기 – 억양편
	러시아인처럼 말하기 – 발음편	
어휘	러시아어 기초 어휘 1탄	러시아어 기초 어휘 2탄
문법		러시아어 왕초보 문법
	GO! 독학 러시아어 문법	
작문	러시아어 작문 첫걸음	
회화	Привет! 러시아어 회화 첫걸음	
	여행 러시아어	
독해	러시아어 독해 첫걸음	

중급 (9개월~1년)	고급 (1년 이상)	시험

이제는 실전이다!
풍부한 표현력으로 자신감도 up!

시험까지 도전해 보자!
확실하게 배우고 이해해 보자!

토르플 시험도 문제없다!
완벽하게 준비하자!

시원스쿨 러시아어 홈페이지에서
(russia.siwonschool.com)
다양한 러시아어 강좌를
만나보세요!

토르플 기초, 기본 단계 – 어휘·문법 영역

토르플 기초, 기본 단계 – 읽기 영역

토르플 기초, 기본 단계 – 듣기 영역

토르플 기초, 기본 단계 – 쓰기 영역

토르플 기초, 기본 단계 – 말하기 영역

토르플 1단계 – 어휘·문법 영역

러시아어 핵심 문법

러시아어 중·고급 문법

토르플 1단계 – 읽기 영역

Супер! 러시아어 동사 마스터

토르플 1단계 – 듣기 영역

토르플 1단계 – 쓰기 영역

Удачи!
실전 러시아어 회화

하루 25분 러시아어
원어민 표현

토르플 1단계 – 말하기 영역

원어민에게 배우는
러시아어 꿀! 패턴

토르플 2단계 – 어휘·문법 영역

FLEX 러시아어

OPIc 러시아어 IM

Level Test

혜택 1 현재 내 실력은? 레벨 테스트!

독학에 성공하기 위해서는 수시로 나의 실력을 점검하며 레벨에 맞는 커리큘럼에 따라 학습해야 합니다. 시원스쿨 러시아어 홈페이지에서 무료로 레벨테스트하고 혜택도 받으세요.

STEP 01 **준비** 왕초보 또는 중·고급 기준으로 현재 나의 실력이 어느 정도인지 확인하세요.

STEP 02 **실력 확인** 총15개의 문항으로 나의 레벨과 채점 결과, 정답 및 해설까지 살펴보세요.

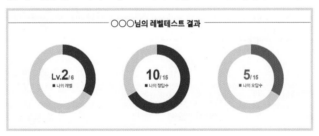

STEP 03 **레벨테스트 혜택 받기** 나에게 딱 맞는 추천 강의와 패키지 할인 쿠폰을 받으세요.

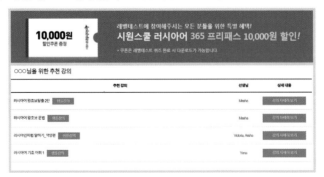

혜택 2 **모르는 건 바로바로! 공부 질문게시판**

강의와 도서 내용 중 궁금한 점을 공부 질문게시판에 올려 주세요. 담당 강사진과 시원스쿨 러시아어
연구진이 바로바로 자세히 답변해 드립니다.

혜택 3 **모두 무료! 공부 자료실**

학원에 가지 않아도 충분한 학습 자료를 제공합니다. 원어민 MP3 파일과 샘플 강의뿐만 아니라 강의
별 주제별 테마 어휘 등 수시로 업데이트되는 자료를 꼭 챙기세요.

혜택 4 **완전 핵이득! 이벤트**

참여만 해도 사은품이 와르르! 수시로 할인, 증정 이벤트를 제공합니다.

지금 바로 시원스쿨 러시아어 홈페이지를 방문하세요!
russia.siwonschool.com

시원스쿨 러시아어 강사진

기초 러시아어 No. 1

Masha 선생님

강좌

- 러시아어 왕초보탈출 1, 2, 3탄
- 러시아어 왕초보문법, 핵심문법,
  중고급문법, 동사 마스터
- 러시아어 진짜학습지
- 토르플 기초, 기본 단계&1단계
  (쓰기 / 말하기)
- OPIc 러시아어 IM

러시아어 학습 전문가

Arisha 선생님

강좌

- GO! 독학 러시아어 첫걸음 무료 강의
- 토르플 기초, 기본 단계&1단계
  (어휘·문법 / 읽기 / 듣기)
- 토르플 2단계 어휘·문법
- FLEX 러시아어

러시아어 발음 마스터

Victoria 선생님

강좌

- 러시아인처럼 말하기_억양편
- 러시아인처럼 말하기_발음편
- 러시아어 꿀! 패턴

러시아어 인강 선택의 기준

Yena 선생님

강좌

- 러시아어 기초 어휘 1탄
- 러시아어 기초 어휘 2탄
- 예나와 떠나는 여행 러시아어

GO! 독학 러시아어 첫걸음

체계적인 커리큘럼으로 혼자서도 쉽게 독학할 수 있다GO!

초보자도 혼자서 무리없이 학습할 수 있는 회화 위주의 체계적인 커리큘럼으로, 일상 회화를 통해 어휘와 문법을 익힐 수 있으며 스토리텔링 방식으로 더 쉽고 재미있게 학습이 가능하다.

김애리 저, Kaplan Tamara 감수 | 값 18,900원

퍼펙트 러시아어 필수 단어

왕초보부터 토르플 기초·기본까지 한번에!

러시아어 단어 암기, 이제 귀여운 그림책 보듯 자연스럽게 익혀 보자. 연상 암기에 가장 효과적인 이미지를 통해 활용도 높은 예문으로 접근함으로써, 효율적으로 러시아어 실력을 다질 수 있다. 러시아어 발음 규칙과 기초 문법, 토르플 기초·기본 단계 필수 어휘도 수록되어 있다.

시원스쿨 러시아어연구소 저 | 값 12,000원

12시간으로 무조건 합격하는 OPIc 러시아어 모의고사 IM

12시간으로 무조건 합격하는 OPIc 러시아어 필수 도서!

OPIc 러시아어에 응시하고자 하는 모든 분들을 위한 교재이다. 빈출 주제와 출제 유형을 철저하게 분석한 문제를 제공하고, 한번 훑어보기만 해도 금세 파악이 되는 3단 콤보 분석과 답변 전략을 제시한다. 도서와 <OPIc 러시아어 IM> 강의 구매자에게 제공되는 실전 모의고사 영상(1세트)도 놓치지 말자!

최수진 저, Svetlana Shchetinina 감수 | 값 12,800원

MEMO

MEMO

MEMO